编者的话
―――― THE MONTESSORI METHOD ――――

育儿先育己

他们,是现代家庭教育理念的鼻祖
他们,是作品长销数百年的幼儿教育大师
他们,改变了无数儿童的命运
感谢他们为幼儿教育所做的贡献

每个人的成长都必然基于家庭、基于父母。若把家庭比喻为一棵树,父母就是根基、树干,孩子就是树上的果实。

想要果实长得肥硕,就得根基粗壮、枝繁叶茂,还要定期修剪枝叶,让树和果实都能萃取充足的阳光雨露。根基即"己",枝叶即"言行",修剪枝叶则为"身体力行"。

养育孩子的终极目标并不单单是为了培养一个听话、顺从的孩子。我们希望自己的孩子有着良好的道德品质,成为一个负责任的人,并能对社会有所贡献;希望他们有能力在生活中为自己做决定,享受自己的才华所创造的成就,享受生活的全部乐趣;希望他们和朋友有着良好的友谊,未来能拥有和谐美满的婚姻,并最终成为称职的父母。

正是基于此,"中外百年教育经典书系"系列第一批,收录了《卡尔·威特教育全书》《斯宾塞快乐教育法》《塞德兹全能教育法》《斯特娜自然教育法》《夏洛特·梅森家庭教育法》和蒙台梭利早教经典系列(《蒙台梭利早期教育法》《蒙台梭利儿童教育手册》《童年的秘密》《发现孩子》《有吸引力的心灵》)共十本西方教育经典著作。

在西方国家,平均每五个家庭,就有一个家庭看过这些书。在后期,我们还将陆续出版更多国内教育学家的经典著作。

这套丛书能够在人们日益关注教育、家庭、学校和社会问题的大环境下与读者见面,其意义不只是让更多的人了解这些经典教育理念,更多的是激励父母们真正行动起来,全身心和孩子在一起,陪伴他们一起游戏和生活。父母们参与这些过程,本身就是在陪伴孩子成长,也是在实践教育,这才是真正面向未来的教育。

把这些教育大师的著作引入中国不仅意味着中国家庭教育系统的发展,同时也意味着父母们越来越多地重视亲子教育对于孩子一生的重要性。不管父母们为何阅读这些经典教育作品,但有一点非常清楚,那就是在家庭生活中保持对亲子教育的持久关注是极为重要的,而这些经典著作恰恰能帮助父母们更好地了解孩子、与孩子一同成长。

阅读大师的著作,尤其是阅读教育大师的著作,应该成为每一个家庭教育过程中的重要组成部分,它应该被珍惜。尽管有时候父母们可能并不能完全理解教育家们的全部思想,但过去众多的事实证明,这种阅读经历是最有价值的。

当你阅读完这整套教育经典书系后,你一定会发现,自己在这个过程中获得了最有意义的收获和成长。当然,这种收获并不仅仅限于知识理论,更重要的是指导日后的亲子生活和教育过程。

《卡尔·威特教育全书》——优秀的孩子不是上天赐予的，而是教育的结果

《斯宾塞快乐教育法》——人生就是为了笑起来，其他的都是细枝末节

《塞德兹全能教育法》——孩子的欲望和好奇心是多么宝贵

《斯特娜自然教育法》——学会尊重孩子，让孩子顺其自然地成长

《夏洛特·梅森家庭教育法》——家庭是教育孩子的第一站，也是最重要的一站

蒙台梭利早教经典系列（共五册）——最科学、最深刻揭示孩子的成长规律

  这套经典书系与其他版本的不同之处，在于它没有提供太多对于原文的解读和分析，而是更多地还原了原著本身的内容和叙事情境，让父母们能在阅读大师著作的同时仍不忘怀有一颗初心。一万个人眼中有一万个哈姆雷特，我们相信，父母们用心去体会那些教育大家的幼儿教育理念，将对他们未来的教育过程产生非常积极的影响。

  在这套书中，"讲述故事"是作者的基本写作方法，他们将自己的教育观点和独到见解全部融入事例现场，融入对一个个具体事件的讲述之中。正是这种生动性，才让读者读起来融会贯通。我们的版本着眼于指导现代家庭，让这套幼儿教育理念适用于当今的家长，这是教育学家们在20世纪的研究中没有涉及的一点。

  在斟酌了内容的轻重程度后，我们更希望这本书能给当下的家庭教育带来更为实际的指导作用。我们所做的就是在容易理解的基础上，加入更多与现代家庭头疼的教育问题相呼应的办法，让家长流利阅读的同时，也可以更直观地学到现实操作方法，这是作为编辑的我们更希望呈现出来的方式。

  对一本书而言，每一个版本都是一次与更多读者相遇的机缘。而我们只是庆幸，在这一番相遇中，有自己的一点不足道的付出与许多弥足珍贵的获得。作为编辑，自当对每一本经手的书稿尽心，但总有些书稿比其他书稿更尽心些，而这一套教育经典应当值得我们这么去做。

希望这套书里的每个单本都能找到喜爱它的读者，能持续为中国家庭提供权威可据、编排合理、有指导意义的教育经典。

成功育儿的关键并不在于高深复杂的理论、详尽周全的家庭规矩或者晦涩难懂的行动教条，而是出于你对孩子深深的爱和感情，并通过共情和理解等方式简单地呈现出来。毫无疑问，这套丛书的出版是送给父母和幼儿老师的礼物，而家长们和教师们的行动才是送给孩子童年最珍贵、最有价值的礼物。

序 言
THE MONTESSORI METHOD

蒙台梭利：
为全世界孩子带来福音的伟大女性

　　蒙台梭利是意大利著名的教育家、哲学家和医生，她以革命性的教育哲学与儿童教育方法闻名于全世界。因为蒙台梭利在世界教育中的卓越贡献，她被美国公众称为"非凡的教育工作者"，美国著名教育家杜威也称其为"历史上最伟大的女教育家"。

　　蒙台梭利结合自己多年来在特殊儿童学校和儿童之家的实验，通过给孩子自由和观察的方法，洞察了儿童心理发展的秘密，并形成了对世界教育具有革命性影响的儿童观念和早期教育法。如今，蒙台梭利教育法风靡全球，仅美国就有5000多所公立和私立学校推行其教育理念和方法，蒙台梭利学校遍及世界100多个国家。

　　随着社会的变迁，蒙台梭利教育思想会越来越体现出其不可估量的价值。虽然她的教育思想看上去似乎过于理想化，但这只是因为我们千百年来的传统教育观念根深蒂固，且潜藏着太多我们自己无法意识到的错误。她的教育法以实验为依据,科学地揭示了儿童生命成长和精神发展的规律,她向我们指明了方向,如果我们朝着这个方向前进,必将对人类作出巨大的贡献。

为了更好地传播蒙台梭利的教育理念,我们策划出版了这套丛书。蒙台梭利的原著深奥难懂,丛书在尊重原著的基础上,为适应我国读者的阅读习惯,方便读者对蒙氏教育法的理解,我们对原著内容进行了适当的调整、梳理和删减,用通俗易懂的语言来展现蒙台梭利博大精深的教育思想,做到既尊重原著内容,又通俗易懂,且更具操作性、可读性及本土化、实用化。

目 录
THE MONTESSORI METHOD

育儿先育己 >>3

蒙台梭利：为全世界孩子带来福音的伟大女性 >>7

第一章　现代科学促进教育学的发展　>>11

第二章　蒙氏教育法的由来　>>31

第三章　给孩子创造最理想的家园　>>47

第四章　观察儿童的正确方法　>>69

第五章　正确看待纪律和自由　>>81

第六章　给儿童授课的注意事项　>>99

第七章　孩子的生活实践训练　>>113

第八章　科学安排孩子的饮食　>>119

第九章　对孩子进行体能训练　>>131

第十章　让孩子接受自然教育　>>143

第十一章	教孩子进行手工劳作	>>157
第十二章	对孩子进行感知训练	>>163
第十三章	了解感知训练的具体内容和做法	>>177
第十四章	了解感知训练中的注意点	>>205
第十五章	给孩子正确的智力教育	>>215
第十六章	培养孩子的阅读和书写能力	>>235
第十七章	书写和阅读教育的基本方法	>>257
第十八章	发展孩子的书面语言水平	>>287
第十九章	培养孩子的数学运算能力	>>301
第二十章	让孩子按照正确的顺序学习	>>315
第二十一章	让孩子养成自律的习惯	>>325
第二十二章	让孩子成为最好的自己	>>347

第一章
现代科学促进教育学的发展

所有的一切都是在科学的基础上发展起来的,教育学也不例外。

——苏联教育家 马卡连柯

> **阅读提要**
>
> 　　科学教育是一种科学的直觉或建议，借助于科学教育学，能更好地培养孩子和完善自身。
>
> 　　想要建立起真正的、有生命力的教育学，我们必须从现在起进行自我反省。也就是说，要想解救教育学，我们首先要做的应该是解救我们自身。
>
> 　　所以，对于教育者的精神塑造要比技巧更重要。

第一章 现代科学促进教育学的发展

现代科学对教育学的影响

在这里,我并不想要给大家提供一篇有关科学教育学的论文。我写这篇文章的最直接目的就是从我并不全面的记录中总结出一个实验结论,这个实验结论将开辟一条道路,从而让我们能够将近些年来推动教育工作改革的新的科学原理应用到实践中去。

在过去的10年中,人们对教育学的发展趋势问题讨论得越来越多,随着医学的不断进步,这种讨论也不再局限于抽象的理论层面,而是更多地建立在对实验结果的分析之上。

从韦伯到费克纳再到冯特,经过这些人的努力,一门新的学科诞生了,即实验心理学。就好像形而上学心理学为哲学心理学奠定了基础一样,这门新的科学也必将成为新型教育学的基础。此外,形态人类学致力于研究儿童的身体状况,这门学科也是推动新型教育学发展的诸多因素之一。

尽管教育学的发展趋势是良好的,但是到现在为止,科学教育学不但没有建立起来,甚至连一个明确的定义都没有。我们今天经常挂在嘴边的科学教育学,实际上只是一个模模糊糊的尚不存在的东西。

可以说,科学教育学只是一种科学的直觉或建议,但我们有理由相信,随着十九世纪的实证科学和实验科学的发展,科学教育学必将冲破层层迷雾以崭新的姿态出现在我们面前。借助于科学,人类创造出了一个崭新的世界。

同样，借助于科学教育学，人类也定能更好地培养孩子和完善自身，但在这里我并无意于过多地讨论这个问题。

几年前，一名著名的外科医生在意大利创办了一所"科学教育学校"，目的是为了配合教育学领域的改革，对教师进行科学正规化的训练，从而让他们能够更合理地指导孩子。这所学校在短短的两三年时间里就取得了巨大的成功，来自意大利各地的教师都纷纷涌进这里，米兰市政府还捐赠给他们一批优良的科学仪器和设备。事实上，这所学校的发展一直都很顺利，从创办之日起就得到了许多人的慷慨援助，人们试图以此为实验，建立起一门"培养人的科学"。

这所学校之所以大受欢迎，很大程度上是因为它得到了著名人类学家乔赛普·塞吉的鼎力支持。三十多年来，塞吉一直致力于创造一种以教育为基础的新文明理论，并且希望将这种理论在意大利的教师中传播开去。他说："生活在当今的社会中，一种极为迫切的需求让我感觉到我们必须对教育方法进行重建。为这一事业而献身，就是为人类的再生而献身。"

塞吉著有一本教育论文集，名叫《教育与训练》。在该书的摘要中，他对这一运动进行了大力鼓励与推广。他认为以教育人类学和实验心理学为指导去研究教育方法，这就是我们所期待的人类再生之路。

在书中，塞吉说道："这些年来，我一直在努力形成一种指导和教育人的观念。对于这件事情，我思考得越深入，就越觉得它正确和实用。我觉得只有把人作为单独的个体进行大量的、缜密的和深入的观察，才能建立一种自然而合理的教育方法。在这个过程中，重点是观察一个人幼年时期的情况，因为这是奠定一个人教育和文化基础的关键时期。

"对一个人的头部和身高进行测量，这确实不代表我们创建了一种新的教育学体系，但是，它却为我们建立教育学体系指出了道路，因为我们教育一个人的前提是我们必须对这个人有一个全面而明确的了解。"

塞吉的权威足以让很多人相信：只要获得了关于人类个体的知识，就能轻易掌握教育人的技术。但是由于深陷于塞吉的这种思想中不能自拔，他的追随者们的思想开始变得混乱。他们有的只从字面上解读塞吉的理论，有的人则夸大了这一理论的指导意义。主要问题在于，他们把对学生进行实验性研究等同于对学生进行教育。他们理所当然地认为这二者是相通的，只要完成了这种实验性的研究，就算完成了教育学生的任务。于是，他们把实际上的教育人类学直接命名成了科学教育学。这批塞吉的追随者认为，只要把"记录表"这面旗帜牢牢地插在学校这个战场上，他们就会赢得最后的胜利。

由此我们可以看出，所谓的科学教育学，就是指导教师对人体进行测量，即借助于触觉测量仪来收集学生的心理学数据。他们认为，通过这样的训练就能够形成一支科学教育学的教师队伍。

意大利在科学教育学发展中的作用

在这场教育学运动中，意大利紧随时代的步伐，引领了时代的潮流。此外，为了在人体测量学和心理测量学中找到学校的再生之路，法国、英国以及美国等诸多国家都在小学里开展了人类学和心理教育学方面的实验。但是，这些实验大都是由对医学而不是对教育更感兴趣的外科医生主持的，几乎没有任何教师参与过这方面的尝试性研究。一般情况下，这些外科医生的兴趣点不在于建立起人们梦寐以求的科学教育学，他们只关心对人类学和心理学有用的实验数据和结果。

通过总结我们发现，人类学和心理学还没有触及学校儿童教育领域，而接受科学训练的教师们也没有达到真正的科学家的水平。

事实上，学校要想获得实质的进步，就要在实践上和思想上对这些现代趋势进行融合。唯有如此，才能把科学家引入教育学领域，同时还能把教师的智力水平提升到一个新的层次。

克里达罗在意大利创办的教育学院是将这一梦想转化为现实的伟大实践。学院的目的在于使教育学摆脱哲学的从属地位，将之提升为一门独立的科学，并拥有像医学那样多而广的研究领域。教育卫生学、教育人类学和实验心理学这些分支学科都与教育学有关。

作为隆勃罗梭、德·乔凡尼和塞吉三位大师的故乡，意大利完全有资格为它在教育学领域取得的伟大成就而自豪。这三位科学家也是人类学发展新方向的奠基人：隆勃罗梭是犯罪人类学领域的巨擘，德·乔凡尼是医学人类学领域的鼻祖，塞吉是教育人类学领域的权威。

幸运的是，这三个人都是在各自的领域里的大师级人物，他们不但为科学的发展做出了巨大的贡献，而且还培养出了一大批敢想敢干的学生，从而将科学再生的思想深深地扎根于大众的头脑。毫无疑问，他们所取得的这些成就给我们的祖国带来了无上荣光。但是，我们在教育领域所从事的一切研究完全是为全人类的利益和文明着想。

在这项伟大的事业面前，我们无所谓国别之分，凡是为这项事业做出贡献的人，哪怕那些付出了劳动却没有取得成功的人，都应该得到大家的尊重。

通过学校巡视员和小学教师的共同努力，许多科学教育学学校和人类学实验室如雨后春笋般地出现在意大利的各个城市。虽然在它们还没有发展起来的时候就被人抛弃了，但是它们的价值却不容忽视，因为有支撑它们的忠诚信念，更因为它们为善于思考的人们打开了探索科学教育学的大门。

由于对这门新兴的科学的理解不够深入，这些尝试性的研究还不够成熟，但是有哪一项伟大的事业不是在起步时就步履维艰？

阿西斯的圣·弗朗西斯在幻觉中见到上帝，并接受了上帝的指示——"弗朗西斯，请重建我的教堂吧。"起初，他以为上帝口中的教堂就是自己正身处的这座小教堂。于是，他就费尽千辛万苦搬来石块修补破败的教堂院墙。后来他才醒悟过来，上帝交给他的真正的任务是用劳苦大众的精神来复兴天主教。但是，一开始朴实地挑石块的弗朗西斯和引导人们获得精神胜利的宗教改革家是同一个人，他只是活动在不同的舞台上罢了。

因此，为了实现这一伟大的事业而奋斗不止的我们也是同一个人。那些后来人之所以能够完成这项事业，是因为在他们之前已经有一大批人曾为之付出了不懈的努力。

就像弗朗西斯一样，我们曾坚信只要自己不怕吃苦，将笨重的石块搬到学校的断垣残壁上，就能够建立起一所全新的学校。就像弗朗西斯企图用石块来重建教堂一样，我们也曾希望借助于唯物论和机械的科学来构建起科学教育学的支柱。

就这样，我们在重建教育学的道路上跌跌撞撞，甚至误入了歧途。想要建立起真正的、有生命力的教育学，我们必须从现在起进行自我反省。也就是说，要想解救教育学，我们首先要做的应该是解救我们自身。

用实验科学的方法对教师进行培训远非想象中那般简单，因为就算我们用最正确的方法来指导他们，到头来我们所创造的也不过是一台台掌握了人体测量学和心理测量学的教学机器而已，而这些教学机器能否发挥正面的作用还很值得怀疑。此外，如果我们一味地按照这样的方法指导教师进行实验的话，那我们的研究只会永远停留在理论的层面。

旧时的学校以形而上学的思想为基础对教师进行培训，目的是让他们掌握那些得到权威人士认可的理论。在阅读这些权威理论时，他们全神贯注；在谈论这些权威理论时，他们口若悬河。可我们理想中的教师除了详细了解并学会如何操作这些教学仪器之外，还要掌握特定的知识和技能，起码要知道怎样用一些简单的甚至机械的方法进行测试。

即便他们能够做到这些，仍没有本质上的区别。这些差异都是外部技能上的，涉及到内在精神，他们与传统教师却是大同小异。我们目前所培育出来的教师仍然没有进入到实验科学的领域，更没有进入到实验科学最崇高、最有意义的阶段——造就出真正的科学家阶段。

至于到底什么是科学家，目前还没有明确的定义。科学家不是那些在物理实验室里熟练操作精密仪器的人，不是那些在化学实验室里安全处理化学反应的人，不是那些在生物实验室里精通制作显微镜下植物标本的人。

事实上，科学家的助手往往比科学家本人的实验技术更为娴熟，但他们不是真正的科学家。真正的科学家是那些以试验为手段探索生命的奥秘、解读生命现象的人，是那些在内心深处对大自然充满向往、连自己都无法压制自己的探索欲望的人。他们对大自然的崇拜近乎狂热，而且这种狂热明显地表现在他们的外部特征上，就好像宗教信徒虔诚地笃守着宗教教规一样。

真正的科学家是那些像中世纪苦行僧那样超脱于俗世的人，是那些埋头于实验室几天几夜都可以不吃饭的人，是那些不知疲倦地在显微镜下进行观察而不惜弄瞎了自己的双眼的人，是那些为了得出研究结果甘愿把结核病菌接种到自己体内的人，是那些为了了解疾病的传播途径而触摸霍乱病人的粪便的人，是那些明知有爆炸危险却还是坚持实践其实验理论的人。

对于具有这些崇高品质的科学家，大自然愿意向他们敞开怀抱，把自己的奥秘告诉他们，并赐予他们以荣耀。

科学家的"内在精神"比"外部技巧"重要得多，只有当"精神"战胜了"技巧"的时候，他们才能达到科学的最高峰。等到那一天到来的时候，他们对科学的贡献除了揭开大自然的奥秘之外，更重要的是对纯粹的思想进行哲学的综合。

科学技巧和科学精神的差异

我觉得,在教师的培养中精神的塑造要比技巧的训练重要。换句话说,我们对教师的培养重点在于精神,而非技巧。

举例来说,如果我们只要求教师们熟练掌握科学技术,那我们就别指望他们会成为优秀的人类学家、实验心理学家和儿童卫生学家。我们这样做,只是把他们引入了实验科学的大门,教会他们如何操作某些实验仪器和设备而已。

现在,我们要做的是指导教师与自己的专门领域——学校——相联系,让他们意识到科学精神的重要性,从而成就更加光明与美好的未来。我们的目的在于唤醒教育工作者内心深处对大自然的热爱,让他们体会到一个人迫不及待地进行实验和满怀期待地等待着实验结果是一种怎样的心情。

实验装置就好像字母表一样,如果我们想揭开大自然的奥秘,就必须熟练掌握操作它们的技巧。对于一本能够揭开作者的深奥思想的著作,那些字母只是构成了这本书的外部符号,同样,也是借助于这些实验装置,大自然向我们展示出它的无穷魅力,让我们对它的神秘充满了无限的向往。

就算剧本印刷得再清晰无误,也没有人能够以机械地拼写课本中单词的方式读懂莎士比亚剧本的真正含义。一个只懂得如何操作实验装置的人,跟只会拼写课本中单词的文字含义的人没什么两样。如果我们只对教师进行技巧的培训,那他们永远不可能迈进真正的科学家的行列。

我们必须努力把教师培养成为崇拜大自然和探索大自然的人。就像那个已经学会了单词拼写的人一样,当他有一天突然发现自己能够读懂莎士比亚、但丁和歌德作品中隐含的思想内涵的时候,那种感觉会让他欣喜若狂。

要想达到这样的水平,还有很长的一段路要走,可我们却犯了一个很严重的错误——我们单纯地认为,只要孩子们学会拼写课本上的单词,就算学会了阅读。就算他们能够轻易读出商店的招牌、报纸的名称以及他们所看到的每一个单词,却还是无法理解其意思。

他们认为自己能够读懂每一本书,可当他们走进一家图书馆真正开始阅读的时候才意识到,只知道如何机械地阅读课本上的单词一点用处都没有,自己还需要返回学校去进行长时间的学习。

我们试图通过教授人体测量学和心理测量学的方法来培养科学教育学教师的做法,与这样的情况没什么两样。

我们暂且放下这些培养科学教育学教师时所遇到的困难不表,也不想扼要地描述一下培养方案,因为如果继续在这个问题上耽搁,我们就会陷入不必要的讨论中去。

现在,让我们假定经过长期的培训,教师们已经做好了随时观察自然的准备。比如,他们已经具备了探索自然应该有的忘我精神,他们毫无怨言地半夜起床、走进田野和森林,只为了弄清楚某个昆虫在夜间的活动和清晨的行踪。

假设有这样一位科学家,虽然长时间的奔波导致他身心俱疲,但满身的泥土和似火的骄阳都没能消磨掉他的意志力。为了对昆虫进行持续不断的观察,他全神贯注地隐藏着自己。为了不惊扰到昆虫,好让其保持最自然的状态,他似乎全然忘记了自己。

我们再假定,教师们已经达到了这位科学家的水平,虽然他的眼睛已经看不清东西,但他还是把全部注意力集中在显微镜下那些长满纤毛的微生物身上。

这些微生物互相避让,以其特有的方式选择着食物,这说明它们已经具备了初级的意识。为了扰乱它们呆滞的状态,便于观察它们是如何趋向于正负极的,科学家开始用电来刺激它们。接下来,为了观察它们的趋光性,科学家还用光来刺激它们。

在通过观察和实验了解到这些情况之后,科学家开始思考以下的问题:这些微生物逃离或趋向某种刺激物和它们回避或选择某种食物,这两种行为是否是由同一机制引发的呢?

换句话说,也就是它们之所以会对刺激物做出不同反应,是因为它们已经具备了初级的意识呢,还是仅仅出于同极相斥、异极相吸的道理呢?

我们接着假定,现在已经是下午四点了,科学家很清楚地知道自己是在实验室里而不是在家里,他连午饭都还没吃呢,但是他庆幸自己没有离开实验室,因为只一顿饭的工夫,他就可能错过很多精彩的细节。

我们设想一下,教师们没通过科学训练就对观察自然产生了浓厚的兴趣,达到了废寝忘食的工作境界。但对于教师这一职业来说,这还远远不够,因为教师身份的特殊性决定了其观察对象不是昆虫或细菌,而是人。

教师并不是根据日常生活习惯对人进行研究,也不是像对昆虫进行全天候观察的科学家那样对人进行不间断的追踪,而是研究处于清醒状态的人的智力活动。

我们要培养的是教师对于研究人的兴趣,这种兴趣具有这样的特征:观察者和被观察者之间必须具有某种密切的联系,这种密切联系在动植物学家和他们的研究对象之间是不存在的。

如果一个科学家没有献身精神,就不会喜欢上他所研究的昆虫或者化学反应。这种献身精神让科学家几近疯狂,甚至不惜以生命的代价来保卫自己的事业。但人与人之间的感情是简单而又亲切的,它无所不在、无时不有。这种感情并非某个特权阶层所独有,它存在于我们每个人身上。

为了说明第二种培养教师的模式——精神培训,我们不妨设想一下耶稣基督第一批弟子的头脑和内心。当他们第一次听到耶稣基督给他们描述的比世界上任何一个国家都庄严神圣的天国的时候,他们一脸虔诚地问道:"主啊,请给我们以指示,告诉我们谁才是天国最伟大的人?"

耶稣平静地抚摸着身旁一个孩子的头——这个孩子抬起头来用崇拜和敬仰的眼神看着他——然后说道:"谁能像这个孩子一样,谁就能成为天国最伟大的人。"我们假设有一个弟子深深地记住了耶稣的话,于是他开始观察这个孩子的一举一动,试图以一种无比虔诚和爱戴的心到达那种神圣的精神境界。可就算把这样一个观察者放到一个满是孩子的教堂中,他也无法成为我们期望中的那种新型教师。

但是，如果一名教育工作者能同时具备科学家的献身精神和基督徒的虔诚心态，那他无疑会成为一名真正具有科学精神的教师。教师们或许能从这个孩子的身上学到一些东西，从而不断丰富和完善自己。

让我们接着看另外一个例子，来研究一下教师的心态。

现在，我们设想有这样一个人，他是一位长于观察和实验的植物学家或动物学家。为了研究"某种真菌"在原始环境下的状态,他到野外去进行考察。回到实验室后，他借助于显微镜以及其他一切可利用的仪器和设备展开了研究工作。

实际上，他称得上是一名真正的科学家，因为他不仅明白研究大自然的意义，而且还精通现代实验科学所提供的一切技术和手段。

接下来，我们接着设想，由于研究的独创性，这位科学家得到了某所大学的重用，并被分配到科学部进行膜翅目昆虫的研究。

当他开始着手做这项工作的时候，有人把一个装有蝴蝶标本的玻璃盖盒子拿给他看。

这些蝴蝶标本张着翅膀，身子用大头针固定着，趴在盒子里一动不动。科学家看了之后会说，这些标本只不过是小孩子的玩意，根本不能用来进行科学研究。如果用这些材料进行试验的话，肯定不会成功。

如果把按照科学的标准培养出来的教师安排到一所公立学校里，那他的遭遇肯定和那位科学家无异。因为各种规章制度扼杀了公立学校的孩子们的个性。就像被固定在盒子里的蝴蝶标本一样，这些孩子被束缚在课桌旁，无精打采地伸展着他们早已失去了飞翔能力的知识翅膀。

学校应该给孩子自由发展的空间

除了具备科学精神之外,教师们还必须拥有能够进行科学观察和实验的学校。如果真的诞生了科学教育学,学校就应该给孩子们自由发展的空间,让孩子们充分展示自己的个性。只有这样,才称得上是根本性的变革。

没有人能够断定,这种科学教育学已经出现在现在的学校中了。有些教师受到卢梭教育思想的启发,呼吁还自由给孩子们,并且提出了一些不切实际的愿望和想法。可即便这样,他们仍没有弄明白真正的自由是什么。

他们往往把真正的自由等同于反抗奴隶制度的自由或者社会自由。虽然社会自由是一种更远大的目标,但它却受到了诸多因素的制约。社会自由就像雅各梦中见到的一级级的天梯一样,也就是说,这是一种片面的解放,如一个国家、一个阶级或者一种思想的解放。

然而,教育学里的自由的概念要宽泛得多。当十九世纪生物科学为我们提供研究生命的方法时,就已经彰显了这种自由。所以,如果说过去的教育学模糊地表达了对入学之前的学生进行研究,以便让他们自由地展示自己的个性的观点的话,完全是受上个世纪实验科学的启发。

在这里,我们只是阐明自己的观点,并不想就这个问题进行辩论。如果有人说我们现在的教育学已经很好地贯彻了自由的原则,那我们一定会嘲笑他,说他就像一个面对蝴蝶标本,却坚持认为蝴蝶还能飞翔的的孩子一样幼稚可笑。

教育学一直被束缚着,看看学校里那些用来固定学生的桌凳就知道。我们仍然秉承着早期的唯物主义的教育思想,费劲千辛万苦搬运着石块来修补学校里那些破败不堪的断壁残墙。我们满腔热忱、气势高涨,可这一切都是徒劳的。

起初,学校的板凳是又窄又长的,学生们挨个坐在上面。后来,根据人类学提供的理论,学校对这些板凳进行了改进,开始根据学生的年龄和身高对桌凳进行重新设计。

为了让学生在上课时坐直,以防止其脊柱发生弯曲变形,学校对桌子和凳子之间的距离进行了精密的计算。再后来,学校把座位隔开,每个凳子上只能勉强坐下一个人,并且座位与座位之间也保持了一定的间隔,这样的设计让学生无法自由伸展身体。

学校的这种做法不仅把学生们彼此隔开了,而且还达到了防止教室里发生不道德行为的目的。在一个对性教育避而不谈甚至以此为耻的社会里,我们又怎能去苛责学校的这种行为呢?

我们以科学之名改进了学校的桌凳,最大限度地限制了学生们的自由,把他们束缚在一个小小的空间里,不得有丝毫的活动。

一切都安排好了。当学生们坐上这样的凳子的时候,他们不得不保持一种被认为有益于身体健康的直立坐姿。学生的座位、脚凳以及课桌的相互位置都是经过精心安排的,在这有限的空间里,学生们只能挺直腰板专心听课,根本不可能有什么小动作。

就这样,学校的桌凳不断地发展并完善着。每一个崇拜科学教育学的人都想为桌凳的设计出一份力。有的国家还以自己设计出来的桌凳为荣,甚至还为它们颁发了专利。

诚然,这些桌凳的设计极为科学。利用人类学知识进行人体测量和年龄诊断;利用生理学知识研究肌肉运动;利用心理学知识考察直觉的反应;最为重要的一点是,利用生理卫生学知识防止学生的脊柱发生变形。

这些桌凳是学校在对学生进行了人类学研究的基础上设计出来的。可见,它们是学校机械地照搬科学,将其运用到教学中的一个典型案例。

我相信,人类迟早会对自己竟会有这样的发明而感到讶异。

不可思议的是,人们在关注婴幼儿卫生学、人类学和社会学的研究以及人类思想的整体进步的同时,竟没能认识到学生桌凳这个极为严重的错误。

如果对最近几年来在世界各地兴起的保护儿童的运动有所了解的话，那我们更会对这些桌凳的存在惊奇不已。

这些科学桌椅如此受追捧，这一现象说明学生们正在受着一种制度的束缚。在这种制度的支配下，就算学生们的腰板挺得再直也会驼背！

从生物学的角度看，脊柱是人体的骨骼中最基本、最重要、最原始，也是最坚韧的一部分。从人类的诞生之日起，我们的脊柱就开始经历与沙漠雄狮的拼搏，与猛犸象的决斗以及艰苦而繁重的采石炼铁，它在与外界的抗争中越发变得坚忍不拔，现在却被学校无形的枷锁压弯了！

难以想象，当各种解放运动在世界各地风起云涌的时候，科学桌凳这种奴隶制度下的工具却仍在学校里大肆流行。科学桌凳的年代也就是劳动阶级要求从不公平的劳动枷锁中挣脱出来的年代。

毫无疑问，社会生活的每一次变革都预示着人类又向自由迈进了一步。大众领袖高举社会解放的大旗，劳苦大众高呼社会自由的口号，科学和社会主义出版物也大力声援他们的行动，报刊杂志中到处刊载着这样的文章。

相对于获得大量的滋补品，那些营养不良的工人们更愿意有人帮助他们改善自己的经济条件；相对于获得几条腹带，那些患有腹股沟疝的矿工们更愿意有人能减少他们的工作时间，使他们过上像正常人一样的健康生活。

同样是在这段时期里，学生们正在卫生条件丝毫不达标的教室里学习。当他们无法正常发育，甚至脊柱都发生了弯曲的时候，我们想到的应对方法却是改进他们的桌凳，以矫正他们变形的身体。这种做法与给生病的矿工提供腹带、给吃不饱饭的工人提供补品无异。

不久前，有一位女士认为我会支持有关科学的一切创新行为，于是她很自豪地向我展示了她发明的一个叫作保护架的"紧身"装置，并且认为这个装置可以弥补板凳的缺陷。

外科医生有多种多样的治疗脊柱弯曲的手段，在这里，我重点说一说"悬挂疗法"。所谓"悬挂疗法"，就是定期把孩子的头和胳膊用整形器械吊起来，好让他自身的重量来拉直他的脊柱。在学校里，这种整形器械非常受欢迎，有的人甚至认为这是一种先进的脊柱保护措施。

所有的一切都是我们机械地把科学应用到落后的学校中去所导致的。显而易见，保护学生的脊柱的正确做法是改变他们的学习方式，不要让他们长时间保持那种对健康有害的姿势。学校真正应该做的，不是改进桌凳的结构，而是还孩子们以自由。

退一步讲，就算这样的桌凳结构对孩子的身体发育有益，可由于这些桌凳全都不能挪动，所以在打扫卫生的时候根本没办法把每个角落都清理干净，这样教室就会成为滋生细菌的死角。由于孩子们的脚凳是固定的，他们脚上带进来的污垢就会逐渐堆积在那里。

随着时代的发展，人们家庭中的各种陈设都变得越来越轻巧简便了，这样人们就可以轻易挪动它们以打扫落在角落里的灰尘。可是，学校却无视潮流的变化，对这一切视而不见，依然固守着其错误的做法。

我们可以深入地思考一下，那些被各种人为的束缚压弯了脊柱的孩子们，他们会有怎样的精神世界呢？

面对那些衣食无着、疾病缠身的劳苦大众，我们一心一意地致力于帮助他们消除诸如贫血或者疝气之类所带来的痛苦，可对他们饱受伤害的心灵，我们却不管不顾。

当我们论及用更多的自由来补偿他们的时候，我们指的是这种来自心灵的更深层次的创伤。我们谁都明白，当一个人在饥肠辘辘的情况下从事了长时间的劳动的时候，被摧毁的不仅是他的身体，还有他的灵魂。

奴役是人类进步之路上的绊脚石。要想获得真正的发展，人类必须将这块绊脚石搬走。要知道，拯救人类的灵魂是比拯救人类的肉体更为迫切和艰巨的任务。

奖励和惩罚——精神奴役的工具

那么，涉及到儿童的教育问题时，我们应该谈论些什么呢？

我们深知教师的不易。在课堂上，为了完成向学生们传授一些索然无味的知识的任务，教师必须采取某种强制性的措施让学生保持坐立不动，并强迫他们集中精力认真听讲。于是，奖励和惩罚就成了教师们约束学生的必要手段。

越来越多的人认为学校的当务之急是废除鞭打和体罚。就像奖励已经变得不再重要一样，惩罚也没有了存在的必要。在我看来，这些奖惩措施简直就是进行精神奴役的工具。在学校里，它们所起的作用不是防止学生的畸变，而是制造畸变的学生。在这种机制中成长起来的孩子，所有的用功和努力都不是发自内心的，他们不可能获得自然的成长与发展。

职业赛马师在上马之前会塞给他的马一块糖，马车夫鞭打他的马好让它对指挥做出反应，这样的马永远不如在草原上自由驰骋的马跑得快。

那么，在教育中我们要给学生套上枷锁吗？

生活在社会中，我们每个人都背负着无形的枷锁，可回顾一下人类走过的历史就会发现，这种枷锁正在逐步放松。也就是说，自然和生命正一步步地走向解放——奴隶的枷锁被仆人的枷锁取代，仆人的枷锁又被工人的枷锁取代。

一切的奴役形式终将削弱和消失，包括对女性的奴役。人类文明的历史，就是一部不断征服和不断解放的历史。那么，奖励和惩罚是人类文明发展所必须的手段吗？我们是不是已经超越了这一阶段呢？答案如果是肯定的话，那我们现在仍在教育中运用这一手段的做法，只能说是一种倒退，根本不可能给教育事业带来丝毫进展。

类似的情况也存在于政府和其职员的关系中。职员们日复一日地为国家的利益工作，但他们并没有从任何直接的回报中感觉到自身价值的所在。他们并没有意识到，政府之所以能够自如地行使它的职责，完全是靠他们日常的工作。他们给整个国家和人民做出了巨大的贡献，可他们自己却毫不知情。就好像学校里的学生由低年级升入高年级一样，他们唯一看到的就是自己职位的晋升。

一个看不到自己工作价值的职员就好像一个被放到了比自己真实水平低的班级中的学生，由于尊严受到了严重的伤害，他变成了一台只有靠加油才能运转的机器。

所有的诸如授予奖章或勋章之类的琐事，都不过是一种人为的刺激而已，它只能暂时照亮和驱散人生路上的黑暗和迷雾。

在学校里，我们采用同样的方式来对待学生。职员因害怕不能升职而从事乏味的工作，学生因害怕不能升级而被迫努力学习；上级对职员进行指责，老师对学生进行批评；上级修改职员起草的差劲文书，老师给拙劣的作文打一个低的分数。

所有的事情没什么两样，只是发生在不同的地方而已。

但是，如果政府不能使国家变得强大，到处充斥着贪污腐败的劣行，职员就会放弃自己一直追求的伟大目标，而把谋求那些能给他们带来奖赏的小东西作为生活的意义。一个国家之所以能够长盛不衰，就在于它拥有一批正直清廉并义不容辞地反对贪污腐败的职员。

生命战胜苦难和死亡并继续征服新的困难。自由的本能也会扫除所有的障碍，为胜利开辟出一条阳光大道。推动着世界不断前进的，是一种存在于人内心的强大力量。一个能够成就伟大事业的人，绝不会因得到了某种小小的奖励而沾沾自喜，也不会因受到了某个小小的惩罚而郁郁寡欢。

在战争中，如果一支规模庞大、可士兵们却为了升迁、谋求奖励或害怕惩罚而参战的军队遇到一支规模弱小、可士兵们却热情高涨的军队，那胜利肯定是属于后者。当英雄主义情怀消失于一支军队的时候，所有的奖励和惩罚带来的只会是腐败和怯懦。

人类的进步取决于精神的力量

人类所有的胜利和进步，都建立在人的精神力量之上。

一个以医学为爱好并把治病救人当作自己使命的年轻人，将来肯定能成为一名伟大的医生。可如果他工作的动力是继承先辈的遗产、成就美满的婚姻或者得到其他的物质利益，那他永远不可能成为一名受人敬仰的大师或医生，也永远不可能推动世界和人类的进步。

每个人的天性都是独一无二的，可那些奖惩措施很有可能使一个人扭曲自己的天性，走上一条根本就不适合自己的道路。对于一个走错方向的人，他越是执着，离成功就会越远，最严重的后果是，到最后他把自己的人格都弃之不要了。

当然，有些奖励确有必要。例如，当一个演讲者看到台下听众的表情随着自己的言辞而变化时，就会产生一种被别人认可的满足感。别人的关注是对自己最大的肯定。别人因我们的存在而感到快乐，这是对我们最好的奖励。

或许会有那么一瞬间，我们感觉自己成了这个世界上最伟大的人，就算我们没有波澜壮阔的经历，也没有大富大贵的人生，但我们的确觉得自己很幸福快乐。

或许只是收获了别人一个赞赏的眼神，又或许只是得到了孩子一件小小的礼物，这都会让我们深深地感受到荣耀和自豪。这时候，如果有某个权威人士站出来授予我们荣誉和奖章的话，那他就是我们得到奖励的最大破坏者。

一个正常人的心灵会因为充实而变得完美。惩罚往往是一种奴役人的手段，它会让那些本性邪恶的人变得更加低劣，当然这只是极少的情况，社会不会因此而停止前进的脚步。

如果我们不把自己的行为限制在法律许可的范围之内，那我们就会受到惩罚。但我们之所以不去烧杀抢掠，并不是因为我们害怕法律的权威，而是因为我们生来就是爱好和平的人。生命自然而然会把我们带去该去的方向，让我们远离那些罪恶的行为。

如果不涉及伦理学和纯哲学观点，那我们就可以说，一个人在犯罪之前就已经感觉到了自己可能受到的惩罚。无视法律的权威也好，受到了别人的引诱也罢，他最终按照自己的意愿犯下了罪。

他肯定也经历了犯罪与惩罚之间的斗争，但他还是自欺欺人地认为自己能够逃过法律的追究。无论刑事法规是否减少了犯罪的发生，但它无疑是专门为罪犯制定的。可罪犯终究是少数人，大多数公民都是纯朴而老实的，不会轻易感受到法律的威胁。对一个人最大的惩罚是剥夺了他的自我。要想挽救这样的人，需要教育的帮助。可我们的学校却用桌凳、物质奖励和惩罚来奴役学生的身体和心灵。学校这样做的出发点是想让他们遵守纪律、好好学习，至于究竟会把他们带去怎样的境地，又有谁能够预料得到呢？

教师们一味地往学生的头脑里灌输学校计划的教学内容，这些计划都是教育部门统一编制的，并且还以法律的形式确定下来，以确保所有的老师和学生都能贯彻执行。是我们造就了学生们的愚钝和无知。此刻，我们应该做的是低下自己的头，用手捂住自己的脸，好好地反思一下自己的行为。

塞吉曾经说过："时代的变迁要求教育和教学方法的变革。为这项事业而奋斗，就是在为人类的再生事业而奋斗。"

蒙台梭利教育启示

1. 用实验科学的方法对教育者进行培训，远非想象中那般简单，不能一味按照人体测量学和心理测量学指导实践。

2. 孩子学会拼写课本上的单词，并不算学会了阅读，父母要让孩子读懂书的意思，这样才能学会阅读。

第二章
蒙氏教育法的由来

教育孩子,只靠父母的力量是远远不够的,需要社会、学校、父母三方面的配合,才能达到最好的效果。

——中国教育家 陶行知

阅读提要

　　我们要建立新的教育学体系，这要求学校的变革和教师的培训必须同时进行。只有学校提供实验和观察的环境和设施，教师才有可能成为熟悉实验方法的观察者。

　　3~6岁是婴儿发育的关键时期，父母一定要对婴儿进行耐心地观察和指导，尤其是对一些反常现象，更应予以加倍重视。

　　父母要给孩子充分的自由发展的空间，让他们随心所欲地展示自己的个性。

建立科学教育学方法的必要性

假如要构建一种新的教育学体系，我们就应该开辟一条与以前的教育学截然不同的道路，即学校的变革和教师的培训必须同时进行。只有学校提供实验和观察的环境和设施，教师才有可能成为熟悉实验方法的观察者。

科学教育学的基本指导思想是给孩子充分的自由发展的空间，让他们随心所欲地展示自己的个性。如果说构建科学教育学体系的方法是对个体进行研究，那么研究的对象应该是不受任何约束的孩子。

实验科学的诸多分支学科都是把某一种研究方法应用于某种领域的结果。例如，细菌学的科学内容是运用隔离和细菌培植的方法研究探索出来的，而犯罪人类学、医学人类学和教育人类学之所以能够取得如此之快的发展，完全得益于把人类学分别运用罪犯、精神病病人以及临床病人和学者等不同人群的身上。

所以，从出发点来看，实验心理学对实验中所使用的技术有非常严格的要求，并且必须经过多次反复实验，才能得出确切的结论。在对结论进行描述和阐释的时候，一定要遵守客观、公正、严谨、科学的原则，不得掺杂丝毫的个人偏见。

例如，如果要研究智力高低与大脑发育之间的关系，我们必须严格做到这一点：当我们在对大脑进行观察的时候，不能因为观察对象有聪明与愚笨之分就预先对观察结果下一个主观的判断。这种先入为主的情况会对研究结果的准确性产生严重的影响。

在做实验的时候，我们一定要摒弃所有的主观意见。如果要想让实验心理学发挥其作用，我们必须将所有的教条思想从头脑中剔除掉。换言之，如果我们想通过对儿童的观察得出某种结论，建立起真正的儿童教育学，我们首先要保证孩子的成长环境是自由的。

儿童心理学和儿童教育学的构建并不是一件容易的事情，这需要我们在长期的实践过程中，逐步消除教条主义的束缚。

现在，我们面临的困难之一是，怎样建立起一种专属于实验教育学的方法。科学教育学处在卫生学、人类学和心理学等学科的包围之下。科学教育学把自己的研究对象局限于单个的特殊个体，但毫无疑问，它也吸收了这三种学科的部分技术和方法。

"儿童之家"教育体系的源起

令人欣慰的是，目前的研究方法中有的与实验教育学相关，这主要得益于这两年我在"儿童之家"的工作经验。我的研究仍然处于起步阶段，但我希望这些尝试性研究能够有所启发，成为人们持续发展这项工作的动力。

事实上，我所倡导的教育体系中，经验具有至关重要的作用，这一点已经被证实了。虽然到目前为止，我们所建立的教育体系仍有许多需要改进的地方，还不能将之完全应用到对孩子的管理之中去。

当然，我说我们目前的研究工作主要建立在我过去两年的经验之上，这种说法有失偏颇。事实上，"儿童之家"的教育体系已经存在了相当长一段时间了，它最初是由对畸形儿童的教育实践演变而来的。它建立在人们长期而努力的实践基础之上。

伊塔德和塞贡的教育理论

大约 15 年前，我就职于罗马大学精神病治疗诊所，是那里的一名助理医生，这让我有机会经常出入于精神病院。在为诊所挑选研究对象的过程中，我逐渐对研究智力发展不健全的儿童产生了浓厚的兴趣。

当时还没有专属于智力发展不健全的儿童的居所，他们只能住在普通的精神病院里。随着甲状腺器官疗法的越来越发达，很多外科医生都把注意力转移到智力发展不健全的儿童身上。除了完成诊所的工作之外，我对智力发展不健全的儿童的研究也投入了大量的精力和时间。我与智力发展不健全的儿童的缘分就此开始了。

我开始学习爱德华·塞贡的智力发展不健全的儿童特殊教育法，并逐步掌握了他的全部教育思想。由于对耳聋、中风、白痴以及佝偻等疾病都有很显著的疗效，他的"教育疗法"很快就在外科医生中流传开来。

越来越多的人开始接受这样的观点，即在对疾病进行治疗的过程中，一定要把教育学和医学结合起来。这种观点是时代的产物，也代表着时代的进步。在这种观点的影响下，用体育锻炼来治疗疾病的方法风靡一时。但是，依照我的观点，智力发展不健全的儿童的问题属于一个教育学问题，而不属于一个医学问题。在一个以研究教育和治疗智力发展不健全的儿童为主题的医学大会上，很多人提出了不同的论调，他们认为体育锻炼对恢复儿童的智力没有帮助。

1898 年，意大利的都灵举办了一场教育学大会，我在会上作了一次以"精神教育"为题的演讲，就如何治疗智力发展不健全的儿童这个问题发表了自己的看法。我的观点引起了医学和教育学的轰动，开始在外科医生和教师中广泛流传开来。

盖都·巴克西里是我的导师，也是曾经的教育部长。有一次他拜访我说，让我就智力发展不健全的儿童的教育问题给罗马大学的教师们讲一堂课。之后，我又在州立行为心理学学校讲过类似的课程。

来到那所学校之后，我的主要任务就是给孩子们上课。这些孩子在小学里被认为是无药可救、头脑呆滞的傻瓜。后来，在慈善机构的支持下，成立了一所医学教育学院。这里的智力发展不健全的儿童，有的是来自公立学校，有的是来自罗马的疯人院。

为了观察和治疗那些智力发展不健全的儿童，我用两年的时间潜心研究出了一种特殊的教育方法。当然，如果没有同事们的热情相助，我不可能成功。

除了对教师们进行培训，我还致力于研究一种行之有效的教育智力发展不健全的儿童的方法。为此，在巴黎和伦敦住了一段时间之后，我一门心思地扎进了儿童教育的工作当中。

说白了，我就是一名小学教师，我的主要工作就是给孩子们上课。从早上8点上到晚上7点，我几乎没有片刻的休息时间。在这两年的教育实践中，我获得了第一个教育学方面的学位。从一开始从事智力发展不健全的儿童教育工作的时候，我就坚信自己的教育方法与众不同。与别人的方法相比，我的方法尤其适用于智力发展不健全的儿童。事实上，借助我的方法，智力发展不健全的儿童的智力有了明显的提高。

这种方法几乎占据了我全部的思想，以至于我离开学校去寻求更好的治疗智力发展不健全的儿童的方法之后，仍然无法从对这种方法的痴迷中解脱出来。我相信，就算把这种方法应用到对正常儿童的教育中去，同样会收获意想不到的效果。

自此，我开始埋头于矫正教育学领域，并且希望自己能够在正常儿童教育学及其原理研究方面有所建树。为了实现这个目标，我走进一所大学，开始系统地学习哲学课程。

当时，一切都是未知数，我不知道自己的思想能否得到验证，但在一种强大的信念的鼓舞下，我辞掉了所有的工作。为了这个理想，我几乎孤注一掷，没有给自己留丝毫的退路。

最早对智力发展不健全的儿童的教育进行探索的是一位叫伊塔德的外科医生。伊塔德曾对医学的发展做出过重大的贡献，他以耳疾奠基人的身份被世人熟知。

伊塔德是对人的听觉进行培训的第一人。通过在巴黎一个聋哑人机构中进行的大量实验研究，他成功地让那些听力有缺陷的人恢复了听力。后来他又在一个叫作"阿威龙野孩子"的智力发展不健全的男孩身上花费了8年时间。

在治疗人的听觉方面取得了一定的成效之后，他又把自己的疗法用于人体所有的感知官能的治疗上。

伊塔德的教育学专著也颇有研究价值，他的教育经验和成果在书中都有所体现。凡是熟悉他作品的人都知道，他的教育经验和成果充分证明了他是尝试研究实验心理学的第一人。不过，系统地建立起智力发展不健全的儿童教育体系的是爱德华·塞贡。

塞贡做过一段时间的教师，后来改行成了一名外科医生。他以伊塔德的教育经验为基础，在疯人院对智力发展不健全的儿童进行了长达10年的研究，不断地对这些经验进行完善，之后又将之应用到巴黎的一所小学中去。

1846年，塞贡的《智力发展不健全的儿童教育中的心理卫生治疗》一书在巴黎问世，凭借此书，塞贡将这种方法公之于世。后来，塞贡移民美国，并在那里创办了多家智力发展不健全的儿童教育机构。在总结自己二十多年的工作经验的基础上，塞贡于1886年在纽约再版了《智力发展不健全的儿童教育中的心理卫生治疗》一书。第二版的书名是《智力发展不健全的儿童及其生理学方法治疗》，与第一版有很大的不同，此外，塞贡还加入了许多新的内容，更加详细地阐释了自己的教育方法和理论，并将自己的教育方法命名为"生理学方法"。

在新版的书名中，塞贡没有论及用于"智力发展不健全的儿童教育"的方法，因为这样会让人误以为他的方法只适用于智力发展不健全的儿童教育。他要重新阐释的是怎样用生理学的方法来对智力发展不健全的儿童进行治疗。

当我还在诊所做助手的时候，曾经拜读过塞贡这本书的法文版。直到20年后，这本书的英文版才在纽约问世。

虽然存在英文版，但这本书在英国并不出名，这说明塞贡的理论并不为人们所熟知。尽管有许多特殊儿童机构都曾引用过塞贡的教育理论，但它们根本就没有切中塞贡教育体系的重点，甚至还与之大相径庭。

伊塔德和塞贡教育理论在德国和法国的应用

事实上，我们对智力发展不健全的儿童的教育方法与对正常儿童的教育方法大同小异。特别是在德国，那些智力发展不健全的儿童学校里的特殊教学仪器纯属摆设而已。

在比色特的那段时间里，我发现一个现象：那里的教师们虽然手捧塞贡编写的法文课本，但他们从来就没有真正实践过塞贡的教育方法，充其量也不过使用他所提供的教学仪器而已。

他们的教育方式机械而呆板，教师们严格执行着每一条规章和条例，丝毫没有自己的创造力。不仅德国，伦敦和巴黎也是如此。总之，我所期待的那种教育方法只存在于幻想中罢了，根本就没有得到真正地贯彻和实施。

在对欧洲的教育方法有了系统的研究之后，我在罗马开始了为期2年的智力发展不健全的儿童教育工作。我将塞贡的方法运用到实际的教学中去，同时也从伊塔德的实验中受益颇多。

在伊塔德和塞贡教育方法的指导下，我增长了很多见识，并且制造出了大量的、前所未有的教学仪器。在这些教学仪器的帮助下，教师们能够更加轻松而有效地完成教学任务。

我很理解那些在智力发展不健全的儿童教育中半途而废的人，毕竟从事这项工作需要比常人更大的耐心和毅力。我们在认识上存在这样一个误区，认为教育工作者应该把自己和被教育者摆在同样的地位。这种观念给从事智力发展不健全的儿童教育工作的人带来很大的思想压力，为了借助于故事和游戏来接近智力发展不健全的儿童，他们不得不降低自己的智力水平。由于不堪其辱，好多人放弃了自己的工作岗位，去谋求其他的事业。

要想从事这项特殊的教育事业，必须具有唤醒儿童沉睡的心灵的能力。能够唤醒这些孩子的，不是那些冰冷的教学仪器，而是一颗热情而真诚的心。在唤醒这些孩子之后，再鼓励他们利用这些教学仪器进行自我教育。

塞贡的第一手教材

关于这个问题，塞贡的想法和我的如出一辙。在对塞贡的理论进行了系统的研究之后，我清晰地意识到，塞贡所使用的第一台教学仪器不是某台机械，而是人的精神。

在他出版的那本法文书上，塞贡清晰地表达了他对教师们的期望。他说，如果教师们不做好充分的准备，而是用传统的教育方式对待智力发展不健全的儿童，那他所做的一切都将是徒劳的。

在本书中，塞贡还提到了他对教师们的一些建议，诸如表情要和善、声音要悦耳、要细心观察儿童的每一个行为动作，以便对他们进行有益的指导。

总之，教师要尽最大可能吸引智力发展不健全的儿童的注意力，打开他们封闭而脆弱的心门，帮助他们树立直面外部世界的勇气和信心。

在对智力发展不健全的儿童进行教育的过程中，教师们一定要做到向儿童们敞开心扉。只有洞察了这一点，我们才能真正理解塞贡教学实验的伟大之处。只有理解了塞贡教学实验的伟大之处，我们才能将之真正应用到教学中去。

从这些实验中，我得到了一些惊人的研究成果，并且也深刻地领悟到如果我们能更多地感受到那些来自于人内心的情感，诸如鼓励、关爱、尊敬和安慰等，就越能让自己的生命充满激情和活力。

如果不能感受到精神上的抚慰，就算得到再完美的外部刺激，智力发展不健全的儿童也会无动于衷。了解了这一点后，我开始进行独立的实验。我并不想详细介绍这些实验，但不得不提的一点是我在尝试构建一种新的教学生阅读和写作的方法。这一点至关重要，可在他们的著作中，伊塔德和塞贡只对此进行了皮毛性的论述。

在我的教育下，很多来自精神病院的智力发展不健全的儿童都有了一定的阅读和写作能力。我还让他们和正常儿童一起参加考试，意外的是他们都顺利通过了，并且成绩都很理想。

很多人对这样的结果惊讶不已，可我却觉得这一点儿也不奇怪。智力发展不健全的儿童们能够拥有和正常儿童一样的智力，这完全得益于他们所接受的特殊教育。可正常儿童因为他们的"正常"，就享受不到这样的待遇。

我时常设想这样一种情况，假如用教育智力发展不健全的儿童的方法教育正常儿童，肯定会取得令人满意的效果。到了那个时候，我们所谈论的"不可思议"就会变成"理所当然"了。

当然，如果教育智力发展不健全的儿童的方法能够得到全面的普及，那智力发展不健全的儿童和正常儿童之间的差距就会被拉大。但是，由于起点低，智力发展不健全的儿童的提升空间比正常儿童大得多，只要我们多花些

第二章 蒙氏教育法的由来

心思在他们身上，我相信这种差距并不是不可消除的。

在所有人都对我在智力发展不健全的儿童教育上取得的成就投以赞许的眼光的时候，我开始将研究的重点转移到正常儿童身上。我在想，到底是什么限制了正常儿童智力水平的提高，以至于与智力发展不健全的儿童相比，他们都没有什么优势可言。

一天，我为一名智力发展不健全的儿童学校的女校长读了一段伊齐基尔的预言。因为这段预言就好像是专门针对智力发展不健全的儿童写的，所以她的印象很深刻。

> 上帝抚摸着我的头，把我带到了他的灵魂中，眼前是一条满是人体白骨的河谷。
>
> 上帝让我走过这些白骨，站在开阔的河谷中央，我不知道这些白骨早已干枯了多久。
>
> 上帝问我，你觉得这些白骨能够起死回生吗？我说，答案或许只存在于你的心中。
>
> 上帝对我说，我给你预言的权利。哦，这些白骨似乎听到了上帝的话语。
>
> 上帝对白骨说，我将气息注入你们的身体，你们就能苏醒过来。
>
> 我将赐予你们筋腱、血肉和皮肤，等你们活过来了，你们就会知道我是上帝。

我按照上帝的吩咐进行预言。果然，白骨们开始摇动着聚集到一起，形成了骨架。

我目睹着眼前的一切。瞧！这些骨架上堆起了筋腱、淌起了血液、盖上了皮肤，但它们却没有呼吸。

上帝接着对我说，继续你的预言吧，告诉风，让它尽情吹吧，风会带给白骨们呼吸，让它们活过来的。

我按照上帝的指示做了，只见白骨们感受到了风的气息，它们活了！它们一个个地站立着，多像一支庞大的军队。

上帝对我说，这些白骨构筑了以色列的大家族。瞧！它们说，我们的身体干枯了、我们的希望破灭了，我们被切成碎块了。

按照我的理解，"我将气息注入你们的身体，你们就能苏醒过来"，这是教师们在对儿童进行指导和教育。

至于"我将赐予你们筋腱、血肉和皮肤"，则让我想起了那句概括和总结塞贡教育方法的话："我们对儿童的引导和教育应该是全面的，包括从肌肉系统到神经和感官系统的各个方面。"

基于这样的思想，塞贡成功地教会了智力发展不健全的儿童们怎样走路、怎样在诸如爬楼梯、跳高等高难度的动作中保持身体平衡。塞贡还通过触摸、感觉温度的变化以及各种其他教育手段来训练智力发展不健全的儿童的感知和辨别能力。

但是，如果我们的训练止步于此的话，就会使智力发展不健全的儿童的生命保持在一种非常低等的状态。我们要唤醒他们的灵魂，就像伊齐基尔的预言中所说的那样，只有拥有灵魂的白骨，才能获得新生。

为了帮助智力发展不健全的儿童摆脱那种类似于植物的生命状态，塞贡逐步深化了自己的教育方式，具体说来主要有以下四个阶段：感官能力的教育、普通观念的教育、抽象思维的教育、精神层面的教育。

可就算我们通过改善教育方法和进行综合的生理学分析，让智力发展不健全的儿童看起来与常人无异，但他们的智力水平还是无法与正常人相比，他们仍然没有处理复杂多变的社会环境的能力。这就是很多人不能将塞贡的教育方法贯彻到底的原因。但是，就算困难再多，也会存在那些从不轻言放弃的人。

塞贡的教育方法是正确的，在智力发展不健全的儿童教育的实践中，我亲自证明了这一点。我对伊塔德和塞贡的研究从来就没有终止过。我一遍又一遍地拜读着他们的著作,并将之翻译成了意大利语。为了仔细斟酌每个字的含义,领悟其中的精神内涵,整个翻译过程我都选择了手写。当收到那本1866年出版的塞贡著作的英文版副本时,我恰巧完成了他那本长达六百多页的法文版著作。在该书中,塞贡并没有对新型教学实验做过多的论述,但保留了第一部著作中所描述的经验哲学方面的内容。

塞贡从对正常儿童长达三十多年的研究实践中总结出,在对个体进行研究的时候要以生理学方法为基础,对研究对象进行生理和心理分析之后,再制定合理的教育方法。塞贡相信,这种方法一定会为人类的再生指明方向。

作为一名伟大的教育学家和心理学家,塞贡就像一位举旗呐喊的领路人,为改变学校的教育模式、开发孩子们的智力做着不懈的探索和努力。

这段时间,我主要在大学里学习实验心理学,这是一门新兴的学科,意大利的大学其实主要是都灵、罗马和那不勒斯三个城市的大学最近才开设了这门课程。

为了弄明白正常儿童教育中所使用的组织方法,我还利用业余的时间到附近的小学里开展教育人类学研究。在我的这项工作的推动下,罗马大学还开设了一门课程,专门研究教育人类学方面的问题。

一直以来,我都想把智力发展不健全的儿童的教育方法应用到正常儿童的教育工作中去,可苦于找不到合适的实验学校和机构,这件事就一直被搁置了。

1906年年底,我刚回到米兰,就应邀参加了一个在当地举行的国际展览会。在会上,我以一名委员的身份给在科学教育学和实验心理学领域做出突出贡献的人颁奖。这时,一个天大的机会降临到了我身上。

艾多阿多·塔拉莫,这位罗马优质建筑物协会的会长邀请我在公寓里创建儿童学校。

塔拉莫先生提议说,可以在每所住宅里都成立相应的学校。具体做法是把公寓里3~7岁的孩子全部集中起来,为他们创建属于自己的学习场所,然后派一名教师对他们的功课进行指导。

当时，罗马优质建筑物协会一共拥有四百多所公寓，如此算来，这真的是一项巨大的工程。此外，这项工作不仅可以帮助解决儿童的教育问题，而且还可以为我提供研究的场所。于是，经过沟通我们很快就达成了协议。

1907年1月，第一所学校在圣洛伦佐区的一座大型公寓住宅里成立了，并于1月6日正式开始运营。我们给这所学校起了一个好听的名字——儿童之家。当时，肯迪达·奴西特里负责"儿童之家"的全部工作，而我则对其进行监督和管理。

同年4月7日，圣洛伦佐区成立了第二所"儿童之家。1908年10月18日，"儿童之家"入驻米兰市的工人居住区。我们的工作还得到了慈善家协会的大力支持，该协会答应帮我们制造教学仪器。

11月4日，第三所"儿童之家"在罗马正式成立。与以往不同的是，我们没有把这所"儿童之家"设在平民居住区，而是设在了一座坐落于维阿·法码高斯塔的中产阶级居住的现代化大楼里。

很快，"儿童之家"的影响力传到了国外，瑞士首先行动起来。1909年1月，瑞士开始对其儿童收容所和孤儿庇佑所进行大刀阔斧的改革，果断抛弃了旧有的福禄贝尔教育体系，取而代之的是"儿童之家"的教育方法和教学仪器。

"儿童之家"的开创性意义

"儿童之家"的开创性意义主要体现在两个方面：一方面，它位于生活区内，其独特的办学方式让其具有很强的社会意义。另一方面，它的教学方式也与以往的大不相同，因此其也为教育领域的改革提供了现实的依据。

在这里，我最要感谢的一个人就是塔拉莫先生，是他给了我一个实践自己教育理念的机会，从而将智力发展不健全的儿童的教育方法应用到了对正常儿童的教育中去。需要强调的是，我所说的正常儿童的年龄是有界限的，通常是3~7岁，也就是婴儿收容所里的婴儿那样的年龄。

其实，在婴儿时期，智力发展不健全的儿童和正常儿童的智力没有多大差距。由于身体的各方面机能还没有发育完全，所以我们很难判断婴儿的智力是否出现了问题。

婴儿之所以走路不稳或者无法从事诸如拿东西、解扣子等简单动作，是因为他们的肌肉还没有自我协调的能力。感觉器官也是如此，比如眼睛的适应能力也没有得到完全的发育。

语言是人与人之间最基本的沟通工具，我们凭借语言表达内心的愿望。语言能力的发展是人类自身发展的重要标志之一。语言能力是后天形成的，所以对婴儿而言，语言的缺陷是最基本的特性。

注意力不集中、身体站不稳等身体缺陷同时存在于正常儿童和智力发展不健全的儿童身上。普雷耶通过一系列的实验对儿童心理进行了大量的研究，他发现由疾病导致的语言缺陷和正常儿童发育过程中出现的语言缺陷没什么两样。

正因为这些相似之处，所以我们完全可以把智力发展不健全的儿童的教育方法应用到对正常儿童的教育中去。通过大量的研究，我发现表现在儿童身上的暂时性缺陷之所以会变成永久性缺陷，是因为一开始的时候，这种缺陷没有引起其监护人的充分重视。

3~6岁是婴儿发育的关键时期。在这段时期内，监护人一定要对婴儿进行耐心的观察和指导，尤其是对一些反常现象，更应予以加倍重视。否则的话，孩子很可能出现诸如语言缺陷、视力缺陷、走路缺陷等永久性缺陷。

"儿童之家"的实践证明我的想法是正确的。在智力发展不健全的儿童教育法的指导下，正常儿童的智力果然有了很大程度的提高。

凡是对塞贡著作有所了解的人都知道，我的教育方法并不是凭空想象出来的，而是对塞贡理论的升华。不过，毫无疑问的一点是，我这两年的教育实验基础可以追溯到法国大革命时期，为了这一事业，伊塔德和塞贡甚至耗尽了毕生的心血。

塞贡继承并发展了他的老师伊塔德的思想，然后形成了自己的一套教育理论。在他的第二本著作出版30年之后，我又将其教育理论应用到实践中去，并且下定决心要坚定不移地沿着他的脚步走下去。

在10年的教育生涯里，我努力汲取伊塔德和塞贡思想中的精华，并且利用"儿童之家"这个实践平台，实现了对这二人思想的传承和创新。可以说，我的10年的工作是对伊塔德和塞贡40年工作的总结。

从伊塔德到塞贡再到我本人，经过前后50年的研究与探讨，我们终于摸索出了一套行之有效的教育理论。

无疑，"儿童之家"的实践取得了巨大的成功。在这里，我完全有必要写一本书来详细地介绍它。事实上，"儿童之家"对一些社会问题和教育问题的解决都起到了不可忽视的作用，它的教育方式也必将在学校里得到全面普及。

蒙台梭利教育启示

1. 父母的教育方式不能机械而呆板，要拥有自己的创造力，而不是迷信权威的教育方法，这样才能让好的教育方法得到真正的贯彻和实施。

2. 在对待孩子时，父母表情要和善、声音要悦耳、要细心观察儿童的每一个行为动作，以对他们进行有益的指导。

第三章
给孩子创造最理想的家园

不要忽视环境的力量,环境对孩子的影响,往往比父母的影响还要强烈。

——德国教育家 赫尔巴特

阅读提要

在教育孩子前,要考虑孩子的真正需求,给孩子提供良好的生活环境,改善物质生活条件,然后才是向他们灌输有用的知识。

父母要给孩子创造好的生活条件,在传授一定的知识之外,还要教会孩子一些必要的生活技能。

保证孩子的身体健康,是进行教育的基础。

圣洛伦佐区的发展历程

假如现在有一个人对你说："走，跟我去看看穷人的生活是怎样的吧，他们已经摆脱了饥寒交迫的境地，过上了和我们一样的美满幸福的生活。他们有了体面的工作，他们的孩子也受到了正规的教育，他们甚至可以带上家人一起去外地享受漫长的假期了……

"没错，这一切即将成为现实了，因为我们正在实施一项拯救贫困和罪恶的工作。那些长期挣扎在贫困线上的人们，他们马上就要从愚昧、无知和浑噩中走出来了。他们的孩子们也将一改往日蓬头垢面的形象，穿上干净利索的新衣裳，走进真正属于自己的大家庭了。

"无论是在生活上，还是在思想上，他们都将迎来一个崭新的变化，所以赶紧去看看吧。你眼前的景象肯定会让你大跌眼镜，因为悲惨与不幸都已离他们而去，他们过上了和我们一样自由而美好的生活。"

我说这些给你们听，是想让你们知道，别看这间房子是如此简陋，但它对孩子们来说，却是意义重大。它看起来是如此美好，就好像是一个母亲给孩子单独开辟出来的一个玩乐的小空间一样。没错，这间房子就是我们在圣洛伦佐区成立的第二所"儿童之家"。

圣洛伦佐区的脏乱差是出了名的，这里是罪恶的集中地。对于大多数人来，对于圣洛伦佐区的了解也就止于此吧。

其实，起初的时候，圣洛伦佐区并不是一个真正意义上的居民区，而是一个贫民聚集地。各种无业游民、低收入的人以及刑满释放的人都来到这里，久而久之，就形成了这般鱼龙混杂、治安混乱的局面。

1884~1888年间兴起了一股建设大热潮，圣洛伦佐区有幸被列为被改建的地点之一。政府在这里建起了一批房子。说是房子，其实就是在地面上垒起几道几英尺高的墙，然后在上面搭个棚子而已。

对于这批既不符合社会标准，也不符合卫生标准的房子，根本没有人关心它们的质量问题。建设者本应该对这批房子的安全负责，可由于他们自己不在这里居住，所以总是一副事不关己的样子。

1888~1890年的大风暴爆发时期，这批房子遭受了毁灭性的打击，它们变得更加破败不堪，以至于有一段时间，这里根本就无人居住。随着房子需求量的增加，这些房子又被重新加以利用，出租给了一些居无定所的人。

可那些精明而吝啬的投资者不愿意出钱对这些房子进行修缮，看见哪儿的墙破了，他们就随便拿些泥土来堵上；看见哪儿的屋顶漏了，他们就随便盖块塑料板上去。就这样，这些本来就风雨飘摇的房子变得更加惨不忍睹。

随着一批批住户的到来与离去，这批房子的情况变得越来越糟糕，这个地区也变得越来越落后，直到有一天终于彻底沦为了一个贫民窟。

罪恶的转租

其实，这批房子就是专门为穷人建造的。它们的面积很大，一般被分割成5~6个，甚至7~8个房间，然后再以"间"为单位出租出去。

虽然这里的租金比较便宜，但对于来这里租房的人来说，还是略显昂贵。有些稍微有点儿积蓄的人打起了小算盘，他们干脆将整套房子都租下来，然后再以高价转手出租出去。就这样，他们做起了二房东，从比自己更穷的人身上搜刮油水。

例如，住户只需 8 美元就可以租下一套有 6 个房间的房子，然后他们再以每间每月 1.5 美元到 2 美元的高价转租给其他的住户。为了最大限度地追求利益，这些二房东把一间房又重新分割成两间，甚至连走廊都不放过，全都收拾收拾出租出去。如此算来，他们每个月至少能凭借房屋转租获得 15 美元的收入，这远远超过了他们的付出。

就这样，这些二房东不仅解决了自己的住房问题，而且还能获得一笔不小的收入。可尽管如此，他们仍不满足。他们对付那些暂时付不起房租的住户的办法就是放高利贷。通常情况下，2 美元的贷款每周就要支付高达 20 美分的利息，年利率相当于 500%！

如果说转租就已经是一件很邪恶的事的话，那在转租中放高利贷简直就是一种十恶不赦的行为。在高利贷的高压之下，穷人变得更加贫穷，永远失去了翻身的机会。除此之外，我们还发现，这个地区的问题远不止于此，混乱、拥挤、犯罪等一系列问题都亟待解决。

当地的一家报纸曾报道过这样的情况：在圣洛伦佐区内的一个家庭里，由于空间太小了，成年的男孩和女孩只能睡在同一个房间里。更让人难以想象的是，在房子的角落里还住着一个妓女。

可想而知，那些终日目睹着妓女和嫖客之间的肮脏交易的孩子将来能有多大出息。邪念和欲望在他们年幼的心灵里蔓延开来，直到有一天，他们的廉耻心和罪恶感消失殆尽，最终走向一条人生的不归路。类似的情况时有发生，以上的报道只不过是这个地区罪恶事件的冰山一角而已。

当我们走进这样的空间的时候，心里充满了恐惧与惊讶。当你目睹了这里的一切之后就会发现，原来书本中描述的和舞台上表演的有关贫民窟的惨状没有丝毫的夸张。那里到处充斥着黑暗，哪怕正午时候，屋里都照不进一丝阳光。

我们走进一间屋子，经过了很长一段时间，我们的眼睛才适应了眼前的黑暗。这时我们才发现，那张破旧的床上还躺着一个人。那个人瘦骨嶙峋，一动不动地蜷缩在那里，唯一能够证明他还活着的就是那双充满渴望的眼睛。

当我们向他们发放救济金的时候，不得不点了根蜡烛才将手里的钱数清了。我们问他们将来有什么打算？面对我们的提问，他们总是躲躲闪闪，一副很窘迫的样子，这让我们根本就无法完成对他们的调查。

我们经常头头是道地讨论孩子们的家庭教育问题，可对于这里的孩子来说，家只不过是一个黑暗的小屋里的一张稻草席而已。

经过详细的考察，我们决定在这里建一座流动图书馆，好让他们在家里就可以读书。此外，我们还决定捐一些书给他们中的一些人，好让他们多学到些有关健康、道德和文化的知识，从而提高他们的文化水平和生活水平。

我们的计划是好的，但显然我们没有考虑到他们的真正需求。他们根本就没有阅读的习惯，更不知道阅读的意义到底是什么。再说了，对一个连电灯都没有的家庭来说，就算提供给他们再多的书又有什么用呢？

我们目前要做的应该是致力于改善他们的物质生活条件，而不是急着向他们灌输多少有用的知识和思想。

穷人最大的问题

千万不要拿这里的孩子和我们的孩子对比。他们根本就不像我们司空见惯的那样，一出生就能享受到光明的美好。他们终日生活在黑暗潮湿的狭小空间里，生命没有丝毫的保障。

请不要嘲笑这里的孩子的肮脏。一套房子的水原本只够三四个人使用，现在却一下子住进了二三十个人，且不说洗澡洗脸，甚至连喝的水都不够。

与意大利语里的"家"（casa）不同，英语里的"家"（home）似乎更具一种神圣的意味。家是一个可以让人享受到温暖与关爱的地方，只有我们至亲的人才有资格走进那里。一切的我们认为理所当然的事情对于这里的人来说都是奢望。他们拥有的根本就算不上一个"家"，只不过是几道残破不堪的墙壁而已。

在这里，人类最为隐私的行为都被曝光在大庭广众之下。对于一个连阳光、水和空气等这些生存所必须的东西都享受不到的群体来说，我们又怎么能去苛求他们拥有廉耻心、道德感和责任感呢？

然而，我们却来到这般恶劣的环境里向处境这般落魄的一群人大肆宣扬我们的观念："家庭是实施社会建设的基础，是普及大众教育的必要条件。"现在想想，在这样的现实面前，高喊这样的口号的我们是多么无知与可笑。

在这件事情上，我们由事实求是的改革家变成了耽于幻想的诗人。幸运的是，我们及时发现了这一点，然后调整了行动的步伐。

我觉得，对于这里的人来说，与其生活在那样的环境里，还不如露宿街头来得舒服，至少大街上有温暖的阳光和新鲜的空气。

可现实远比我们想象的残酷得多。大街上到处充斥着打架斗殴、抢劫杀人等各种恶性事件，没有人知道自己出门后会遭遇些什么状况。

报纸上经常有这样的报道：妇女遭到喝醉的丈夫的追杀、女孩子被抢劫、老人被撞伤……面对如此混乱的治安，当地的执法者却视而不见，任凭那些地痞无赖到处烧杀抢夺、招摇撞骗。

我们还听说了这样一个惨无人道的故事：一个酒鬼奸杀了一名妇女，然后将其尸体抛到一个臭水沟里。第二天早上，一群孩子发现了这具尸体，并将之当成了自己的玩具。他们一边嘲笑着这名妇女，一边轮流用脚踢打她那污秽不堪的尸体。

对穷人的隔离

我们的文明社会里之所以会发生这种令人发指的残忍事件,完全是因为政府对穷人采取的隔离制度。

隔离制度早已有之,但是,这种隔离与以往的隔离有着本质的不同。中世纪时,曾发生过对麻风病人的隔离,犹太区的希伯来人曾遭遇过天主教徒的隔离,但是,把穷人看作是一切祸害的根源,从而大张旗鼓地将其隔离起来还是历史的第一次。

文学作品中经常会有这样的描述:穷人和富人混杂地生活在一起,两者形成鲜明的对比。可在我小的时候,老师也给我们讲过这样的故事:善良的孩子经常对隔壁木屋的穷人施以援手,富家子弟经常给邻居家生病的老奶奶送食物。

这样美好的事情就好像童话故事般,越来越远离了我们的视线。我们正面对这样一个社会现实:穷人永远不可能从富人那里学到基本的礼仪和修养,更不可能从富人那里得到丝毫的帮助和关照。

我们一味地把所有的社会问题都归咎于穷人,然后找个理由把他们驱除出我们的领域,让他们饱受饥寒交迫之苦。在绝望之中,穷人们开始实施犯罪,于是当局就更认为他们是一切不美好的根源。如此恶性循环下去,长此以往,我们就形成了对穷人的根深蒂固的偏见。

任何一个稍微有点社会责任感和良知的人都应该清醒地意识到:这个文明城市里的污染源是我们一手创造出来的。我们一厢情愿地认为,只要把穷人们赶出自己的视线,就可以按照自己的意愿构建起一座文明的城市。

我们认为穷人是文明城市的污点。殊不知,我们的这种"认为"才是文明城市真正的污点。

当我第一次走过这样的街道时,感觉自己好像来到了一个刚刚遭受了一场重大灾难的地方。这里的一切都毫无生气，到处是死气沉沉的的景象，让人看不到丝毫的希望。

如果说这里是城市的弃地，那这里的人们就是城市的弃儿。他们的脸色苍白、目光呆滞，失魂落魄地走在这了无生趣的街道上。目睹着这般死寂的景象和贫穷的惨状，很难让人想象这个地区竟然是城市的一部分。

这里没有小贩叫卖声，没有马车的过路声，没有卖艺人的琴声，甚至没有贫民区特有的喧闹声。总之，这里没有丝毫的声音，压抑得让人心生恐惧。

看着脚下那些坑坑洼洼的街道和破破烂烂的门阶，我们在想，这里是不是刚刚经历了一场水患呢？可再看看那些残破不堪的墙壁和空空荡荡的房屋，我们又想，或许这里刚刚遭遇了一场地震也并未可知。

我们还发现，这个地区连一家卖日用品的商店都没有，只有一家出售廉价酒的酒店。但当我们走过酒店门口的时候，一股恶臭扑鼻而来。此情此景，让我有一种想哭的冲动，但我没有勇气哭出声来。

那一刻，我深深地体会到，人类最深的灾难根本就不是来自于自然界，而是人类本身的罪恶。而人类的所有罪恶中，最不可饶恕的就是贫穷。

就这样，这里的人们在苦难中奋力挣扎着，一天天，一年年，直到再也挣扎不动的那一刻。报纸上不断刊登出哪儿又发生了暴力事件，哪儿又出现了不道德的犯罪。在这些报道面前，每一个慈善工作者的心灵和良知都遭受着深深的考验。

有人说，每一种苦难都将有其解决的办法。于是，我们开始了各种尝试：挨家挨户宣传卫生准则、建立孤儿院、改造旧房屋、成立"儿童之家"、办社区诊所……

我们雄心勃勃、大张旗鼓地实施着我们的计划。我们本以为自己能够解救这些人于水深火热之中，可到头来却发现，一切都不是我们想象的那样。我们的付出没有得到相应的回报，甚至可以说是收效甚微。

我们开始反思，到底什么才是真正的慈善呢？我们现在的做法，充其量不过是一种表达自己的同情与悲痛心理的方式罢了。由于缺少必要的资金支持和组织协调机构的配合，我们的救助只能惠及到一小部分人。

要想解决这种大范围的社会问题，就需要一个全面而广泛的组织来指导我们的工作。只有这样的组织，才能承担起拯救这个地区的重任，从而成就这项造福整个城市和国家的伟大事业。

罗马住宅改善协会的工作及其意义

正当我们的工作陷入僵局的时候，罗马住宅改善协会帮了一个大忙。根据协会总干事爱德华·塔拉莫的介绍，该协会采用了高度现代化操作模式，并且在他完美计划的指导下，目前协会正在高速正常地运转着。

塔拉莫的计划堪称完美无缺。凭借其独创性、全面性和可操作性，该计划在意大利甚至全世界都拥有着不可复制与超越的地位。

这个协会于三年前成立于罗马。根据计划，该协会首先购得城市的一部分地产权，然后再对这些地产进行改造或重建。

幸运的是，圣洛伦佐区的名字包含在其购得的第一批地产的名单中。到目前为止，该协会已经在这个地区建立了 58 栋房屋，包括底楼和一千六百个小套间，一共占地三万平方米。数以万计的人从这项工程中受益。

新房子建好以后，罗马住宅改善协会开始致力于改造那些破旧的房屋。对于该协会来说，这项工作主要有两方面的意义：一是，他们可以在改造的过程中获得利益或增值的空间；二是，房屋质量和卫生条件的改善可以让居民生活得更美好。

为此，该协会制定了一系列的计划。由于房源紧缺，这里的居民不可能一次性全部搬出来，所以只能分步执行。还有，在房屋改建的过程中，该协会严格遵守人道主义的原则，这也减慢了工程进行的速度。

截止到目前，该协会在圣洛伦佐区仅仅完成了3栋房子的改造。以下是接下来的改造计划：

1. 拆除那些为了赚取租金而额外搭建起来的房屋。具体说来就是，把旧建筑中那些阻挡中心庭院的部分以及阴暗潮湿的套间全部拆除掉，让其余的房间获得更好的通风与采光。

2. 增加房屋里的楼梯的数量，并将空间重新进行分割。将以前的有六七个房间的套间全部拆除掉，取而代之的是带厨房的一居室、两居室或者三居室。

房屋的改建工作应该考虑两方面的利益：一是经营者的经济利益，二是住户的住房感受。楼梯的数量增加之后，就能降低墙壁和台阶所受的压力，从而延长使用寿命。

从住户的角度讲，这种改变有助于他们养成讲卫生、讲秩序的好习惯，从而更加爱护这些建筑设施。除此之外，增加楼梯的数量，还可以将住户们之间的距离拉大，减少他们之间的接触，从而降低不良行为的发生率，进而提高他们的道德水平和健康状况。

另外，将套间改成居室，会更有家的感觉，从而提高住户们的幸福感，也有助于他们养成良好的行为习惯。

从经营者的角度考虑，房屋改建还能提高他们的收益。以前一个被分割成6个房间的套间的租金是8美元，改建之后变成了3个带厨房的并且通风和光照都很好的一居室，房租自然比以前高出许多。

房屋改建的道德意义非常巨大，它改善了男女混住和拥挤杂乱的局面，带给住户很大的自由空间，让他们可以尽情享受私人生活。如此一来，住户们被家的感觉所包围，在提升道德感的同时也提升了幸福感。

父母对房屋的照料换来了"儿童之家"

罗马住宅改善协会的计划远不止于此。通过这些新改建的房子,协会不仅让住户们享受到了温暖的阳光和清新的空气,还给他们提供了优良的后勤服务。但是,这些服务并不是免费的,住户们必须缴纳一定的费用,诸如爱护房屋税和善意税等。

此外,在入住之前,双方还要签订相关的合同,住户们要确保房子里的设施以及楼道里的墙壁的完好无损,否则的话,就要偿还一定的罚金。

为了激发住户们爱护环境的积极性,协会还采取了一系列诸如口头奖励和物质奖励等措施。如此一来,搞卫生这样一件原本复杂的事情就这样轻松地解决掉了。

该协会做法的创新点在于,它把房屋的维修工作分派给了这里所有的住户。由于有了存在感,住户们主动承担起对环境和房屋的保护工作。两年以来,在住户们的共同努力下,这里的房屋不但没有遭到丝毫的损坏,而且房屋的外面还都栽满了各种花草树木。

协会的这些做法彻底改观了住户们的生存观念和生活习惯。

随着自己的家园被建设得越来越美好,住户们的自豪感也得到了逐步提升。在这种自豪感的驱使下,他们更加一心一意地投入到对社区的建设和保护中去。

他们不仅有了自己的小家,还有了一个"大家"。生活在这样美好的生活环境和人文环境中,住户们的幸福感和集体荣誉感也得到了提升。

房屋的改建带动了一系列的改革。由于房屋变得比以前干净和整齐了,住户们就觉得破旧的家具跟崭新的房屋实在是不协调,于是就对家具进行了清洗改造。等所有的一切都换了面貌之后,住户们自然就开始讲究起个人卫生了。

第三章 给孩子创造最理想的家园

在个人卫生方面，罗马住宅改善协会最重要的一项措施就是对洗浴设备的改造。

该协会在每栋房子里都建造了一间公共浴室，浴室里备有浴盆和淋浴喷头，并同时供应热水和冷水。公共浴室向所有的住户开放，他们可以轮流来这里洗澡。就这样，住户们渐渐养成了讲究个人卫生的好习惯，同时也摒弃了那些曾有的恶劣行径，进而保证了身体的清洁和健康。

在房屋改建的过程中，该协会遇到了一个很棘手的问题，那就是如何安置那些学龄前儿童。他们的父母一般都外出打工，把他们一个人留在家里。孩子们才不关心环保、卫生等问题呢，他们经常在墙壁上或楼梯上乱写乱画，弄得整个房子污秽不堪。

为了解决这一问题，该协会采取了一项措施，也就是先前提到的爱心保护税和善意税。该协会用这些费用创办了一个专属于学龄前儿童的地方，即"儿童之家"。

如此一来，父母可以把孩子托付到"儿童之家"里，一方面，父母可以安心地投入到工作中去，另一方面，还可以限制孩子们到处乱写乱画的行为。

但是，对于那些拒绝缴纳爱心保护税和善意税的父母，他们的孩子就不能享受这种待遇。"儿童之家"的墙壁上明确写着这样的规定：

在把孩子送到"儿童之家"之前，母亲必须把孩子打扮得干净利索，并且要和教员共同承担孩子的教育工作。

这就是说，母亲至少要承担两部分的任务，对孩子进行身体和精神的双重照顾。对于那些不听话的孩子，"儿童之家"有权利将他们遣送回家，让父母亲自管教他们，好让他们知道这种学习机会的来之不易。

"儿童之家"的这种做法也对那些粗鲁暴躁、行为不端的父母起到了间接的约束作用，为了配合"儿童之家"的工作，他们必须对自己的行为作出调整。也就是说，对于"儿童之家"对孩子实行的教育，父母必须予以尊重和配合。

只要父母希望自己的孩子能够成才，就可以放心地把孩子托付给"儿童之家"，因为这里的每一位教师都经过了专业的训练，完全能够承担起教育孩子的重任。儿童之家给每位孩子都指定了一名医生和一位女教师，除了传授一定的知识之外，女教师还会教会孩子一些必要的生活技能。

按照"儿童之家"的规定，父母每周至少和女教师面谈一次，以及时了解孩子的状况，并且接受女教师的一些建议。一般来说，这些建议都非常有价值，对孩子的成长至关重要。

这些女教师的角色就相当于孩子的母亲，一般都有较高的学识和修养，所以她们一直被社区里的人奉为学习的榜样。她们就住在社区里，和孩子们生活在一起。

想想看吧，在这样一个流氓乱窜、恶霸横行，以至于人们晚上都不敢独自出行的社区里，竟然住进了这样一批高贵优雅的女人，而她们来这里的目的不是为了谋私利，而是以一名教育工作者的身份，把自己的全部时间和精力都奉献给了别人。

为了这样的事业，她们甘愿住在这样的环境里，就像传教士般，她们虔诚地笃信着自己的信仰。她们是社区里的道德女王，并且得到了所有人的尊重。只要她们的专业技能足够熟练，工作态度足够热忱，那她们就一定能够成就自己的人生。

生活在这样一个高度现代化的社区里，简直就像在做梦一样。曾经也有人尝试过走到这些穷人中，与穷人打成一片，他们企图用自己的行为影响和感化这些穷人，但结果都以失败告终。

虽然这些人的出发点是好的，但他们的行为实在是太脱离实际了。在这样的一个社区里，穷人们需要的是舒适的房子和良好的卫生条件。

如果不能首先改善他们的生活，他们就不可能有心思去思考别的事情。如果不能把他们团结起来，为着共同的利益而奋斗，那这样的理想就永远不可能实现。

"儿童之家"的创新之处

这个社区之所以显得与众不同，很大程度上是因为"儿童之家"的存在。"儿童之家"不仅是一个看管孩子的地方，更是一个教育孩子的地方，而且它的教育方法完全建立在科学教育学的基本原理的基础上。

"儿童之家"非常重视孩子的身心健康和身体发育状况。为了更好地了解孩子，从而制定有针对性的、切实可行的指导措施，教师们从人类学的角度对孩子们进行观察。

我们开设了一系列的课程，对孩子的语言能力、感官能力及适应实际生活的能力进行训练。这些训练构成了我们教学工作的基础，为了实现我们的教育目的，我们需要大量的教学设备和仪器。

我不可能将所有的细节全部叙述清楚，但是我必须提到的一点就是，"儿童之家"为孩子们开设了专门的浴室，孩子们可以自主选择洗凉水澡还是热水澡。此外，我们还着重培养孩子的自主生活的能力。

在这里，孩子们都学会了自己洗脸、洗手、洗脖子以及洗耳朵。如果条件允许的话，罗马住房改善协会还决定开辟出一块空地，让孩子们自己锻炼着种一些日常的蔬菜。

我有必要重申一下，作为一个教育机构，"儿童之家"在教育方法上的进步与创新。"儿童之家"的与众不同之处在于，在对孩子的教育中，坚持学校和家庭同步的原则。

这个原则听起来有点理想化，实施起来也很困难。毕竟，学校才是孩子学习的地方，而家庭是孩子生活的地方。除此之外，家庭也是连接孩子和社会的纽带，所以家庭的活动不仅关系着教育的进步，还关系着整个社会的发展。

"儿童之家"把学校建在了居民区内，让学校成为社区集体财产的一部分。除此之外，我们还把教师的教育工作完全展示在父母的面前。"儿童之家"

首创的这种将学校归于集体所有的概念不仅新颖独特，而且具有很重要的教育学意义。

既然"儿童之家"归集体所有，那么其运转所需的费用就应该由所有的住户以缴税的形式来承担。

父母们有权去"儿童之家"看望自己的孩子，并对教师们的工作提出意见、作出评价。同时，教师们也非常欢迎父母们的来访。通过教师和父母之间的互动和交流，"儿童之家"真正促进了孩子们的健康发展与成长。

此外，父母们非常尊敬这些女教师，也非常关心她们的生活。我们经常看到，有一些父母会在女教师们的窗台上放一把糖果或是一束鲜花，以此来表示对她们的爱戴和感谢。

孩子们一般会在"儿童之家"接受三年的训练，等他们的智力达到一定的水平，并且掌握了必要的生活技能之后，父母就会把他们送到普通的小学去接受更高级别的教育。

与别的孩子相比，这些从"儿童之家"走出来的孩子更容易接受和掌握新的知识，成绩也更加优秀。父母们纷纷表示，能够拥有这样的孩子是他们的骄傲，并且不约而同地把功劳全都归于"儿童之家"的前期教育。

在科学教育法的构建上，"儿童之家"也迈出了重要的一步。到目前为止，教育学依然建立在人类学的基础之上，只涉及到了有关教育改革的几个现实问题。但毕竟人不仅具有生物属性，还具有社会属性，人必须生活在社会关系之中。

与孩子最为密切的社会环境就是家庭，所以如果在对孩子的教育中，忽略了学校与家庭的关系，那么孩子肯定不会获得健康的成长与发展。

我们深知，要想真正实践科学教育学的基本原理，必须高度重视孩子们的成长环境问题，所以，我们不遗余力地在社区内大力宣传我们的教育理念，好让父母们融入到对孩子的教育中去。

"儿童之家"开启家庭教育社会化的新时代

"儿童之家"取得的另外一个成就是开启了家庭教育社会化的新时代。由于学校就在家门口，让孩子在自己的眼皮底下接受教育，父母们可以安心地把孩子托付出去。在保证孩子的安全的同时还能让孩子学到知识，这样的好事，父母们何乐而不为呢？

在旧社会中，只有那些贵族阶级的妇女才可以把自己的孩子托付给女佣或女教师照顾，而她自己则一身轻松地去工作和消遣。但在"儿童之家"里，每个母亲都享有这样的权利。

她们可以自豪地说："我可以自由地想去哪里就去哪里，我的孩子自有那些女教师帮我照顾。"当被问及自己的孩子的状况时，她们会抬起高昂的头，简直像个公主般地对你说："我完全不用操心他的任何事情，家庭医生会把他照顾得很好。"

可以说，这个社区里的母亲所享受的待遇就像英国和美国的特权阶级一样，她们只需持有一张"成长登记表"，就可以从医生和女教师那里了解到孩子的健康和学习状况。

毫不夸张地说，"儿童之家"的活动在整个意大利或是其他地方都具有独创性，对教育学产生了深远的影响。不仅如此，"儿童之家"的出现是时代的产物，充分反映了时代潮流的走向。

随着社会的进步以及竞争的加剧，很多家庭都面临着比以往更大的生存压力，这就迫使很多妇女不得不出门赚钱，来分担一些家庭的经济重担。可以说，"儿童之家"帮了妇女们一个大忙，它把她们的孩子们接管过来，从而让她们可以安心地投入到工作中去。

不光是劳动阶级，就连中产阶级也能从"儿童之家"获得一些帮助。一些教授或者教师，由于他们必须不定时地外出去上课，所以就疏忽了对自己孩子的教育，甚至有时候不得不将他们交给一些粗鲁无知的女佣来看管。

事实上，对"儿童之家"的最初的需求就是来自于中产阶级。在我们发出了第一份有关"儿童之家"的通告之后，很多高层人士纷纷来信表示非常希望我们能把"儿童之家"扩展到他们的社区。

在我们工作的促使之下，社区正在走上妇女职能共有化的道路，也就是说，妇女的职能将由社区的一些机构来实现。届时，妇女们将会从各种束缚中解脱出来，她们将自信满满地、无牵无挂地走上工作岗位。

或许有人会问，万一妇女们全都走出家门了，那家会变成什么样子？在这里，我很负责任地告诉有这种疑问的人：家还是家，只是其模式将会转化，它将承担起以前由妇女承担的责任。

以"社区诊所"为例。一直以来，妇女都处于男人的从属地位，仿佛妇女就是专门为家庭而生的。男人们为了事业常年在外打拼，而妇女的世界仅限于眼下的这座房屋，她们没有真正属于自己的时间，就像个护士一样，她们的任务就是操持家务以及照料家人的日常生活。

"社区诊所"的出现彻底改观了这一现象。现在，家里有人生病了就可以将其送到社区诊所，在这里，病人会得到无微不至的照顾。

这样一来，由"社区诊所"来承担照顾病人的职责，妇女就可以从中解脱出来，安心地去工作，只要下班回家后去"社区诊所"探望病人就可以了。

为了改善住户们的卫生条件，我们还采取了一系列的消毒和隔离措施。新的社区成立之前，隔离那些得了传染病的孩子是一件很困难的事情。

现在的情况不同了，只要把那些孩子送到"社区诊所"隔离起来，他们不仅会得到无微不至的照顾，而且也能防止把病传染给其他人。

之后，我们还打算成立社区食堂，如果住户没时间做饭或是不想做饭，就可以到社区食堂里订餐，然后社区食堂就会派人把饭送到家门口。其实，这样的做法在美国早已有之，其大大节省了中产阶级的时间，方便了他们的生活。

第三章 给孩子创造最理想的家园

妇女是社区改革的最大受益者,她们走出家门,真正拥有了属于自己的生活。

社区里的公共设施越来越完善了,学校、医院、食堂和公共浴室一应俱全,并且全部集中在一起,如此一来,妇女们就可以从繁重的家务劳动中解脱出来,走上工作岗位了。要知道,她们在工作上所做的事情要比在家里干的活有意义得多,也有价值得多。

就这样,社区的面貌焕然一新了,以前那些污秽不堪、滋生罪恶和犯罪的地方全都被教育中心、娱乐中心或文化中心取代了。

为了让人们的业余生活过得更有意义,尤其是让那些男人们更好地打发时间,社区里还成立俱乐部和阅览室。俱乐部成立之后,那些赌场或酒吧就会被强行关闭,以改善社会风气。

跟"儿童之家"一样,这些俱乐部可以满足各阶层人士的需求。俱乐部会给人们提供一个自由而良好的读书看报的空间,有可能的话,还会请一些社会知名人士来这里演讲。

我相信,在不久的将来,该协会就会在圣洛伦佐区成立这样的俱乐部,到时候,人们的身体和心理健康水平都将得到很大程度的提高。

目前,我们正面对这样一个现实:迫于生活的压力,妇女们不得不出去挣钱养家。或许有人会问,如此一来,家庭会不会变得越来越不稳固?

在我们的社区里,这个担心完全没有必要。社区里的各种机构和设施承担的就是家庭妇女的角色,它们可以帮助完成家庭妇女所做的一切事情。

这一天迟早会到来的,到时候,住户们只要付出一定的费用,就可以享受到安全而舒适的生活环境,也就是说,那些管理部门会真正成为每一个家庭的管家。

可以说,以前住户们住的只是"住房"(house),而现在,他们才拥有了真正的"家"(home)。"家"的含义更深刻,它不仅仅是指一个由四面冰冷的墙壁搭建起来的遮风挡雨的地方,也是一种心灵的归宿。

"家"是有灵魂的，能带给人如母亲的怀抱般的温暖。"家"是孩子快乐成长的殿堂，也是疲顿之人的避风港。"家"能让我们得到身体和心灵上的双重休息，从而振奋起精神去迎接新的生活。

获得解放的妇女，就好像获得重生一般，他们开始以崭新的姿态活跃在社会这个大舞台上，从事自己爱好的职业，并在工作中实现自己的人生价值。她们开始获得和男人平等的地位，并和男人一样，充分享受到了房屋改建带来的好处。

妇女们也一改千百年来男人娱乐和消遣的工具的地位，真正支配了自己的命运。她们所从事的工作也不再是卑贱而劳累的，而是变得更加有意义。随着时代的发展，妇女们终将被社会所接受和认可，为社会做出巨大的贡献。

随着妇女地位的提升，人类对爱情的理解也变得更加深刻。爱情是神圣而美好的，它的目标是促进人类自由精神的发展，可以说，爱情的精神意义远远超过传宗接代的意义。

尼采在描述查拉士特拉的妇女时，对这种理想中的爱情有所体现。

她问他的丈夫："我不希望你是出于对独居生活的害怕才娶我。我希望你是一个独立自主的男人，一个心怀抱负与理想的男人，一个有勇气面对生活和未来的男人。我希望除了身体，我们的灵魂也是紧密结合在一起的，只有这样，我们才能创造出一个真正伟大的儿子。"

结婚以后，男人就应该有意识地在教育和培养孩子上多下点儿功夫。只有做到这一点，孩子们才能获得十足的存在感，家才能变得更像一个真正的家。

"儿童之家"的规章制度

凡是 XX 号居民楼里的住户，只要是你的孩子还是学龄前儿童，均可以把他们送到罗马住宅改善协会在该号楼所建立的"儿童之家"来。

"儿童之家"的目标是：为那些外出打工的或没时间看管孩子的父母免费提供照顾孩子的服务。

"儿童之家"的工作重点是：孩子的学龄前教育、身体发展及心理健康。我们会根据每个孩子自身状况的不同制定不同的培养策略。

"儿童之家"聘有女教师、医生和保育员各一名。

"儿童之家"的学习计划和时间表是由女教师负责制定的。

凡是居住在本居民楼里，并且年满 3~7 岁的儿童，"儿童之家"都予以接待。

"儿童之家"的服务是免费的，但是父母必须严格做到以下几点：

1. 孩子必须穿戴整齐、干净卫生，并且父母要在规定的时间内把孩子送到"儿童之家"来。

2. 对于"儿童之家"的女教师及其所有员工，父母必须予以尊重。此外，孩子的母亲要能保证每周至少来"儿童之家"一次，与女教师进行沟通，将孩子在家里的表现讲给女教师听，并听取女教师对于培养孩子的意见和建议。

一旦发生以下情况，孩子将被开除：

1. 衣冠不整、不讲卫生的孩子。

2. 经常犯错且屡教不改的孩子。

3. 对于不尊重"儿童之家"的女教师或破坏"儿童之家"的规章制度的父母，恕我们不接受您的孩子。

蒙台梭利教育启示

1. 父母要保证房间的卫生,养成讲究卫生的习惯,同时摒弃恶劣行径,保证身体的清洁和健康。

2. 父母要对孩子的语言能力、感官能力及适应实际生活的能力进行训练,让孩子学会自己洗脸、洗手、洗脖子以及洗耳朵等。

第四章
观察儿童的正确方法

观察,仔细地观察,你能从观察中得到你想要的一切答案。

——美国教育家 伍德

阅读提要

想要了解儿童的心理，需要采取外部观察的方法。只有通过研究对象的自省，才能实现对其心理状况的追踪和记录。

在对孩子进行观察的时候，不能忽略对其形态特征的观察。至于观察方法，我们必须遵循这样一条原则，即必须保证孩子的表现是在自然的状态下形成的。

只有这样，才能真正正确地了解孩子。

第四章 观察儿童的正确方法

当我成为"儿童之家"的一名幼儿教师后，我就把我所带的班级当成了一个研究科学教育法和儿童心理学的"实验室"。我一直认同冯特的观点，他说："真正的儿童心理学是不存在的。"

尽管也有一些人对儿童的心理进行过研究，比如普拉尔和鲍德温等，但是他们的研究大多以两三个孩子作为对象。此外，由于这些孩子不会主动承担研究对象的角色，所以，必须对那些心理测量仪器进行大大的简化之后才能应用到对孩子们的研究中去。

由于儿童身份的特殊性，我们在研究儿童心理的时候，只能采取外部观察的方法。因为只有通过研究对象的自省，才能实现对其心理状况的追踪和记录，所以我们不得不放弃使用这种方法的念头。

另外，迄今为止，用于教育学研究的心理测量仪器很不完备，只能进行一些简单的触觉研究。

在研究中，我试图做到客观公正，不带任何偏见和感情色彩。我非常赞同冯特的一个主张，他说："终归来说，实验心理学的研究方法只有一个，那就是对研究对象进行全面而细致的观察。"在研究中，我一直秉承着这一点，并将之作为我的研究的核心部分。

在对儿童进行研究的过程中，还有一个因素是不能忽略的，那就是对儿童发育的研究。但是，我绝不会因此出现不同的标准，更不会赞同任何根据年龄来区分儿童行为的教条主义。

人类学研究

对于如何研究儿童的身体发育，我首先想到的就是对儿童进行人体测量，并选择最重要的指标进行观察。

为了实现这一目标，我专门设计了一种人体测量仪，这个仪器的范围是50~150厘米。为了测量儿童的坐姿高度，我在人体测量仪的地面台上放了一个高30厘米的小凳子。

后来，我又对这个仪器进行了改进，将立柱两侧都标上了刻度，一侧测量站姿高度，一侧测量坐姿高度。在测量坐姿高度的一侧，我把零刻度拨到了30厘米，也就是放置的小凳子的高度。立柱两侧的刻度是互不相干的，这样就可以同时对两名儿童进行测量。

这样的设计，一方面能够避免经常挪动小凳子，另一方面还能避免刻度换算带来的麻烦。

经过改进后的人体测量仪，大大提高了实验的进度。于是，我决定每个月都对儿童的站姿高度和坐姿高度进行测量。同时，我还决定，在孩子满月当天就开始这种测量，以便更加准确而规律地反映儿童的身体发育状况。

为此，我设计了这样一个记录表：

日期	9月		10月		……
	身高		身高		
	站姿高度	坐姿高度	站姿高度	坐姿高度	
一					
二					
三					
四					
五					
……					

每个日期的后面都要写上儿童的出生日期，如此一来，教师们就可以很清楚地知道哪天该测量哪些孩子了。通过这个方法，我们很容易就获得了儿童体重的变化情况。

我把测量儿童体重的时间安排在了洗澡之前。假如一个班里有五十名儿童，把他们分成七批进行测量，每天给 3~5 个儿童洗澡。当然，孩子们应该每天都洗澡才对，但是我们现有的洗浴条件还不允许我们这样做，且不说一天洗一次澡，就算一周洗一次对我们来说都很勉强。为了不中断对儿童体重的记录，无论条件多么艰苦，我们都坚持定期给他们洗澡。

我认为，对儿童的身高和体重进行测量是学校必须要做的事情，事实上，我们也让女教师们这样做着。有一位儿童人类学家，同时他也是一位内科医生，我让他协助我对儿童进行测量。

内科医生对儿童的测量必须综合而全面。为了不遗漏某些方面，并且让测量变得容易些，我设计了这样一个体检表：

编号 _____ 日期 _____ 姓名 _____ 年龄 _____

父母姓名 _____ 母亲年龄 _____ 父亲年龄 _____

职　　业 _____

遗传状况 _____

本人情况 _____

测量记录

站姿身高	体重	胸围	坐姿身高	身高指数	体重指数	头部		
						前后直径	左右直径	头部指数

身体素质 _____

肌肉状况 _____

肤　　色 _____

发　　色 _____

备　注

_____

第四章 观察儿童的正确方法

可以看出，我之所以把表格设计得这样简单，是为了让医生和女教师能够自主地完成测量。我们的测量简单易行，这张表格也明白易懂，如此一来，就能保证这项有关人类学的工作长久地进行下去。

根据医生所提供的成长记录表，我提议对儿童的以下数据进行测量：胸围、身高指数、体重指数、头围、头部指数。至于测量方法，可以参阅我的论文《人类教育法》。

测量最好在儿童周岁生日的当周或当月开始进行，如果可能的话，最好在生日当天开始进行。在我们的学校里，每个班最多有 50 名儿童，他们的生日分散在一年的每一天里，这就能保证医生能够清晰地进行测量，并且工作压力也不会太大。

对于儿童本人来说，这样的测量也有一定的意义，比如，当他们离开"儿童之家"的时候，就能够很明确给出以下的问题的答案：

你的生日是星期几？

你的生日是几月几号？

你的生日是什么时候？

此外，接受测量还能培养儿童自我观察和有条不紊的好习惯。儿童们不但非常配合教师的测量工作，而且还对测量非常热衷。到了测量身高的时间，他们立马就开始脱鞋子，兴冲冲地站到人体测量器上。他们站得非常标准，教师们根本就不用指导他们，直接记录测量数据就可以了。

除了使用一些诸如测径器和金属码尺等基本器械进行测量之外，医生们还要观察孩子们的肤色、发色、肌肉、淋巴腺以及血液等生理状况，一旦发现哪个孩子有生病的症状，必须第一时间与他们的父母进行沟通。特别是当孩子出现佝偻病和小儿麻痹症的前期症状以及听力及视力出现问题的时候，医生必须予以高度重视。

如果有必要的话，医生最好亲自到孩子的家里去一趟，对孩子的家庭环境和卫生状况做一次全面的检查，消除安全隐患，并对孩子的父母提出指导性意见，以减少或避免湿疹、耳炎、发烧及肠胃功能紊乱等疾病对孩子的侵扰。

我们的工作得到了社区诊所的支持和帮助。在对孩子观察和治疗的过程中，社区诊所起到了很大的作用。

但是，我们对孩子们的观察与诊所里医生对病人的询问是不同的，因为社区里的大多数人的身体都是非常健康的。

在学校的工作中，女教师们必须经常和孩子们的父母进行交流，她们不仅要收集有关孩子的信息，而且还要对父母的教育程度、工资水平、生活习惯有一个全面的了解，掌握孩子现在及其过去的成长环境。要想实现这一点，女教师必须和孩子及其家人生活在同一个社区之内。

毫无疑问，医生教给父母的对孩子的健康指导都非常实用。作为连接医生和父母的关键人物，女教师的责任非常重大。她们的任务是将医生的建议传达给父母，出于对她们的信任，父母一般都很乐意采纳这些建议。

营造新的教育环境

在对孩子进行观察的时候，不能忽略对其形态特征的观察。至于观察方法，我们必须遵循这样一条原则，即必须保证孩子的表现是在自然的状态下形成的。

这让我想到了孩子们学习的地方——教室。我常常在想，我们应该在学校里建一个类似于花园的大操场，与以往的操场不同的是，这个操场与教室是相连的，这样孩子们就可以随时到操场里玩耍。

第四章 观察儿童的正确方法

要知道，只有在户外的空间里，孩子们的状态才是最自然的，他们才能无拘无束地发挥他们的天性。至于操场的规划，我将在后面的叙述中提到。

至于设备方面的变动，我们首先撤掉了那些固定的桌子和板凳，取而代之的是一批既稳定又结实的八条腿的桌子。

这些桌子非常轻巧，甚至两个四岁的孩子就能搬动它。这些桌子是矩形的，一般可容两个孩子坐，如果挤一挤的话，也可以坐下三个孩子，除此之外，我还增加了一些仅容一个孩子坐的小桌子。

至于椅子，起初我打算用竹子做，不过根据以往的经验，我发现竹子对衣服的磨损非常厉害，所以，最终我选择了木头。这些新的木质椅子不但结实，而且非常精致。除了这些，我还在每个教室里配备了几把带扶手的小椅子。

我们还在教室里准备了一些脸盆架。为了让所有的孩子都能够着，我们把脸盆架设计得非常矮。为了美观和耐用，我们把盆架的外面全都涂上了一层白色防水瓷釉。盆架上有一排较宽的架子，可以供孩子们放一些白色瓷盆或者带柄的杯子。除此之外，盆架的侧面还有一些能够用来放肥皂盒、指甲刷以及毛巾的小格子。

我们还在教室里配备了一个用来盛放脏水的容器。为了给孩子们一些私人的空间，我们还打算给每一个孩子配备一个小橱柜。这一点虽然还没有落实，但已在计划之中。

不过，我们已经设置了一些专门用来盛放教具的小橱柜。这些橱柜的门非常容易打开，以方便孩子们亲自管理这些教具。橱柜的顶上摆放了一些盆栽、鱼缸以及其他一些供孩子们玩耍的小玩意。

在我们的教室里，黑板不单单是供教师用的，每个孩子都有使用黑板的权利。为了方便孩子们写写画画，我们在教室里悬挂了很多块黑板，每块黑板的旁边都放着一个粉笔盒和用来擦黑板的白布。

黑板的上方挂着一些孩子们喜欢的精美图画，在这里我不得不提到其中的一幅，那就是拉斐尔的"圣母像"。这幅画是"儿童之家"的象征。我之所以选择这幅画而不是其他，是因为这幅画契合了"儿童之家"的教育理念。

其实，"儿童之家"的意义不仅在于为孩子们提供了一种新型的成长环境，还在于它也促进了女性的解放以及人类的发展。"儿童之家"是时代的产物，同时也促进了时代的进步。

在这幅画里，一位圣母怀抱着一个比自己还要伟大的婴儿，圣约翰站在旁边，他是人性的代表。拉斐尔的用意在于向我们说明母爱的神圣与伟大，以及他对母爱的尊重和赞美。除了象征意义之外，这幅画还是拉斐尔最伟大的作品之一，可以说它是拉斐尔的骄傲，也是意大利的骄傲。

我希望"儿童之家"在哪里成立，这幅画就挂在哪里。如果有一天，"儿童之家"遍及了全世界，那这幅画也要跟随其遍及全世界。到时候，我就可以自豪地告诉全世界人民，"儿童之家"的发源地是意大利。

或许，孩子们不能读懂这幅画的含义，但我相信，他们一定能够从中看到不存在于其他图画中的美好的东西。他们看到了一个温暖的家庭，父母和孩子幸福地依偎在一起。在这幅画的长期熏陶下，孩子们的心灵就会被宗教情感所感染。

以上就是我为孩子们营造的教育环境。

或许有些人对我的做法不屑一顾，甚至对我提出批评。他们认为我的做法纯属胡闹，孩子们那么顽皮，总是在教室里打打闹闹，一不小心就会把桌子打翻，把橱柜弄倒。我想说，这种观点只是人们长期受传统习惯的影响而形成的一种偏见而已。

一直以来，人们都认为新生的婴儿就应该被裹在襁褓里，学走路的孩子就应该被圈在学步车里，上学的孩子就应该被固定在椅子上。这些做法都被认为是理所当然的，从来没有人站出来反对。这是我们根深蒂固的思想：孩子们就应该被限制在一定的空间之内。

这种无来由的偏见致使我们在实施教育的过程中，强制孩子保持一种固定的姿势不变。我们甚至把教学变成了一种类似于祷告的仪式，在这期间，任何人都不许乱动，必须保持一种恒久的姿势。

"儿童之家"里的这些桌子和椅子都是可以挪动的，而且也非常轻便。我们之所以这样做，不仅仅是为了还自由给孩子们，而且这里还蕴含着我们的教育理念。

如果孩子们把桌子或者椅子打翻了，教师们会提醒他们这样做是不对的，然后他们就会记住教师的话，下次就不会这样做了。可按照以往的情况，如果孩子们一不小心被固定在地上的桌子或椅子绊倒了，他们就会埋怨是桌子或椅子太碍事了。

因此，我们这样做的目的是给孩子一个改正错误的机会，并且在犯错中学会成长和独立。把翻倒在地的桌椅扶起来，这不仅能培养孩子的责任心，还能锻炼孩子的自我控制能力。

在以往的教学中，孩子的安静是因为受到了教师的监视和纪律的约束。这样的成长环境使孩子们长期处在一种呆滞、机械的状态，从而严重阻碍了他们思维的发展。而且这也助长了孩子们的叛逆心理，一旦摆脱了这种束缚，他们指不定会做出什么出格的事来。

在"儿童之家"里，情况完全相反。孩子们的安静完全是心甘情愿的。他们的成长空间是自由而开放的，由于丝毫没有外力的压迫，孩子们就可以任由自己的思维拓展。

他们谈吐讲究，举止文雅。由于感觉不到被压迫，他们就很容易听取教师们的指导和意见，并且通过自己的行动，知道了事情的是非对错，从而形成正确的处理事情的能力。可以说，孩子们在"儿童之家"里学到的东西对他们以后的人生都颇有助益。

在米兰的"儿童之家"里，教师们在教室的窗户下摆放了一排狭长的架子，架子上摆满了桌子，桌子上摆满了各种金属几何模型。由于架子太窄了，所以孩子们在拿模型的过程中，总是一不小心把桌子打翻，从而把那些模型掉在地上。

为了解决这一问题，教师们决定请木匠把架子加宽一些，可还没等木匠到来，教师们就发现，孩子们已经学会了轻拿轻放，经过几次之后，桌子再没有被打翻在地上。

通过反复的实践和练习，孩子们学会了克服外界环境的不足。设备越是简陋，就越能锻炼孩子们的思考能力和解决问题的能力，这就是"儿童之家"所采用的教育方法的奇特之处。

这些都是毋庸置疑的，因为都已经被事实证明过了。对于每个人来说，这就像"哥伦布的鸡蛋"一样，再简单不过。

蒙台梭利教育启示

1.父母要多给孩子改正错误的机会，让孩子在犯错中学会成长和独立。这样做不仅能培养孩子的责任心，还能锻炼孩子的自我控制能力。

2.父母不要用规矩过分限制孩子，长期在受压制的成长环境中，孩子会处在一种呆滞、机械的状态，思维的发展也会受到不良影响。

第五章
正确看待纪律和自由

　　人生来是自由的,也生来是社会性的。为了正当地运用他的自由,他需要纪律。

——美国教育家 赫钦斯

阅读提要

　　纪律要建立在自由的基础之上，应该具有一定的灵活性。与此同时，自由也要建立在独立的基础之上。

　　要想让孩子遵守纪律，必须首先让他们学会分辨是非与对错，这样建立的纪律才能是积极的、可变的、有益的。

　　这样一来，奖惩措施也会消失，孩子便能在有益于个性的环境中发展。

第五章　正确看待纪律和自由

纪律是通过自由获得的

要想真正贯彻观察教育法，必须首先保证孩子们的自由。

或许，那些从旧的教育体制中走出来的人都很难认同这样一个观点：纪律要建立在自由的基础之上。

纪律和自由并不冲突。在"儿童之家"里，我们致力于实现这样一个目标：在保证孩子的自由的同时，维护好班级里的秩序。

我们对纪律的定义与以往不同。我认为，纪律应该具有一定的灵活性。如果一个人总是像个哑巴一样不说话或者像个瘫子一样不走动，那不是遵守纪律的表现，而是一种迷失自我的行为。

我们应该教给孩子们一些生活规则，让他们明白这些规则的重要性，并且自觉去遵守这些规则，进而去调整自己的行为。我认为，这样的孩子才是真正守纪律的孩子。

很多人都不理解，纪律为什么会具有灵活性呢？因为不被理解，所以不被采纳。我们的纪律观念与以往的完全不同。在旧式的教育体制里，纪律就是那些不容置疑的、无可争议的应该怎样或不应该怎样的原则。

教师们不应该强迫孩子去遵守某些纪律，而是要耐心地对他们进行引导，在潜移默化中培养他们的自制能力，这样的方法会让孩子们终生受益。

相对于让孩子们保持一动不动的姿势，给孩子们自由走动的权利或许对他们更有益。第一种方式培养出来的孩子是为学校而学习，第二种方式培养出来的孩子是为自己而学习。在实践中，孩子会培养起良好的习惯和聪明的头脑，并且言谈举止都会变得越来越得体。

孩子的塑造和培养，不仅要有良好的学校环境，还要有适合孩子成长的社会环境。当然，孩子的自由是有限度的，不应该超越集体的利益。集体利益就好像一座大房子，在这座房子里，孩子们可以想怎样就怎样，可一旦走出这间房子，他们的行为就会受到限制。

换句话说，孩子们的行为必须符合我们制定的特定的标准，只有在这个标准之内，孩子们的行为才被认为是有教养的。

所以，教师们必须时常观察孩子们是否有冲撞他人或者粗鲁无礼的行为。至于孩子们的其他的行为，教师们在默许的同时，也不能放松对孩子们的观察。这一点极其重要，教师们必须保证做到。

在"儿童之家"里，教师的角色不是主动的行为实施者，是被动的行为观察者。这还不够，在观察的过程中，教师们必须保持一种积极探索的心态，绝不能丧失了自己的好奇心。教师们必须要对观察的对象感兴趣，并且还要尊重观察的结果。

作为一名观察者，教师们要明确这样的立场：灵活性就包含在各种各样的现象之中。

这一原则尤其适用于那些首次在别人面前展示出自己的内心世界的孩子。对于这样的孩子，我们一定要予以鼓励，千万不能扼杀他们表现自己的积极性，否则的话，他们很有可能变得再也不敢坦露自己的真实想法。

孩子们的想法就好像初升的太阳或含苞待放的花朵，充满了生机与希望。在教育工作中，我们必须尊重孩子们的个性，尤其是个性的初次绽放。教育的目标是让孩子们的个性得以完全而充分地展现出来。要想实现这样的目标，我们必须摒除那些压制孩子个性的强制性行为。

在走上工作岗位之前，每一位教师都要经过科学观察的训练与培训，那些受传统教育方法影响太深的教师更应该如此。培训教师的实践让我深深地感受到，这两种教育方法之间简直存在着天壤之别。

就算经过了专业的培训，一些教师接受了我们的教育方法，但她们还是很难将之贯彻到实际的教学中去。尽管她们已经明白了这样做的意义，但她们的思想仍没有实现彻底的转变。

她们不明白，为什么自己要扮演这样被动的角色，就好像那些只能拿望远镜观察满天星斗的天文学家一样，她们只能观察，却不能参与到观察对象本身的活动中去。

我们之所以要费劲千辛万苦去观察那些孩子们，是为了更好地去研究他们和指导他们的行为。这种观点很难理解，也很难付诸实践。

凡是来到"儿童之家"的教师，第一件事就是参加专业的培训，好让她成为一名合格的自由活动组织者。受传统观念的影响，她认为教师的任务就是约束孩子们的行为。可她发现，自己根本就无法让孩子们安静下来。

她的表情尴尬至极，并且向在场的人投以求助的目光。她觉得自己已经尽力了，一切都不是她的错。我安慰她说，一开始必然会出现这样的状况，如果不能让孩子按她的要求去做的话，她只要看管好孩子们就可以了。她说如果这样的话，自己作为一名教师的意义何在呢？还不如辞职呢。

这位教师变得越来越窘迫。她甚至开始怀疑自己的能力，觉得自己不适合这份工作。事实上，她有颇深的实验心理学功底，并且科学知识和实践经验也很丰富，她之所以觉得力不从心，是因为她还没有经过我们的培训。

果然，不出我所料，在接下来的教学实践中，这位教师渐渐地明白了，有些行为不需要加以制止，只需要静静地观察就可以。后来，她终于适应了这份工作，创造了人生的一个新的奇迹。

诺塔利在其一本名为《我的百万富翁叔叔》的批判小说里，给我们讲述了一个有关旧式教育体制的例子。"叔叔"从小就是一个调皮捣蛋的人，经常干出一些让大人无可奈何的事情，把整个小镇都弄得沸沸扬扬的。

后来,"叔叔"被送到了一所学校里,他再也不能像以前那样肆意妄为了。在学校里,别人都称呼他为"福福"。有一天,他突然感觉到自己的内心有一种想做善事的冲动。当他遇见美丽的小福费塔时,发现她还没有吃午饭,他的心顿时生出一种想要保护她的欲望。

他看了看四周,发现没人,于是转身走向福费塔,二话没说,就把自己的午饭篮子塞到她的怀里。

之后,他飞速地跑开了。他不知道自己在干什么,也不知道自己为什么要这样做,可他就是忍不住。他把头埋得很低,突然哭了起来。

我的叔叔不知道自己为什么要哭,反正,他就是哭了。

他被那双满含泪水的眼睛感动了。他甚至觉得很惭愧,自己竟然在一个饥饿的人面前吃东西,这简直是十恶不赦的大罪。

他之所以转身就跑,是因为他不知道如何面对那张善良而美丽的脸庞,更不知道怎样表达自己内心的冲动。他不知道怎样让她接受这个篮子,更不知道怎样让她相信这个篮子是他专门为她准备的。

福费塔飞奔着赶上他,轻轻地挪开他那抱着头的双臂。

"别哭了,福福。"福费塔安慰他说,用近乎乞求的语气。她的举止文雅,神奇专注,好像在跟自己心爱的洋娃娃说话。

后来,福费塔吻了他一下。我的叔叔终于打开了心门,他搂住她的肩膀,止住哭声,然后凑上前去回吻了她。他仍然沉默着,用手擦掉了脸上的泪水,忽而破涕为笑了。

突然,院子的另一头传来一阵刺耳的声音。

喂,你们两个站在那里干什么呢?还不赶快进来,大家都在上课呢。

说话的是他们的教师。她不问青红皂白地冲他们大喊一通，声音里满含着严肃与粗鲁。就这样，她粉碎了这两个孩子的第一个叛逆的梦，就好像站在她面前的是两个惹是生非的孩子一样。

马上都给我回教室，任何人都没有例外！

初来"儿童之家"的时候，很多女教师的状态就和小说里的女教师如出一辙。她们不管孩子们正在干什么，也不管他们是对是错，只要看到他们没有老实待着，上前就是一顿斥责。

有这样一个故事，一个小女孩站在小伙伴们中间，嘴里一边说着什么手一边比画着。女教师看见了这一幕，立马走上前去，钻到孩子们中间，一把抓住她的手臂，告诉她不要乱动。

当时，我就在他们的旁边，我发现其实这个小女孩正在教小伙伴们怎样祈祷以及该怎样画十字架。她的表情很认真，俨然把自己当成了别人的教师或母亲。

还有一个故事，有一个小男孩，平时特别喜欢捣乱。有一次，他试图挪动教室里的桌子，于是就费力地将桌子搬了起来。这时，女教师走了过来，制止了他的行为，并且告诉他，他弄出了太大的噪音。

本来，这个小男孩想好好表现一下，是一种值得表扬的行为。但是，他的做法却妨碍了其他人。不过这次事件之后，小男孩无论搬动什么东西或者放置什么东西，都变得小心翼翼，而且对女教师也没有反抗的情绪。

在"儿童之家"里，我经常看到这样的情况：每当教师讲完课把教具放到盒子里之后，总会有孩子偷偷地去拿教具，然后模仿教师的样子。这时候，教师通常会走过来，拿过教具，并且呵斥孩子："别乱动，坐回你的凳子上去！"

其实，孩子们并不总是想捣乱，他们只是想学着做一些有意义的事情而已。本来这是一次很好的教育孩子要把物品摆放整齐的机会，结果就这样被错失掉了。

有一次，一群孩子围着一盆水玩，水里漂浮着一些玩具。我发现有一个大约两岁半的小男孩独自待在圈外，很显然他想挤进去看，可由于太过矮小，他被人群挤了出来。他一脸焦急的样子非常可爱，我在想当时如果有一架相机的话，我一定把他的表情拍下来。

后来，他搬过来一张小椅子，把它放在人群的后面，然后试图爬到小椅子上面去。就在这时候，一位教师跑了过来，把他抱了起来，举过其他孩子的头顶，并且嘴里还这样说着："好可怜的孩子，现在你也可以看到了。"

在教师的帮助下，这个小男孩实现了自己的愿望，成功地看到了盆里的玩具，但是，他却无法尝到亲自克服困难后的喜悦了。他先前为看到玩具所做的努力可以激发他的智慧，可教师看似善意的行为却使他失掉了这样的自我教育的机会。

这个小男孩的征服欲被教师的一双手给毁灭了。教师们应该明了，看玩具不是目的，而仅仅是培养孩子的思考问题和动手能力的一个手段而已。

教师们逐渐接受了我的被动观察的教育方法，她们开始放松对孩子的约束，并允许孩子们自由做一些事情。我经常看到，有一些孩子把脚翘到桌子上，有一些孩子把手伸进鼻孔里，有一些孩子无故推打他的伙伴，有一些孩子动不动就冲别人乱发脾气。

有时候，我也会出面干涉一下，告诉女教师，孩子们的哪些行为可以放任不管，哪些行为要逐步制止，哪些行为要明令禁止。只有分清不同问题的不同性质，然后加以区别对待，才能逐渐培养孩子们辨别是非的能力。

一旦开始采用这种方法来维持纪律，我们一定要坚持下去，千万不要半途而废。当然，一开始会遇到种种困难，进展不会很顺利。

要想让孩子们遵守纪律，必须首先让他们学会分辨是非与对错。教师们的主要任务就是观察孩子们是否混淆了是非与对错等概念。在以往的教育体制中，对这些概念都不是很重视。我们想要建立的纪律是积极的、可变的、有益的，而不是被动的、不变的、顺从的。

第五章 正确看待纪律和自由

孩子们可以自由地在教室里活动，他们所做的都是一些益智的事情，从来没有出现过粗鲁无礼的行为。这样的孩子就是我所说的遵守纪律的孩子。

普通学校的做法是，教师们给每一个孩子安排一个小小的空间，让他们安静有序地坐在那里，整个教室看起来秩序井然。"儿童之家"以后也会出现这样的情况，因为有时候，集体教育是非常必要的，比如在听讲座或者音乐会的时候，所有人都必须安静而有序地坐着。

这种个性化的纪律一旦建立起来，就要求所有的孩子必须听从安排，坐到自己喜欢的位置，并且不能随便走动。

与以往强制性地把孩子按在某个地方不动不同，我们会尽量让孩子们明白，教室和桌凳的设置都非常合理。一旦认同了这一点，孩子们就会发自内心地遵守教室的纪律，保持教室的安静。

后来，孩子们果然按照要求做了，并且做得非常好。在这个过程中，最重要的是让孩子们明白集体主义原则的重要性。在这项原则的指导下，孩子们不再随便走动或大声喧哗了。即便他们在未经许可的情况下站起来说话了，那也是他们在表达自己的真实想法。

孩子们的行为都是自发的，但是这种自发行为的初衷也都是好的。就算他们偶尔犯了一些错误，只要对他们加以指点，他们以后就不会再去做同样的事情。就这样，孩子们的辨别是非对错的能力就逐渐培养起来了。

日子久了，孩子们的活动不但变得越发有序，而且也变得越发协调和完美。他们学会了自我观察和自我反省，并随之调整自己的活动，就这样，孩子们的行为由无序变成有序，然后又由无意识的有序变成自发的有序。

经过长期的训练，孩子们开始变得能够自主地选择自己的行为，也就是说，他们开始变得知道自己应该做什么，不应该做什么。

一开始的时候，他们的选择是在无意识的状态下完成的，很难与无序的活动区别开来。但是，只要他们能够长久地坚持下去，迟早会形成自己独特的个性，并且让这种个性得到充分而自由的发展。

当然，这也是常有的情况：有一些孩子看似安静地坐在自己的座位上，可却是一副心不在焉的样子；也有一些孩子在教室里到处乱窜，和其他的孩子打架、推翻桌子或是打碎玩具；还有一些孩子，他们已经有了独立判断是否做某件事情的能力，于是，他们非得把椅子搬到其他地方去坐，或者将一些没用的桌子搬到一起，重新排列它们的位置。

由于受年龄的影响，孩子们还不能做到真正的独立，所以教师们总是对他们的行为加以约束，甚至禁止他们去做某些事情。

在"儿童之家"里，情况变得完全不一样。我们的教育方法是以自由为基础的，我们致力于帮助孩子们摆脱那些长期加在他们身上的束缚。也就是说，通过对他们的训练，来达到让他们减轻或者挣脱来自学校或者社会的枷锁的目的。

独 立

如果说纪律建立在自由的基础之上，那自由就是建立在独立的基础之上。要想让孩子实现独立，必须给他们充分的自由活动以及展现自己个性的空间。

从断奶之日起，孩子们就开始了走上了独立自主的道路。何为断奶？那就是用多种食物来代替单一的母乳。在吃的东西上，他们的选择性增多了，但是他们仍算不上获得了独立。他们不会走路、不会自己吃饭和穿衣服，他们在很大程度上还得依赖他们的父母。

大约到了三岁的时候，他们才能算得上具有了初步独立的能力。事实上，直到现在，我们仍没有真正弄清楚独立的概念。

虽然我们的社会文明已经进入了一个相当发达的阶段，但是，我们始终没有将奴役彻底清除出我们的视线。只要仆人存在一天，我们的社会就没有真正的独立可言。仆人为我们服务，可我们却依赖仆人。如此说来，丧失了独立性的不是仆人，而是我们。

文明社会既已如此，那奴隶社会更不必多言。在奴隶社会里，自由的概念都被扭曲了，更谈不上拥有自由了。

我们理所当然地认为，仆人构成了社会结构的一部分，从来没有考虑过其道德影响。我们所追求的自由就是不用听任何人的命令，并且还可以去命令别人。

我觉得，那些总是需要仆人服侍的贵族才是最无能的人。瘫痪病人需要别人帮助脱鞋是出于身体原因，王子需要别人帮助脱鞋是出于社会原因。这两者有本质的区别，但往往我们却将之混为一谈了。

有些国家认为，低下的人服侍高贵的人是自然而然的，也就是说，这些国家承认奴役的存在。长期生活在这样的文化环境里的人，很容易养成谄媚、奉承和巴结的品行，但是他们却不自知，甚至误把这些品行当成谦逊、仁慈和礼貌。

那些被服侍的人丧失的不仅是独立生活的能力，也是独立思考的能力。要想获得真正的自由，这些人必须首先明白，自己并不是一个生活不能自理的人，自己完全有能力照顾好自己的生活。

我们为培养孩子所做的一切努力，都致力于让孩子实现真正的独立。我们教会他们走路、跑步、上下楼、穿衣服、洗澡、捡起掉在地上的东西、说话并且清楚地表达出自己的想法……我们所做的一切都只有一个目标，那就是让孩子们学会独立生活。

就好像仆人的服侍会让贵族丧失独立性一样，我们对孩子们的照顾也会让他们丧失独立性。我们习惯性地为孩子们把一切都安排妥当，却不知道这样做会助长孩子的惰性。

我们按照自己的意愿给孩子们穿衣服、洗澡、喂饭，就好像摆在我们面前的是一个木偶一样。我们从不关心孩子们的想法，我们照顾得好吗？他们乐意接受我们的照顾吗？

我在想，既然生命赋予了孩子们自主从事各种活动的身体和智力条件，那我们就应该协助他们独立完成一些有益于身心健康的活动，让他们亲自融入大自然，去体验大自然的美好。

我们代替不了他们，更不能什么都替他们完成。一个母亲，如果她在给孩子喂饭的时候，只是一味地把饭勺塞到孩子的嘴里，而不是教会孩子怎样去握住饭勺，那她就不是一名称职的母亲。

在她的眼中，孩子就好像一个可以任她摆弄的洋娃娃一样，她根本就没有把孩子当作一个独立的个体来看待。每一位母亲都应该明白这一点：孩子是大自然托管给自己照顾的，自己的使命是培养他们亲近自然的能力。

凡是做过母亲的人都知道，教孩子吃饭、洗衣服、洗澡是一件极其乏味而艰难的工作，这要比给孩子喂饭、洗衣服、洗澡麻烦得多。但是，前者才是一名教育工作者应该做的事，而后者则是任何一个仆人都能完成的工作。

对于母亲来说，这样的工作省心又省力，但对孩子却百害而无一利。它剥夺了孩子自主学习的机会，成为了孩子成长道路上的绊脚石。

长期生活在这样的环境中的孩子，其将来不堪设想。想想那些受服侍的贵族吧，他们一天天地享受着衣来伸手，饭来张口的生活，渐渐地，他们变得越来越离不开他们的仆人了。他们成了仆人的奴隶，脱离了仆人的服侍，他们根本就不能生存下去。

由于缺乏运动，他们的身体机能开始退化，直到完全丧失了行动的能力。他们的头脑跟他们的行动一样迟钝，除了发号施令，他们什么都不会做。或许有一天，他们终于醒悟，觉得自己不能再这样下去，可一切都为时已晚。

拥有特权不一定是件好事，凡是想利用自己的特权去享受特殊照顾的人都应该想清楚这样做的后果是什么。

第五章 正确看待纪律和自由

东西方的文化存在着很大的差异，其中之一就是西方妇女喜欢穿裙子，东方妇女喜欢穿裤子。这种服饰上的差异说明，东方妇女比西方妇女所受的约束要多得多。在东方社会里，妇女处于被服侍、被供养的地位，在这种变相的奴役中，妇女根本就没有彰显个性的余地。

男人们不仅要养活自己，还要养活他的女人。妇女本来也应该是社会成员的重要组成部分，可她们却离社会生活相去甚远。她们没有掌握任何的社会资源，所以她们根本就没有保护自己的能力。

让我举例来说明这个问题。一辆马车在一条乡间小路上行驶着，车上坐着三个人：父亲、母亲以及他们的孩子。突然，一帮土匪窜了出来，挡在马车面前呵斥道："要想活命的话，把钱全部交出来！"

这时，马车里的三个人表现出三种不同的反应。父亲是一名神枪手，他手握一把左轮手枪，瞄准土匪，准备反抗。孩子哭喊着拔腿就跑。母亲既没有反抗能力，又没有逃跑的能力，她不知所措地坐在地上，由于过度恐惧，她晕了过去。

这三个人之所以会有不同的反应，是因为他们所拥有的自由的程度不同。

长期受奴役或依赖他人的人，不仅会让自己的生命白白流失掉，还会变得越来越软弱无能，甚至个性全无。这是一件非常让人痛心的事情。

在这里，我要特别表达一下对那些嚣张跋扈、盛气凌人的人的谴责。

在生活中，这样的人无处不在。这种人都有很强的征服欲，在他们的观念里，别人就是用来给自己服务的。他们对别人的态度就好像主人对仆人的态度一样，颐指气使、冷酷无情。他们跟暴君无异，但有时候，表面的强盛恰恰反映了内心的软弱。

有一位头脑聪明、技术熟练的工人，他不但能很好地完成自己的分内之事，既快又好地制造出精致的产品，而且还能经常给车间提出合理的建议。

在工作上，他如鱼得水。当别人因棘手的问题而暴跳如雷的时候，他却总能做到微笑以对。他过硬的心理素质和自我控制力不是天生的，而是来自较强的工作能力。

可是,当他下班回到家后就跟完全变了一个人似的,他对他的妻子大发雷霆,原因仅仅是她做的汤不合他的胃口或者她没有按时开饭这样的小事。在妻子的面前,他变得吹毛求疵,百般挑剔。

其实,这没什么奇怪的。回到家之后,他的身份已不再是一个能干的工人,而是妻子的丈夫,孩子的父亲。很明显,妻子所能做的事情他一样也不会。试想一下,如果他也学会了做汤的话,他还会这样一副飞扬跋扈的样子吗?

一个人,只有不断提高自己的能力,把自己想做的事情做好,才能获得一种真实的存在感。有时候,人需要征服的仅仅是自己而已,而征服自己的方法就是不断地提升和完善自己。

废除奖惩措施

如果我们能在实践中贯彻上述原则的话,那些奖惩措施自然就会消失了。一个享有自由的人必是一个懂得自我约束的人,他追求的是那些能够真正激发他的动力与激情的奖赏。一个拥有积极的心态的人,一定拥有一颗具有人类的自由和力量的内心。

在我的教学生涯中经常遇到这样的情况。在初到"儿童之家"的几个月里,我发现很多教师没有将自由与纪律的方法贯彻到教学实践中。

有一次,我无意中走进一间教室,看见一个孩子的脖子上挂着一块希腊式的银质十字奖章。那块奖章看起来格外耀眼,上面还带着一条精致的白色带子。而另一个孩子则坐在教室中最显眼的一张扶手椅上。

第五章　正确看待纪律和自由

很显然，这位教师趁我不在的时候，采用了旧式教育法中的奖惩措施。前一个孩子受到了奖赏，后一个孩子则受到了惩罚。看我走进来了，那位教师没有再对两个孩子做什么。于是，我在角落里坐下来，静静地观察着孩子们的一举一动。

那个受到奖赏的孩子一直走来走去，他在忙着将自己的东西搬到教师的桌子上，那个受到惩罚的孩子就坐在他途径的地方。他就这样一趟趟地走着，忽然，脖子上的那块十字奖章掉到了地上，可他无暇顾及这些，仍然只顾搬自己的东西。

这时候，那个受到惩罚的孩子弯下腰，把十字奖章捡了起来，掸去上面的泥土，然后翻过来翻过去地将这块奖章看了又看。见那个受奖赏的孩子不理会，于是，他走上前去说："喂，你的东西掉了，这是个什么玩意？"

那个得到奖赏的孩子回过头来，不屑地看了一眼，说道："那东西没什么好玩的。"他的表情里透露着不耐烦，好像在责骂这个孩子打扰了自己搬东西一样。

"那你把他借给我戴戴吧。"那位受到惩罚的孩子乞求道。

"没问题，尽管拿去戴吧。"说完，他急匆匆地又去忙活自己的事了。

那个受到惩罚的孩子把奖章的带子抻开，小心地套在了自己的脖子上。之后，他转身坐回自己的椅子，把双手端正地放在扶手上，双眼一直低头看着胸前的奖章，欣赏着它的样式和光泽，脸上显现出得意而愉快的笑容。

由此我们可以看出，这块奖章对两个孩子的意义是不同的，尽管它能得到那个受到惩罚的孩子的欣赏，但它却不能赢得那位内心充实、忙得不亦乐乎的孩子的心。

有一次，一位女士来"儿童之家"参观，并对我们的孩子们予以高度的赞扬。之后，她从包里掏出一个盒子，从盒子里拿出一块奖章。奖章上系着一条红色的带子，在这条红色带子的映衬下，这块奖章显得格外闪亮。

她一边把奖章拿给孩子们看，一边说道："教师们会把这块奖章发给那个最听话，表现最好的孩子。"

当时，我就站在这位女士的身旁，但我没有说话，只是示意教师从她手中接过这块奖章，因为我无意于将我们的教育方法说给她听。

这时候，一个平时表现很好的四岁小男孩发话了，他皱着眉头大声地抗议道："别给男孩子，别给男孩子！"

听到这样的话，我一下子怔住了，想不到一个四岁大的孩子就已经有这样的想法了。很明显，这个小男孩意识到自己是班上最优秀的孩子之一，觉得自己很有可能得到这块奖章。尽管从来没有人告诉他这些，但他生怕这样的奖赏会给自己带来伤害。

由于不知道怎样维护自己的尊严，情急之下，他只好行使作为男孩子的特权，让那位女士把男孩子排除在外。

对于那些喜欢惹事并且屡教不改的孩子，我也会采取一些惩罚措施。首先，我会让医生对这样的孩子进行检查，如果确定他的身体是健康的话，我就会让他单独坐到教室角落里一张小桌子上，将他孤立起来。

在这个角落里，他能看清楚班里每一个孩子的举动，当他知道了别人都在干些什么的时候，他就会意识到自己的错误，渐渐地安静下来，这种方法比任何形式的批评都要有效。他会越来越感觉到，和同伴们坐在一起学习是一件多么美好的事情。

我们可以采用这样的方法教育那些不遵守纪律的孩子。但是，孤立归孤立，我们千万不能忽视对他心灵上的抚慰。我自己就一直这样做着。我走进教室的第一件事就是来到这个孩子身边，对他说一些关心的话语，就好像对待病人一样。

我不知道这样做会对孩子造成怎样的心理影响，但有一点我敢肯定，那就是经过这样的纪律教育，孩子会变得越来越懂事。他们知道了学习的重要性，也知道了在什么时候以怎样的方式表现自己。他们因自己的改变而自豪，同时，他们对教师的感情也加深了。

教育中自由的生物学解读

从生物学的角度来看,应该这样定义儿童教育中的自由:孩子的成长环境一定要有益于其个性的发展。无论是从生理上还是从心理上,这种自由都应该包括大脑的自由发展。

这就要求教师们应该对生命心存敬畏,尤其是孩子的生命,它不是一种抽象的概念,而是一种客观的存在。摆在教师们面前的,是一个个活生生的个体,教师们有义务通过对他们的观察,完成对他们的教育。

教育一定要能促进孩子生命的正常发展,这种发展包括生理和心理两个方面。这是两股神秘的力量,我们既不能加以阻挠,也不能加以破坏。凡是从事教育工作的人都应该知道,这种力量迟早会以各种各样的形式表现出来。

生命现象的第二个重要因素是环境。环境既可以促进生命的发展,也可以破坏生命的发展,还可以改变人类的生命表现,但是它却没有创造生命的能力。

纳格利和德夫利斯都强调,进化论的研究对象是生物的两大分支——动物和植物。他们认为,推动生命种系和个体发展的基本动力来自于生命体本身。

孩子们之所以能够成长起来,不是因为他们拥有充足的营养、新鲜的空气或是适宜的温度,而是因为在其体内存在着一种潜在的力量。这种力量是看得见的,因为在这种力量的促使下,生命正按照遗传的规律,一步步地发展壮大着。

孩子的青春期的到来不是因为他参加了多少锻炼、补充了多少营养,而是生命本身发展到了这个阶段,而这个阶段是任何一个生命体都必须经历的。生命自有其表现方式,换句话说,生命自会创造自身。

当然,生命的发展也会受到某些外部环境或规律的限制或束缚,但这最多只会导致生命的变异,不会改变生命固有的特性。

德夫利斯有一个著名的突变理论,在这个理论中,他指出了教育的局限性。我们的能力是有限的,我们可以改变与物种有关的环境因素以及物种与个体之间的某些细微的因素，但是我们却无法控制其突变。

关于生命的起源，有诸多种神秘的说法，这些说法在很大程度上制约着生物的突变。可以说，这些神秘的说法对生命的控制和影响要比环境对生命的制约作用大得多。比如说，一个生命体不会为了适应环境的变化而发生突变或变成另一个生命体。同样，一个伟大的天才不会被外界条件的束缚或错误的教育方法所埋没。

环境的影响越强，生命体就会变得越强。但是，环境有正反两方面的作用，它既可以促进生命的发展，也可以将生命扼杀。比如说，在热带地区，由于适应了那里的气候，棕榈树长得既强壮又茂盛，但是也有很多物种，由于不能适应那里的气候，从此在地球上消失了。

生命要想获得不断的发展，必须不断克服种种障碍与困难。一个物种也好，一个个体也罢，只有保持永远的生机与活力，才能在前进的道路上畅通无阻，赢得最后的胜利，这一点毋庸置疑。

蒙台梭利教育启示

1. 父母应该教给孩子一些生活规则，让他们明白这些规则的重要性，并且自觉去遵守这些规则，进而去调整自己的行为。

2. 在教孩子遵守规矩或纪律时，要耐心地对他们进行引导，在潜移默化中培养他们的自制能力，会让孩子终生受益。

第六章
给儿童授课的注意事项

用深奥的语言和孩子交谈,不如什么都不谈。

——法国教育家 洛克

> **阅读提要**
>
> 在给儿童授课时，父母要先学习教育理论知识，只有在理论的指导下，才能更好地进行实践。
>
> 在给孩子讲述知识，要用简洁的语言，给孩子讲授最关键、最核心的客观知识，让孩子听懂讲述的内容。
>
> 父母要给孩子提供好的环境，以及必要的、正确的提醒，让孩子完成自我完善。

第六章 给儿童授课的注意事项

如果自由的氛围能够在学校里蔓延开来，孩子们就可以随心所欲地展示自己的个性和爱好了。为此，我们给孩子们创造了良好的学习环境，并提供了大量的学习用具。除了对孩子们的行为进行观察，教师们还要参与到实践中去。

在教学中，教师要把上课和实践结合起来。要想对儿童进行更好、更专业的培训，教师们必须首先加深对实验心理学的学习，因为只有在理论的指导下，才能更好地进行实践。"儿童之家"对教师进行培训的目的就在于此，在培训的过程中，最困难的环节是纪律训练。

在创办之初，"儿童之家"里的孩子根本就不知道什么是集体秩序，经过一段时间的培训之后，他们才渐渐具有了分辩是非好坏的能力，并且形成了初步的集体概念。

一开始，孩子们并不是坐在一起上课，其实，我们一直都不提倡这样做。孩子们需要的是自由的空间，如果把他们全部固定在一定地方，听教师讲课或者做动作，这对他们来说简直枯燥至极。现在，我们基本上已经取消了这种集体授课的方式。

由于讲课是面对一群不同个体的孩子进行的，所以保持讲课的简洁性是十分必要的。除此之外，还应注意把课讲得明了、直白。我认为，所有给孩子上课的老师都应该牢记这三条原则，即简单、明了和直白。

但丁博士曾给老师们提出过一个要求，他说："在课堂上，你要保证你所说的每句话都不是废话。"我想他的意思应该是：老师在课堂上，说的废话越少，说的无用信息越少，就越能精准地向孩子传达所要讲授的内容。

因此，我总是提醒我们的老师，在上课前要认真备课，不但要精心挑选要传授的内容，还要仔细衡量每一句要在课堂上对孩子说的话，是不是累赘，是不是合适。

在我的不断要求和提醒下，我们"儿童之家"的老师上课形成了如下三种特点。

第一个特点是简洁。我要求老师们必须省略掉那些没关系或者关系不大的授课内容，只给孩子讲授最关键、最核心的应该掌握的知识。并且，在表述这些知识时，语言也要简洁得体，而这种语言的简洁性，都是老师们在授课之前对每句话精心打磨的结果。

第二个特点是直白。老师们在选择词汇的时候，一定要用直白明了的，不能用复杂的；在组织句子结构的时候，一定要用简单句式，而不能用复杂的句式。这样才能做到简单易懂，便于孩子理解。

第三个特点是客观。老师讲课的时候，要把自己的个性收敛起来。首先要保障内容的真实性，其次才是要把内容讲得精彩，能够引发孩子的接受兴趣。

我要求每个教师要牢记：我们讲课的内容是对客观现象的解释，要做到简练明了，以及保障让每个孩子都能听得懂、学得会。

我们的老师在上课的时候，使用的方法是观察法。在使用观察法的同时，老师要让孩子了解什么是自由，及保证孩子得到自由。

所以，老师要明确判断孩子对所要观察的对象是具有浓厚的兴趣，和孩子怎样对观察对象感兴趣，及孩子的兴趣能保持多久等问题。甚至，老师还要观察孩子的表情和判断孩子的心理活动过程。

老师观察孩子的过程中，一定不能违反孩子的自由意志。因为，如果老师一旦干扰了孩子的意愿，孩子的学习过程就会变得不舒服、不真实、不自然，因而产生对抗的情绪和行为。那么，老师就不能够了解到孩子的自然行为究竟是什么了。

如果没有对孩子的真实观察,老师也就没办法再对孩子进行针对性的引导了。

如果老师严格做到了以上三点,但是孩子还没有能够听懂老师所讲的内容,此时此刻老师应该特别注意做到两件事情:第一件事情是不要反复重复讲授已经讲过的内容;第二件事情是不要批评孩子或者冷落孩子,不要让孩子觉得自己没听懂是因为自己笨。

这样的例子在我们的"儿童之家"比比皆是。

例如,一次我们的老师在教一个孩子认识颜色——蓝色和红色。老师先把红色拿给孩子看,一边给孩子展示,老师一边不断吸引孩子的注意力:"看,你看这个,快看这个。"然后老师会用缓慢而清晰的语调跟孩子说:"红色,这就是红色,来孩子,请记住这个颜色。"

接着,老师会把蓝色展示给孩子看,同时说:"蓝色,这就是蓝色。"

经过展示后,老师会对孩子说:"宝贝,请把蓝色的给我。"或者说:"请把红色的给我。"这时大多数的孩子都能够正确做到。但万一有的孩子出了错误,老师就会立即停止,不再重复和坚持了。

老师在停止教学的时候,还必须要对孩子十分友好。对孩子保持礼貌和微笑,然后把两种颜色悄悄拿开。

很多教育人士认为,这样的教育太过于简单了,貌似随便一个老师都可以这样做。其实,事实并不是这样子的。实际上,绝大多数的老师根本不知道应该怎么去做这样简单的事情。

我多年的对老师的培训经验告诉我:一个人想要控制自己的行为,是一件十分难的事情,如果要求自己的行为符合简单、明了和客观的标准,真的是太不容易了,尤其那些传统的老师和家长,他们已经习惯了旧的教育方式,要想改变,绝不是一朝一夕能做到的。

这些老师和家长,很多时候会对孩子说太多的多余的话,甚至是假话。而他们是不自觉的,或者自己根本就没觉察到。

"儿童之家"有一些兼职的老师,他们都是公立学校的优秀教师。其中有一位50来岁的老教师,经常来我们这里给孩子们上集体课。这位老师上课的时候,喜欢对那些简单的东西做特别详细的解释,他认为孩子们还小,理解力有限,不解释他们是不会明白的。

当有的孩子上课注意力不集中时,他会伸出紧握的拳头说:"孩子们请注意,你们猜一下,我手里握的是什么东西?"孩子们根本不可能猜出来的,他这样做的目的是吸引孩子的注意力。但是,他不知道他的这种方式是多余的和错误的。

他还会经常在课堂上这样说:"孩子们啊,你们看看外面的天空蓝不蓝啊?你们以前注意看过天空有这么蓝吗?这么蓝的天空里为什么没有星星呢?你们是不是也用心地看过夜空里的星星?……对了,孩子们,你们再看看我的裤子,你们说我的裤子是什么颜色?你们说我的裤子跟外面的天空是一样的颜色吗?……对了,孩子们,现在请你们看我手里的颜色,这种颜色就是蓝色,跟天空和裤子一样的颜色……现在请你们回忆一下生活里还有什么东西是蓝色的?樱桃的颜色是不是蓝色?壁炉里燃烧的火焰是不是蓝色?……"

他的课堂上,充满了诸如此类的多余的废话。

他的语言充满了多余而无用的信息,这些信息会干扰孩子的脑子,让孩子的脑海中堆满一大堆的不相干概念:天空、裤子、樱桃、壁炉等等。这些跟要孩子认识的"蓝"色,都有什么关系啊?

孩子们还小,他们的认识能力有限。在这么多的干扰信息里面,他很难分辨得出来什么是这节课的关键内容,即认识蓝色和红色。对孩子来说,排除那么多的干扰信息,难度是很大的,几乎是不可能做到的。

我也经常去别的学校参观,曾听过一个老师的一堂数学课。那节课那位老师要教孩子掌握"3+2=5"。

那位老师使用的教具是儿童算盘。她先在算盘的上排拨了两个算盘珠,然后串上一个蓝色的跳舞状的纸人,并用班上一个孩子的名字给这个纸人进行了命名,说这个小人叫"玛丽丁娜"。

接着,她又在中排拨了三个算盘珠,也把一个不同颜色的小纸人串在上面,用另一个班上孩子的名字给纸人命名,叫作"金吉娜"。

最后,这位老师在下排拨了五个算盘珠。

她对着小纸人讲了半堂课,并不停地把纸人移来移去,还不时地逗引得孩子们哄堂大笑。

我不知道这位老师最终是怎么讲完这堂课的,也不知道最终他的方法能在孩子们中收到怎样的效果。但是我可以肯定,她弄的那些纸人,会严重干扰孩子的理解,也许还会把一些孩子给搞糊涂的。

即便最终孩子们明白了"3+2=5",那也是在费了很多脑筋,绕了极大的弯弯之后的结果。而这些事,都是多余的,根本不必做的。老师只需要简洁、明了和客观地告诉孩子"3+2=5"就行了,而且其效果无疑也是最好的。

我还参观过另一个老师的课堂。这位老师想让孩子明白"音乐和噪声的区别"。

他那堂课是这样讲的。

首先,他给孩子们讲了一个很长的故事。当故事讲到一半的时候,跟他配合的人,就开始重重地敲门,使得他们的故事没法继续讲下去。

于是,那个老师就停下来,问孩子们:"这是怎么回事?为什么有人不停地敲门?孩子们,我被他的敲门声干扰了,我没法再继续把这个故事讲下去了。他干扰了我!孩子们,你们听到了他的敲门声吗?你们理解了吗?你们知道了吗?他制造的就是噪音,这就是噪音。你们明白了吗?"

停了一会儿,他又拿起课桌上已经准备好的一个曼陀铃,一边摇着一边说:"哦,这个可爱的曼陀铃,就像一个小婴儿。哦,这可爱的小婴儿,我喜欢你,我喜欢跟你一起玩……孩子们,你们看到我手里的小婴儿了吗?"

这时候,有孩子说:"老师,那不是小婴儿,而是一个曼陀铃。"

"不。"这位老师说,"我觉得它就是一个小婴儿,一个可爱的小婴儿,一个会发出可爱笑声的小婴儿。现在,请你们安静,我们的小婴儿要发出可爱的笑声了。"

说着,老师拨动了曼陀铃的琴弦。曼陀铃发出悦耳的声音。

老师又继续说:"孩子们,你们听到小婴儿的笑声了吗?可不可爱?动不动听?它好像在笑着找妈妈呢。"

有的孩子又叫起来:"不,老师,那不是小婴儿,而是曼陀铃。你拨动了曼陀铃的琴弦,你弹了它,那不是小婴儿的笑声。"

那位老师不理睬孩子的质问,而是避开问题,说:"安静,请安静,孩子们,请注意听我下面的话……"顿了顿,他又说,"这小婴儿的笑声就是音乐。"

我觉得这位老师讲授的方式,荒唐而可笑,这样的方式是很难让孩子明白噪音和音乐的区别的。这堂课会让孩子产生这样的想法:这位老师太笨了,因为他一被噪音打断,连故事都不能讲了;还有,老师分不清曼陀铃和小婴儿,因为他总是把曼陀铃当成小婴儿。

最终授课的效果,可能是老师把自己的负面形象留在了孩子心中,而孩子把这堂课的内容和对象给忽略了。

让传统的老师和家长把给孩子讲授的知识讲得简单、明了,真的是一件非常困难的事情。我曾做过多次的努力和尝试,结果仍不如人意。

有一次,我把教材给一位来应聘的老师详细地讲解后,让她使用几何板去给孩子们试讲"正方形和三角形的区别"。其实,这件事情特别简单,就是简简单单地把正方形和三角形的木板,分别嵌入它们应该在的几何图形槽内。

她应该让孩子们看着并和她一起把图形嵌入图形槽,并严密地吻合在一起,在示范的同时,她还要一边告诉孩子,哪个是正方形,哪个是三角形。

通过这个简单的过程,孩子们就能认识正方形和三角形,并能理解两者的区别。

可是这个老师上来却让孩子们挨个来用手触摸这些几何图形木板,孩子

第六章 给儿童授课的注意事项

们一边摸，她一边解释："这是正方形，它有四条边，这是一条边，这又是一条边，这还有一条边……请你们用手摸摸，并指给我看。对，就这样做，就这样子。对了，请告诉我正方形有几条边？"

等孩子们摸完正方形的边，她还没有完，继续说："这个正方形还有四个角，对，四个。你过来数一数看，是不是四个？这就是正方形，记住了吗？"

我在旁边看得不耐烦了，就把她拉到一边，悄悄告诉她："你这样做是不对的，你这样做不是在教孩子们认识图形，而是在教他们关于边、角、数字等概念。孩子的理解力还没有发展到这一步。这跟我们要教给孩子的东西是两码事。"

那位老师听了，竭力替自己辩解说："这两者根本就是一码事嘛。"

我没有再跟她说什么。

这两者一个是几何分析，一个是数学，两者怎么会是一回事呢？

对孩子来说，这样的授课方式，可能会给孩子灌输进去一个关于四边形形状的概念，但是孩子很难理解那些关于边、角和数字的关系。边和角本身就是比较抽象的概念，只有在具体的实物上才能体现出来。这位老师把具象的东西和抽象的东西混淆在一起灌输给孩子，太容易超出孩子的理解力，把孩子给搞迷糊了。

这个年龄段的孩子不需要明白那么多抽象的概念和关系，他们需要的是有人简单、明了、直接地告诉他们什么是正方形。

后来，一个偶然的机会我又跟那位老师见面了，她又提起这个问题，我不得不对她说："如果一位建筑师想让你明白什么是圆形屋顶，他有两种方式能够让你明白。第一种方式：他直接带你去看圆形屋顶的建筑，在看的过程中，他提醒你注意看各部分之间的比例和连接、那些优美的线条和和谐的比例。这样，你的脑海里会形成对圆形屋顶的整体印象，以及对其构成部分的认识。"

她认真听着，我顿了顿又说："第二种方式：他让你去数有多少檐口、多少窗户,他还会让你拿出尺子去量那些长度,他还会拿出复杂的建筑图纸给你看,一边看,一边还会给你讲解从力学角度或美学角度的解释,或许还会给你写出计算所依据的原理,以及一连串的计算公式。"

她点点头。我接着说:"在他的第一种方式里,你会获得关于圆形屋顶的整体印象;而在第二种情况下,你可能什么都学不到,并且你可能对这位建筑师形成负面的印象,认为他太学术化、太专业,而不是个跟普通人讲解建筑常识的好老师。"

最后,我告诉她:"我们跟孩子上课也一样,最好的方式就是直接告诉孩子'这就是正方形',这样孩子就会牢牢记住的。反之,如果对着孩子做一番关于正方形的几何形状分析,以及提出一连串的抽象概念,就会和上面建筑师的第二种做法一样,不仅收不到传授知识的效果,还会把孩子给绕糊涂了。"

我不赞成以上的做法,是我在教育中发现:如果在教孩子认识图形的阶段,过早地也教给孩子数学概念,会促进孩子的早熟。对孩子来说,这可不是什么好事情。

我们一定要相信,孩子虽然小,但具有理解几何形状的能力。孩子认识的每一个几何图形,在日常生活中大多数都是能够经常见到的,例如正方形的桌子或窗户。

每当遇到这些形状的东西的时候,我们一定要提醒孩子注意,这样能够有效地加深孩子脑海中关于形状的印象,并且不断强化,最终在心里形成固定的概念。

这个过程就像我们正在湖边玩耍,突然有人说:"好美的倒影啊!"听到他这样说我们才注意到湖里的倒影,才会发现倒影的美丽,就像突然有阳光照亮了心灵。这样,这个关于倒影的印象,会特别深刻,并且被牢牢记住。

我们对孩子教育的职责就是:在孩子成长的道路上,我们就要做那个时刻提醒孩子注意"美景"的人,不断提醒,不断告知,就这样一直给予孩子

第六章 给儿童授课的注意事项

人生正确的导引。

我经常用一个比喻来形容启蒙课对孩子的人生影响。就好像一个人正在树林里散步,他一边走一边思考,完全沉浸在内在的自我当中。这时候,突然远处传来一阵优美而悠扬的钟声,打破了他的思绪,他的注意力从内在转向了身外,这时候他猛然发现自己正置身于一片美丽的树林当中。这种美的发现,会给发现者带去更强烈的冲击。

唤醒灵魂,激发生命,让孩子的生命得到自由的充分发展,这应该成为每个教育者的第一任务。所以,教育工作是一项需要耐心和细心的高尚工作,需要具有高度的艺术性和技术性,要把握时机,要恰到好处,要综合和平衡诸多的因素,最终才不致于造成对孩子成长的干扰或引导偏差。

每个孩子的心灵都在充分的自我完善过程中,他们依靠自己的力量完善自己,我们所能做的,只是给他们提供尽量好的环境,以及必要的、正确的提醒。

所以,我总是强调:教育的艺术必须以科学的方法为指导。

如果一个教育者能够用这样的方法去触及每个孩子的心灵,那么她就是一位伟大的神灵,她就可以占据孩子们的心灵世界,唤醒和激发出孩子们的生命本能。她的一句话、一个手势、一个动作、一个眼神,就都可以影响孩子。

这样的老师不仅能让孩子朝气蓬勃,孩子们也会更加喜欢她、配合她和服从她,所有的孩子都会对她友好而亲切,因为她让孩子们的生命充满了活力。所以,孩子们会更加心甘情愿地来配合她,希望从她那里继续获得更多的能量和心灵营养。

上述我所说的这种现象,已经从"儿童之家"的教育实践中得到了验证。所有来到我们"儿童之家"参观的人们,都会感到无比惊奇,惊奇于我们是怎么样用似乎有魔力的方法,让孩子们建立起关于集体和纪律的信念。

"儿童之家"里那些2~6岁的孩子,不管是单独在玩耍的,还是在一起做游戏的,都知道很好地保持安静,而不去干扰别人。假如此刻老师轻声说:

"请你们站起来，轻轻地在房间里走三圈，然后回到各自的位置上。"

所有的孩子听到后，都会站起来，安静地绕着屋子走完3圈，最后回到各自的位置上，继续进行他们的游戏或作业。

在关于建立孩子的纪律性的问题上，我一直爱用乐队与乐队成员的比喻。

作为一个乐队，乐队的指挥必须训练所有成员，以便他们能够和谐地完成集体演奏，而作为每个个体的乐队成员，在他听从乐队指挥的指挥前，他必须先刻苦地把自己的演奏水平提升上去，变得纯熟而自如。

现在的学校教育所采用的教育方法，就像乐队的指挥在训练乐队成员在练习乐器，但结果却杂乱无章，根本不成音乐。

如果你经常留意，你一定会发现，社会上的任何一个团体或组织里，最遵守纪律的人通常都是那些经过严格的正规训练的人，他们不但表现出很高的专业技能，还表现出极高的人品素质。他们所拥有的专业技能和人品素养，基本都是经过训练和在跟其他人沟通、交流的过程中，逐步完善起来的。

一个集体的完美和谐，不可能来自那些成员素质低下的团体，也不可能来自单靠制度强制下的集体。而应该来自所有的技能高超，并具有较高自我道德品质的每个团体成员。

关于这一点，在儿童教育中，存在很多的偏见和错误。直到现在，还有很多教育者在希望借助强制性的力量来管教儿童，而不是去开启孩子的内心，唤起他们的自力。我们不相信，每个孩子都能够自我完善；我们不相信，每个孩子都有自我完善的力量。

可见，我们至今都还不了解孩子，不了解孩子是如何成长的。

我敢说，如果我们取消那些限制孩子行为的制度和方法，取消那些强迫孩子必须遵守什么的惩罚手段，那么，孩子就会向我们展示出他们的儿童天性。而这种天性正是儿童生命中最本真、最宝贵的东西，正是引导每个孩子的生命完善和成长的内在导航。

不过令人惋惜的是，我们大多数的教育者和家长在无意中自以为是的做法，不仅扼杀了孩子的天性，禁锢了孩子的生命力，还阻碍了孩子自我的发展，甚至导致孩子出现严重的问题。

孩子是温和的、柔弱的，所以他们在受到各种各样的束缚和大人们不公正的待遇后，他们没有力量反抗的，而这些伤害会在孩子一生都埋藏在他们的心里，并在他们长大的某一个时刻爆发。

这恐怕是世界上最悲哀的事情了。

此外，我们还应该认识到：孩子天性对知识的渴望是异常强烈的，他们往往会不惜一切代价地去接触新的知识，他们对未知世界的渴望，远远超越了对其他事物的热爱。

而这种孩子对知识渴求的天性，也往往会被扼杀在教育者和父母的无知当中。

蒙台梭利教育启示

1. 在孩子听不懂父母讲述的内容时，父母一定要避免重复讲述，也不能批评或冷落孩子，让他失去自信。

2. 父母要取消那些限制孩子行为的制度和方法，取消惩罚手段，让孩子展示出他们的儿童天性，引导自身的生命完善和成长。

第七章
孩子的生活实践训练

生活能力,是孩子独立生活的根本。

——印度教育家 吉奥斯

阅读提要

在培养孩子的生活技能时,父母要合理分配学习和生活活动的时间,让孩子保持愉快的心情,快乐地接受教育和引导。

让孩子接受生活实践,可以从四方面入手训练,分别是清洁训练、秩序训练、体姿训练、说话训练。

这些生活实践,是孩子所需要的,父母一定要重视。

"儿童之家"成立后,怎样安排孩子的学习和活动,是个很实际的问题。我认为,学校制定孩子们的作息时间表时,应该注意以下两个方面:一是上课时间要科学,不能太长,也不能太短;二是学习和生活活动的时间分配要得当。

我一直认为,"儿童之家"的上课时间应该相对较长一点儿。

在"儿童之家"通常一天都有活动安排。我们冬天上课的时间是9:00—17:00,夏天的上课时间为8:00—18:00。中间还有一小时的午休时间。午休的时候,可以让孩子在安静的房间里,或者躺在吊床里,离家近的孩子,还可以回家午睡。

因为上课时间长,除了考虑孩子的午休外,我们还得给孩子们准备午餐。

"儿童之家"是培养孩子的基地,办学宗旨就是帮助孩子更好地度过六岁前这一个人生的关键期,让他们以后能获得更好的成长。"儿童之家"是这些孩子们人生的起点。

我们要求孩子在学校待很长时间,目的不是像其他学校一样,拼命地机械地给孩子灌输知识,让孩子学习再学习。相反,我们是要孩子在"儿童之家"保持愉快的心情,快乐地接受老师们的教育和引导。

我们教育孩子的第一步就是:唤醒他们。唤醒孩子们的注意力,唤醒孩子们的内在生命,唤醒孩子们对待生活和他人的热情。

做一个比喻来形容一下就是:我们在做科学实验,实验之前不但要先把科学仪器准备好,还得把实验对象准备妥当。从整个教育的最终目的来说,我们工作的意义就在于为孩子未来走进社会,并很好地适应社会生活在做准备。

我创建第一个"儿童之家"的时候，我指定的时间表并没有被严格执行，因为教材等各方面的原因，没法执行自由式的学习方式，而是从对孩子们的生活训练开始的。

我现在必须承认，这些对孩子们的生活实践，已经被证明是适合孩子们的需要的，并取得了极大的成功。现在这些训练，已经被原封不动地应用到我们所有的"儿童之家"。

我们对孩子们的生活实践训练主要包括四部分内容：清洁训练、秩序训练、体姿训练、说话训练。

下面详细介绍这些训练的情况。

每天孩子们来到学校后，所做的第一件事情，就是进行清洁检查。很多时候，我们的老师还会当着孩子家长的面来进行检查，检查的内容包括孩子的脸面、头发、手、脖子、耳朵、牙齿等，都要看看是否清洁。

除此之外，老师还会检查孩子的衣服和鞋帽。看看孩子的衣服有没有破损，是否肮脏，有没有过紧过松过大过小等。如果有这些情况，老师会当即提醒孩子。

我认为这些训练有助于帮助孩子养成注重个人形象和保持好仪表的良好习惯。

在"儿童之家"，老师们也对孩子们进行洗澡训练。为了满足孩子们的洗澡需求，我们的每个班级都有水盆、毛巾等洗澡用品。在孩子洗澡的时候，老师会在旁边指点孩子怎样去清洁身体的每个部分。

例如，教会孩子怎么科学洗手和正确清理指甲缝隙里的污垢、教会孩子怎样洗脚、怎样刷牙漱口，教会孩子怎样用清水清洗眼睛和掏耳朵等等。经过一段时间的指导和训练，我们的孩子都学会了独立洗澡了，并无一例外地都养成了经常洗澡的好习惯。

每天检查完个人卫生之后，老师就给孩子们系上围裙，让他们开始检查教室的卫生状况，看看桌椅是否脏了，看看黑板是否擦干净了，看看教具是否整齐，看看教室的角落里是否有灰尘等等。

如果教室不干净，孩子们就会一起动手，使用抹布、扫帚等工具，把教室打扫干净，然后回到各自的座位上去上课。

每次上课之前，老师都会提醒孩子们要保持正确的坐姿。我们要求的正确坐姿为身体要端正，双手放在桌子上，双脚搁在地上，头部不要偏向一边。

当孩子们都按照正确的坐姿坐好之后，老师就开始带领孩子们唱圣歌。

唱圣歌之前，老师会要求孩子们全体起立，并保持肃静，不得有小动作，不得小声说话。圣歌唱完之后，再全体坐下。然后，才开始别的学习内容。

我们还有一套培养孩子们优雅举止的方法。我们要求孩子们见面和分手的时候都要相互敬礼，取东西放东西都要轻拿轻放，不干扰别人，接受别人帮助的时候要道谢等等。

老师还会经常带孩子们去参观那些收拾得特别整洁的样板房间、那些就坐时安静保持得特别好的班级，甚至集体去学习一个非常有礼貌的孩子。

老师让孩子们看这样榜样的时候，语调平静而缓和，不带任何感情色彩。这样做的目的是不给孩子带去压力，而要让他们自己发现需要学习的榜样，并自动改变自身的行为。

我们把"自由"作为对孩子教育的起点，我们把这种教育称为自由式教育。

所谓自由式教育，就是老师不会对孩子的行为做评价，无论是好的，还是坏的，老师永远保持中立的态度。他们只是给孩子建议和指导，只是不断冷静客观地告诉孩子哪些应该做，哪些不应该做，哪里做得不好，哪里做得好，以及哪里应该改正和如何改正等等。

我们把这种自由式教育贯彻到了对孩子教育的每个细节。

在检查完孩子们的清洁状况，打扫完教室和唱完圣歌之后，会进入一个老师和孩子聊天的环节。在这个环节里，老师会问孩子们昨天他们家里都发生了什么事情。在提问之后，老师会特别提醒孩子，不要说自己家里的各种琐屑小事，而只说他们自己的行为、感受和想法。

老师们通常这样提问孩子：自己上楼的时候是否摔倒了？是否把衣服弄脏了？是否帮家里干家务了？是否跟邻居小朋友一起玩了？对小朋友是否有礼貌？有没有把从学校学习的节目表演给妈妈看？是否上街了？……

这个聊天环节每天都有，尤其周末后的星期一，这种聊天的时间会更长一些。

老师会让孩子讲讲周末都和家人做了什么事情，一起去了什么地方，遇到了什么人，做了什么事情，吃了什么东西等等。老师会让孩子反复讲述每个细节，并针对细节提出建议。例如有的孩子感冒了还在吃生冷的东西，老师会告诉他不应该；有的孩子玩的游戏有一定危险性，老师会告诉他如何做好安全防护工作等等。

对于表现比较好的孩子，老师会给予赞扬；对于做得不好的孩子，老师会给予勉励和指导，告诉孩子应该怎么做和不应该怎么做。

老师也不会让孩子漫无目的地来讲述，而会通过引导，让孩子来学会选择一些合适的、美好的、有意义的事情来跟大家分享。这样不仅能让孩子学会对生活里的各种事件进行归类，分成个人事件、家庭事件和公共事件，还可以促使他们理解这些事件的意义和价值。

通过这种自由方式的聊天，老师不仅掌握了孩子周末在家里的活动情况，也锻炼了孩子的口头表达能力。

在进行了自由聊天之后，才正式开始每天的授课内容。

蒙台梭利教育启示

1. 父母教育孩子的第一步是唤醒他们。唤醒孩子的注意力，唤醒孩子的内在生命，唤醒孩子对待生活和他人的热情。

2. 在进行说话训练时，如果孩子表现好，父母要表扬；表现不好，也要给予勉励和指导，告诉孩子应该怎么做和不应该怎么做。

第八章
科学安排孩子的饮食

食物很重要,尤其是对于发育中的孩子来说。如果饮食不当,很有可能给孩子造成终生无法弥补的伤害。

——英国教育家 鲁宾斯坦

阅读提要

　　孩子的饮食是个重要问题，父母要了解孩子健康的标准和成长所需的营养需求，提供科学的饮食。

　　孩子的饮食需要更多的脂肪和糖分，以为身体储备足够的物质养分。父母可以给孩子准备肉泥、菜泥和汤类，让孩子吸收食物中的营养物质。

　　让孩子定时吃饭，孩子才能消化好，身体健康。

第八章 科学安排孩子的饮食

孩子的饮食是个大问题,孩子的养育者千万马虎不得。

在一些落后的地区,很多家长都不了解孩子健康的标准和孩子成长的营养需求,因此这些家长就很难为孩子提供科学的饮食和补充营养。这时候,为了孩子的身体健康,学校就应该负担起孩子科学饮食、健康饮食的重任。

教育者和家长都应该首先明白:给孩子吃的食物,首先要适合孩子的体质和状况。

孩子的饮食,需要更多的脂肪和糖分。脂肪能够为孩子的身体储备足够的物质养分,而糖分则能够在孩子身体成长的过程中,起到促进的作用。

另外,孩子的咀嚼和消化能力比较弱,所以给孩子调制食物的时候,一定要把食物弄成比较小的细块,这样会便于孩子嚼咬和消化,便于孩子完全吸收食物中的营养物质。因此,肉泥、菜泥和汤类,会是最受孩子欢迎的食物。

对于2~3岁的孩子来说,牛奶和鸡蛋是最合适的食物。牛奶和鸡蛋还有丰富的蛋白质以及各类营养。二岁以后的孩子,还可以尝试着少喝一点肉汤之类的高营养食物。而孩子到三岁半以后,就可以吃肉了。除了肉类,家长还应该给孩子多吃水果和蔬菜,这两者也都为孩子的成长提供必不可少的营养物质。

下面我具体介绍下如何给孩子准备食物。这些知识和方法,是每个六岁前孩子的家长都应该牢牢记住的。

幼儿专用肉汤

这是专门为六岁前的孩子做的一种肉汤。年龄稍大的孩子可以喝普通的肉汤，或者直接吃肉。

这种幼儿专用肉汤的做法如下：

按照1克肉加1毫升水的比例，加入冷水后开始煮。只添加适量的食盐，不要加其他任何调料；等煮过两小时之后，汤的表面会出现很多油，用勺子将这些油舀出来扔掉；接着在汤里添加适量的黄油，也可以用橄榄油代替，但是不能够用人造黄油；再煮三分钟，一锅美味的幼儿专用肉汤就出炉了。

一定要记得，肉汤要现做现吃。新鲜的肉汤，不但美味可口，而且营养丰富。但如果被放置或者凉了之后，汤里的化学物质就会发生变化，容易引起腹泻。

◇ **面包汤**

我再给家长们推荐一种容易做、并且对孩子身体成长非常有好处的汤。

这种汤的做法非常简单，只需要把肉汤或者盐水烧开，然后放进去面包，再煮上五分钟即可，最后给孩子吃的时候，再加些香油来调味即可。

类似的汤也可以这样做：把切碎的面包丁，泡进黄油肉汤了，煮开即可。

这种汤营养均衡，适合孩子消化，家长不妨多做给孩子吃吃。

◇ **通心面**

给孩子吃的通心面，最好是黏性比较强的那种，因为这样的通心面比较容易消化。但有的家长为图省事，会给孩子做粗的面条吃，我明确告诉这些家长，这样的食物会损伤孩子的肠胃，让孩子消化不良。

◇ **菜汤和粥**

用蚕豆、豌豆等蔬菜做成的汤，是最适合孩子吃的。

这种菜汤的做法也比较简单。先把买来的蔬菜清洗干净，再放入水中蒸煮至烂透，然后捞出来，等冷却后去皮，再放入容器中捣烂，最后放入食盐和黄油，慢慢搅拌成泥状，再加入适量的白开水就做成了。

这种菜汤里也可以加入适量的细碎猪肉来调味，还可以加入牛奶等。

另外，六岁前的孩子多吃肉汤，或者多喝牛奶熬的大米粥，或者添加有黄油的玉米粥，对孩子的身体成长具有极大的好处。

在给孩子煮玉米粥的时候时间不能太长，太长了里面的营养会流失。

◇ **牛奶和鸡蛋**

牛奶和鸡蛋里还有丰富的酶和大量的蛋白质，不仅补充孩子身体成长的营养需求，还特别容易消化。家长一定要尽量让孩子吃新鲜的牛奶和鸡蛋，因为新鲜的营养不会被破坏，而放置时间较长的牛奶和鸡蛋，往往会发生化学变化，会变质。

刚挤出来的牛奶，或母鸡刚下的蛋，是最容易被孩子吸收的东西。另外要注意，牛奶和鸡蛋如果蒸煮时间过长，其营养价值不仅会降低，还会失去其独特的可吸收性。

所以，我们的"儿童之家"正在建立专门供孩子喝奶的专用奶场。整个流程都将采用无菌化的科学流程和方法。不但奶牛的生活环境十分清洁，吃的草料十分环保，挤奶的时候，奶牛的奶头、挤奶员的手和盛奶的瓶子，都会经过严格的消毒，奶被挤出来后，会立即放入密封的容器。

如果运送到较远的"儿童之家"的话，我们还会立即对奶进行冷藏，在运送过程中用冷藏车进行运输。我们之所以这样做，就是为了能让孩子喝上刚挤出来的奶。

刚挤出来的奶没有细菌，营养成分没有被破坏，不用蒸煮消毒，就能直接饮用。这样的奶，是最有利于孩子的身体健康的。

鸡蛋也是这样子的。给孩子吃的鸡蛋，最好是母鸡刚刚产下的。如果没有这样的条件，家长可以尽量购买新鲜的鸡蛋，放进水里稍微煮一下，在蛋黄尚未凝固的时候，就可以给孩子食用。

家长要记得，等孩子吃完鸡蛋后，一定要带孩子到室外稍微运动一下，这样更有利于鸡蛋的消化和吸收。

◇ **肉类**

从科学角度来说，其实无论哪种肉类，都不适宜六岁前的孩子食用，即便是针对幼儿们专门制作的肉类，也不适合。

一般来说，3~5岁的孩子能自己吃少量细碎的肉丁，五岁以后的孩子可以用自己的牙齿把瘦肉咬烂。但是，孩子们都喜欢囫囵吞枣，喜欢把肉块嚼不烂就吞食进肚子里面，这样就可能引起消化不良和腹胀、腹泻等问题。

让孩子吃肉的时候，家长有义务教会孩子如何细嚼慢咽。

这也是"儿童之家"提倡孩子们集体进食的原因所在，这样的集体进食，孩子们的饮食可以得到有效的保障，以及进食过程中能够得到专业老师的指导。此外，"儿童之家"的教育体系也可以渗透进孩子们的日常生活，收到更好的教育效果。

我认为最适合孩子吃的，应该是新鲜的嫩肉。例如小鸡、小羊、小牛肉等。在各类肉中，最适合孩子吃的，鸡肉应该是首选，其次是嫩牛肉，再次是鳕鱼、梭子鱼等鱼肉。

四岁以后的孩子，可以经常吃牛肉片，但不要多吃猪肉、鳗鱼等含脂肪太多的肉类，这样的肉类不易消化。

家长还要注意，一定不能给孩子吃牡蛎、龙虾等软体或甲壳类的食物。这些食物含有较多的寄生虫，一旦蒸煮不透或者处理不干净，极容易让寄生虫在孩子体内寄生。

五岁以后的孩子，可以自己吃点烤鸡肉，也可以让他们吃点嫩牛肉饼或一般的烤牛肉片；也可以把瘦肉泥、面包渣、牛奶和鸡蛋做成肉丸子，放到黄油里炸熟，给孩子吃；还可以把肉泥、水果、鸡蛋和白糖做成丸子，给孩子吃。这些都是有益于孩子健康的食品。

但是不要给孩子吃水煮过的肉，因为煮过的肉会营养流失，而且不易消化。

◇ **补脑食品**

四岁以后孩子的食物,除了考虑身体需要之外,还要考虑孩子大脑发育需要的营养。除了肉类之外,还可以多吃动物的脑髓和内脏以及核桃等补脑类的植物。

◇ **奶制品**

对孩子来说,最好的是鲜奶,而各种乳酪是非常不适合孩子吃的,一定不能列入孩子的食谱之内。如果孩子非要吃不可,唯一家长让孩子吃的应该是鲜黄油。

◇ **牛奶蛋糕**

如果孩子想吃蛋糕,最好吃用新鲜牛奶和鸡蛋做的蛋糕,而且要现做现吃。如果不具备这样的条件,那么最好就不要让孩子吃。

◇ **面包**

面包对孩子来说,是一种很好的营养食物。但是面包有很多种类,应该选择适合孩子吃的,或者改变吃的方式。例如面包屑不容易消化,可以做成面包肉汤之类的。

如果单纯地给孩子吃面包,那么最好家长只给孩子吃面包皮或者面包的两端部分,这些部分烤制得比较焦脆,有利于孩子的肠胃吸收。

面包含有丰富的糖分和蛋白质,对孩子的成长比较有利,但缺点是缺乏脂肪成分。我们给孩子吃的食物,主要有三种基本成分,分别是蛋白质、糖分和脂肪。由于面包缺乏脂肪,所以在孩子吃面包的时候,给面包涂上黄油,就能保障营养成分的均衡了。

我认为黄油面包是孩子较好的早餐选择之一。

◇ **绿色蔬菜**

家长们一定要牢记,一定不要让孩子们生吃蔬菜,例如蔬菜沙拉、绿色植物等。给孩子吃蔬菜,一定要煮熟了才能给孩子吃。

在这里我建议两种蔬菜可以让孩子适当多吃。一种是菠菜,菠菜富含铁和多种矿物质，对孩子成长有比较大的促进作用；另一种是土豆，土豆可以做成土豆泥，再加点黄油调味，立即就可变身无比可口的美味。

◇**水果**

水果虽然营养丰富，但不是所有的水果都适合孩子们吃，所以给孩子吃水果一定要经过选择。有的水果适合孩子们吃，有的水果却对孩子反而有害。

孩子吃水果，也像吃牛奶和鸡蛋那样，最好是新鲜的，刚采摘下来的。但新采摘的水果一般城市里都很难买到，家长应尽量去寻找和挑选那些新鲜的水果。

给孩子选择水果，除了考虑新鲜程度外，还要考虑水果的种类、成熟程度、果肉硬度和酸甜程度等。有许多水果是不适合孩子吃的，例如无花果、菠萝、海枣、樱桃、杏仁、榛子等。

此外，家长还应该考虑不同水果的不同吃法。例如桃子、杏子、葡萄、柑橘等水果，适合孩子生食，而如梨子、苹果等应该煮熟或者做成果酱，才更适合给孩子吃。

家长在给孩子吃水果的时候，一定要先清除掉不易消化的部分，例如果皮等；还应该清除掉可能噎到孩子的部分，例如果核等。

孩子长到四岁以后，家长应该教会他们自己削水果和去果核。家长应该先给孩子示范演示一遍，让孩子明白应该怎么做，然后再让孩子来多做几遍，家长在旁边指导，直到孩子能够熟练掌握如何吃水果为止。

另外，在孩子吃水果的过程中，家长还要一直留心警惕，如果孩子出现不当行为，家长要及时提醒，随时纠正孩子消毒、去皮、挖核的知识和方法，以保障孩子吃水果过程中的安全。

水果也可以煮熟再给孩子吃。煮水果一般分成两个步骤：首先是蒸煮，等水果烂透后，再放入糖等调味品。

除了蒸煮之外，水果也可以做成果酱或果冻来给孩子们吃。果酱和果冻味道很好，但营养成分有一定流失，所以孩子要尽量少吃。还有，果脯蜜饯之类的干制水果，建议不要给孩子食用。果脯蜜饯水分蒸发后变得比较硬，不利于孩子消化。

◇ **调味品**

孩子的饮食中，调味品应该是被严格控制的。儿童食品中的调味品有三类，分别是食盐、油类和糖，此外，可以适当稍加一点醋酸、柠檬酸等有机酸。醋酸适用于大部分食品，柠檬酸适用于鱼类、肉饼或菠菜等。

大蒜和茴香等蔬菜，也可以当调味品给孩子食用，因为这类的调味品能够杀灭肠道内的有害细菌，并具有驱虫的功效。

但是胡椒、丁香、桂皮、豆蔻等辛辣辛香类的调味品，尤其是芥末，是应该禁止孩子们吃的，这些调味品刺激性太大，对孩子的成长有害无利。

◇ **饮料**

在孩子的身体成长过程中，需要补充大量的水分，因此，家长每天给孩子按时补水、科学补水就也成了家长必修的功课。

我认为，给孩子补充水分的最好饮品是新鲜的纯净矿泉水。如果弄不到新鲜的矿泉水，用弱碱性的食用水也可以。

发酵类饮料一般都含有酒精，具有兴奋神经中枢的作用，这样的饮料不应该让孩子来喝。酒类和咖啡类的饮料以及茶水，也都应该绝对禁止孩子饮用。

酒精对孩子身体的危害特别大，不仅会导致孩子发育受到抑制，还会引发癫痫等神经性疾病、消化不良等消化器官疾病和贫血等新陈代谢类疾病。

大麦和麦芽炒制后泡水当茶饮用，特别适合孩子，如果再往里面放些巧克力或牛奶，那样味道会更加香甜，孩子会更喜欢喝。

◇ **膳食的安排**

孩子膳食的安排是否科学，是孩子饮食中的一个重大问题。

科学安排孩子的膳食，应该遵守一条基本的原则就是定时。唯有定时吃饭，孩子的消化才能良好，身体才能健康。这个原则，应该在家长中大力宣传和推广。

现在有一种对孩子有害的偏见正在母亲群体中流行,那就是很多母亲都认为,不断地给孩子吃东西,就是对孩子好,不断地让孩子吃东西,孩子的身体才能长得更快。

我们在大街旁、马路边、商店里或者娱乐场所,会经常看到孩子们在吃东西。这种随时随地吃东西的习惯,这种毫无节制的饮食方式,对孩子特别脆弱的消化系统伤害特别大。

不仅损伤孩子当时的消化,还会影响孩子未来的身体健康。因此,孩子比大人更应该节制饮食。

我们的"儿童之家"里,孩子们统一在规定的时间内进餐,其他时间一律不准吃零食。"儿童之家"每天会供应孩子们两餐,中午是主餐,主餐有肉类、面包和汤类等,下午4点左右还有一次辅餐,主要是给孩子们吃点心之类的。

我们下午4点的辅餐一般是面包夹果酱、蜂蜜、巧克力等,有时候也会让孩子们吃煮水果、薄脆饼干等,有时候是牛奶泡面包、煮鸡蛋加面包,有的时候是牛奶加麦林粉。麦林粉味道可口、营养丰富、容易消化,特别适合年龄较小的孩子。

在这里我要特别介绍一下麦林粉。

麦林粉是用大麦面粉和小麦面粉按照一定比例,搀和在一起做成的,含有丰富的养分,给孩子吃的时候也很方便,只需要放进热水里就能溶解,然后添加点儿新鲜的牛奶就行了。

早饭和晚饭孩子一般都是在自己家里吃的。

关于早餐,我建议家长们给孩子吃牛奶加巧克力,或者牛奶加麦芽糖,或者吃涂抹黄油的面包,最差也要是新鲜牛奶加面包。

关于晚餐,我叮嘱家长们一定要让孩子少吃点,晚餐后不久孩子们就要睡觉了,如果孩子吃得太饱,睡觉前还没有消化完,就会影响孩子的身体健康。另外,晚餐最好要有一道汤,或者稀粥之类的。这些比较软的食物,一般不会因为睡眠而伤害孩子的消化系统。

我们会把关于孩子就餐的建议，反复跟家长们交代、叮嘱。

关于孩子食物营养成分的比例计算，我觉得实际上用处不大。如果有的家长感兴趣，可以去参考有关的保健文章。

我们有的"儿童之家"建立在贫困地区，我经常建议这些地区"儿童之家"要多给孩子们喝蔬菜汤。我还建议贫困地区的"儿童之家"自己去开辟蔬菜种植园或果园，这样可以现采现吃。当然，如果条件具备，还可以开辟饲养场地，自己来喂养奶牛、家禽等。这样则可以得到鲜奶和鲜蛋。

在"儿童之家"的就餐过程中，可以跟"生活实践训练"结合起来，给孩子们提供日常技能的练习。例如让孩子们自己准备餐桌、铺桌布、盛饭、洗碗等等，让孩子记住各种餐具的名字和蔬菜水果的名称等等。

最后要特别声明的是，孩子们进餐的时候，一定要教会孩子怎样保持清洁卫生。既要保持就餐环境的公共卫生，也要保持好个人的自我卫生。

蒙台梭利教育启示

1. 孩子的咀嚼和消化能力比较弱，所以给孩子调制食物的时候，一定要把食物弄成比较小的细块，这样会便于孩子嚼咬和消化，方便吸收。

2. 在孩子吃饭时，可以让孩子进行日常技能的练习。例如让孩子自己准备餐桌、铺桌布、盛饭、洗碗、记住各种餐具的名字和蔬菜水果的名称等等。

第九章
对孩子进行体能训练

走路,是孩子最好的运动。

——美国教育家 帕克

阅读提要

在孩子3~6岁之间,需要进行身体锻炼才能保障自己的成长,而最好的锻炼方式就是练习走路。

在走步的时候,可以让孩子一边走,一边打着拍子,或者跟随歌曲走动,这样同时锻炼了孩子的肺部。

父母一定要尊重孩子的自然发展规律,让孩子进行符合成长规律的体操活动。

第九章 对孩子进行体能训练

在我看来，普通人对于体操的认识都不是很准确。在公办校园里，体操被当成了对学生进行体育锻炼的手段，这种手段是为了让孩子们能够按照固定模式进行身体锻炼。

当然，这种锻炼是在强制要求下进行的，这个并不是孩子们内心的想法。在我的印象中，这种强迫似乎不能同人类的心理规律联系起来。

不仅仅是校园，就连我们的医院在对病人的后期治疗中，也往往让病人进行一定的身体锻炼以便能够达到更好的治疗效果。

在我的认识中，校园中的体操是用来根除我们的消化系统的不良反应的。可是我不明白这些虽然对患病的孩子有效果，可是没有患病的孩子做这些动作干什么呢？

更让我不能接受的是，还有一些校园的活动相当于特技表演者需要达到的难度，这个根本没有任何作用。

当然，我写这些的目地不是为了抨击现在的校园活动，我所关注的更不是这件事情。我周边的很多教育工作者在听完我讲述这种锻炼方法时纷纷持否定态度。

往上一点，我讲述大一点儿的孩子们的身体锻炼活动的时候，他们的态度变得更加强硬。当然，我本人也是站在否定态度里的一份子。

在我看来，不管是体操还是其他的锻炼方式，这些运动的功能都是为了辅助我们的身体进行健康良好的生长。

如果说在成长过程中，有的儿童没有按照正常规律发育，这个时候我们能做的就是要帮助他们学会简单的生存技能。

除却这一点，假如说孩子必须进行大量的身体锻炼才能保障自己的成长，我认为这个时期一定是孩子 3~6 岁之间。这个时候，孩子需要的唯一锻炼就是学会走路。

选择这个时期是有科学依据的，因为在发育的时候，孩子往往是腿部以上发育较快。根据科学的比例计算，刚刚出生的孩子以腿根为界，上面部分占到了将近七成。

当然，这个比例会慢慢地发生改变，年龄越大，腿部占的比例也会增大。举个例子来说，大人上面和腿部的比例大概就是 1∶1，有的腿部会更长一点。

这种身体上的不同是会根据时间的变化而调整的。可是，科学地说，人类的上部分还是会比腿部长得速度快点儿。从刚刚降生开始，变化的幅度也比较小。

到了孩子要上幼儿园的时候，孩子的身体比例还是腿部较短，这个时候，孩子的腿部将占了四成。当然，在这个时期，孩子的整体会变高，并且这个比例会一直变化着。

孩子的腿部长得越来越快了，这个是因为孩子腿骨上下两个软骨的生长变化，除了这个，当然也是孩子的骨头也在生长。

不能忽略的是，现在孩子的腿部依然负担着比它重的上面部分。所以，在走路的时候他们就不会跟大人一样保持很好的平衡，我们也不能因为这个呵斥他们。

这个当然也有不良作用。如果小孩子比较瘦弱，那么他们长时间走路就会有困难，为了负担自己的身体，他们往往要勉强自己坚持下去。

这种情况下，他们的腿部不会正常生长，而是出现 O 型腿等难看的腿型。这些不好看的腿型跟孩子的营养有关，当然有先天腿病的孩子也会拥有这种不健康的腿型。

在孩子的成长中，我们不能够用对大人的要求去勉强孩子做高难度的动作。孩子的身体有着自己的成长规律。

第九章 对孩子进行体能训练

一般来说，我们常常看到孩子的身体不是笔直的，往往会不自觉地有后仰和前俯的动作，这种动作的产生就是孩子身体结构的正常表现。

在成长的过程中，孩子往往会想要爬着走，原因是他们的腿部还不够支撑他们的上身站立行走。

可是，大人们往往不了解这些，他们会强行制止这种自然规律，并且制止这种行走方式，他们会动用自己的力量帮助孩子以违背规律的方式进行行走，并且还要快速行走。

这种做法美其名曰是为了锻炼孩子的服从性，不让他们随心所欲。但是不得不说，这个是非常错误的做法。在这种方式下，孩子大多数会有O型腿。

在这里，我们想要告诉大人，一定要尊重孩子的自然发展规律。如果真的想要在孩子发育中给予某些帮助的话，我们可以选择一种适合孩子成长规律的体操活动来辅助孩子的成长，这样就不会造成孩子的发育不健康了。

在长期的探索中，我们终于发现了一种很实用并且容易操作的动作。下面我来讲一下这种动作。让教师带着孩子们去学校的院子里进行走路的锻炼。

可是，要注意的是，我们要在院子中隔一段距离就打上木桩，在木桩与木桩之间用金属连接起来，并且在木桩与木桩的空隙中放置可以用来休息的小木架，这样孩子们就可以在不能支撑的时候放松自己的身体了。

另外，在外面活动的时候，我们一定要准备适量的小椅子。因为在我们的观察中，一些年龄较小的孩子在经过一定量的玩耍之后，会出现体力不支的现象，动作渐渐缓慢起来。

这个时候，他们会直接跑到之前做好的木桩——也就是篱笆上。他们并不坐下，而是在那几排粗金属中慢慢行走，面对着还在院子里玩的小朋友，他们觉得自己的活动充满了乐趣。

我在观察中发现，这个方法简直棒极了。在金属上行走，因为晃动而身体会向后倾斜，走路的过程中会用到腿部的力量，可是还有其他部位的配合。所以我建议要把这种方法推广到孩子的活动中心，这个装置会迎合孩子们的需求，这样他们就不用直接爬着走路或者是后仰前俯地走路了。

在活动室中设置这样的小篱笆，可以把中间的几排金属换成木制的，这样不仅仅满足了孩子生长的需要，而且也不影响孩子们的互相观察。除了这种装置，我们还可以在活动中心安置更多的适合孩子需求的东西。比如说塞贡就想到了一种，他的发明理念就是根据孩子的腿部发育而来的。

这种装置在很大程度上可以加强孩子腿部，特别是膝盖部位的锻炼。具体的做法是这样的，刚开始跟秋千的做法一样，可是不同的是，在秋千的底部用一把带有靠背的椅子代替。

孩子们可以随心所欲地或坐着或蹲着，在这个椅子上荡来荡去。其实，还可以把座椅秋千装在接近墙的位置，这样利用墙的反作用力，孩子们可以用自己的腿部控制座椅秋千的晃动幅度。

在这个装置下，孩子们的腿部有了很好的锻炼，他们往往会发育得更健康。当然，这种装置还避免了孩子因为过度承受重量而变成 O 型腿。这种装置的学名叫作"篮椅"。还有另外的一些装置，虽然不能够促进孩子的发育，可是孩子们也特别愿意去尝试。

下面我讲一种。这种装置很简单，就是一条结实的绳子上系着一个有弹性的小球。在玩的时候，需要孩子们围坐在一起，轮流击打小球，做传球的动作。这个装置可以让孩子的上肢活动起来，并且一定程度上也关系到孩子的反应能力。这个装置被叫作"摆球"。

还有一种，这种更加简单。我们先用水笔在地面上做一条直线，然后孩子们就在直线上走路。这种锻炼方式可以让孩子找准目标，并且及时改正。如果是在冬天有雪的时候更好玩，老师可以安排全部的孩子进行这个活动，并用奖励的方式鼓励孩子们。

再讲一个，让孩子们爬梯子。这种梯子要用木头来做，要跟家里的楼梯一样有许多弯曲。不要忘记，一定要在一边装上防护的扶手。做这个活动可以帮助儿童学会正确上下梯子的方式，而且也对儿童的平衡感进行锻炼。这个楼梯不要设置得过高,并且也不宜太陡。这种适合孩子身体的小楼梯比家里面的楼梯更容易促进孩子的成长。

最后一个是纯粹锻炼孩子的腿部的。这种装置更为简单。找一个平整略高的木板作为跳板,在跳板前面的空地上用粉笔画出一些平行线,并测量好这些线到木板有多远。孩子们在木板上进行跳远的活动。

在我看来,我们还可以把绳梯应用到孩子们的活动中。在玩这种装置的时候,孩子们无论是进行蹲起训练,还是向上攀行的训练,都会得到很好的锻炼。假使在做这些动作的时候没有用绳梯,那么孩子们在做活动的时候就会变得摇摇晃晃。

所以说,上面介绍的这些都具备很实际的作用。除了锻炼孩子的身体协调性和身体机能之外,对孩子的肺部也是一种锻炼。

另外,这些活动还对孩子们的上肢有着更好的锻炼,只有上肢锻炼得发达了之后,孩子们才能够用手做更多复杂的事情。塞贡在之前也通过这些活动来帮助发展不正常的孩子进行身体锻炼。

在孩子们的活动中心,我们的活动对孩子的日常活动,比方说走路、跳远、站起、蹲下等有了更科学的锻炼。

自由练习

在我的眼中,自由体操就是单纯的身体动作。一般来说,我把它划分为两个方面:指令下的和自由发挥的。在指令下的体操中,最常见的训练方式就是走步。当然,这个不是要求孩子们听懂我念的节奏,这个是为了锻炼孩子的协调性。

在走步的时候，科学的方法是一边走一边打着拍子，这样同时锻炼了自己的肺部。除却这种方法，还有另外的有曲子伴随的方法。这种方法是福禄贝尔发现的。

在自由发挥的体操中，孩子们可以拍球、玩沙包、放风筝等等。如果有足够的遮蔽物，孩子们还可以玩捉迷藏或者是其他躲藏类的游戏。

学校练习

这种体操类型也被我划分为两种。这两种都必须是在学校里面才会进行的。比方说，植树、种花、修剪植物等。孩子们在进行这些活动的时候，往往需要极强的平衡能力。

比方说，弯腰拿东西、站起来、用水桶浇水等都要求孩子的平衡感要强。我们可以让孩子们把东西拿到别的地方，并且用这些器具做其他的事情，这样也算是锻炼了他们的身体平衡感。

在种植的时候，孩子们把种子撒进地里，或者是打开院子里的大门等都是对孩子有益的活动。这些活动都会在教室的外面进行，所以对孩子的帮助更大。

除了上面讲的这些，还有一些需要孩子用手部来完成，这种训练也让孩子能够自己穿衣、系扣子或者是做一些力所能及的事情。

如何进行手部的训练呢？我们需要适合的装置，可以用木头做一个摆架子，在架子上放置麻布或者是皮子，把它们做成衣服的样子。或者是带扣子的衣服，或者是带衣钩的衣服，还有就是有拉链的衣服。在我的学校，我们往往准备 10 个不同的架子，当然也代表 10 种不同的衣服。

  1. 在架子上放置羊毛的布料，并且带有牛角扣——这种相当于外套。
  2. 在架子上放置棉布，并且带有金属小扣子——这种相当于里面的衣服。
  3. 在架子上放置皮子，并且带有扣钩，孩子们要把扣钩扣好——这种相当于孩子的鞋。
  4. 在架子上放置皮子，用带子绑好。
  5. 在架子上放置麻布（里面用木架撑起来），并且用带子绑住——这种相当于成年女人的裙子。
  6. 在架子上放置呢子的布料，并且用扣子系住。
  7. 在架子上放置亚麻布，用衣钩系好。
  8. 在架子上放置棉布，用带子系成蝴蝶结。
  9. 在架子上放置棉布，用绳子绑好——这种相当于绑内衣。
  10. 在架子上放置棉布，用拉链系好。

  在这些的帮助下，儿童很快就能掌握怎么穿或者是脱各种不同的衣服。通过这样的锻炼，孩子们可以每天自己穿衣、脱衣了。大人们也不用每天强行要求儿童一定要学会这些动作。在无意识的状态中，儿童已经完成了对这个动作的学习了。当孩子们学会穿衣、脱衣时，他们会兴致勃勃地不停地演示给大人看，并且他们在内心充满了能独自完成动作的骄傲和喜悦。
  对这些动作的学习让他们觉得这是件很有意思的事情，并且他们会很快投入下一个学习中。然而，没有经历这个过程的孩子就会学习能力比较差。
  在我们学校，孩子们对这种训练很喜欢。如果孩子们都在进行这个活动，他们会表现得很专业，就像是专业人员在进行工作一样。

呼吸练习

进行这种运动的目的就是为了锻炼我们的呼吸系统,当然也是为了孩子能够学会怎么呼吸。这个运动还有一个好处,就是让孩子们可以学会怎么正确地讲话。

这种方法是萨拉曾经说过的。在他对口吃的研究中,我们把其中的一些方法拿过来锻炼呼吸系统,从而让孩子的身体更棒。比方说有这样一个方式:

  两手侧放,打开口腔,伸平舌头。
  深吸口气,马上耸肩,胸腔打开。
  徐徐出气,慢慢放松,恢复原样。

所以说老师也应该自己找一种伴随身体动作的调节呼吸的活动。

还有一个练习是教孩子应该怎么正确发音的,这个涉及到孩子对自己嘴部的运用。发音时,怎么运动自己的舌头和嘴是关键。

另外,这个锻炼的是我们嘴部的肌肉。这个运动是专门针对孩子的讲话而进行的,也就是说要锻炼孩子的语言能力。

最初的时候,是孩子们都做这个训练,老师对这些孩子进行检验。在训练中,老师会让孩子们用力讲出一个音,如果老师觉得满意,那么就让孩子单独发音。

假如他念的是对的,那么就可以站到一侧休息,不对的就站到另一侧继续练习。对于不能准确发出音节的小孩,老师要给予帮助和鼓励。在练习的时候,老师还要将没有发出音节的孩子的岁数以及原因写下来。

这样,老师可以根据具体情况教会孩子动用哪个地方就会发出音节,也可以让孩子直观地感受老师的动作。

在这个过程中，老师的作用就是要使用各种方法教会孩子正确的发音。

关于这种联系，也有一定的方法可循。下面可以让孩子念一下这些音节：pane–fame–tana–zina–stella–rana–gatto.

在念 pane 这个单词的时候，可以让孩子们大声反复念 pa，pa，pa，学会 O 型发音。

在念 fame 这个单词的时候，反复念 fa，fa，fa，学会用上面的牙齿压住下面的嘴唇发出音节。

在念 tana 这个单词的时候，反复念 ta，ta，ta，学会用舌头压住下面的牙齿发出音节。

在念 zina 这个单词的时候，学会两排牙齿咬合发出音节。

在念 stella 这个单词的时候，不断反复练习，把舌头放在上面的牙齿上顶住，嘴巴闭合，发出音节。

在念 rana 这个单词的时候，一直念 r，r，r，锻炼舌头的机能。

在念 gatto 这个单词的时候，要用自己的喉咙发出 g 这个音节，并且要用舌头配合。

蒙台梭利教育启示

1. 在锻炼孩子的平衡感时，父母可以让孩子弯腰拿东西、站起来、移动东西或者用水桶浇水等。

2. 在自由发挥的体操中，可以让孩子拍球、玩沙包、放风筝等。如果在有足够的遮蔽物，还可以让孩子玩捉迷藏或者是其他躲藏类的活动。

第十章
让孩子接受自然教育

大自然是人类的母亲,同时也是人类最好的老师。从大自然中学习,能让人类的发展更加迅速。

——美国教育家 赫赛顿

阅读提要

在对孩子进行教育的时候，父母要让孩子适应两个世界：文明的世界和自然的世界。即使在长大后我们要生存在文明世界中，可是，我们也不能忽略了大自然的功效。

所以，父母首先要做的就是要让孩子在文明世界中也接触大自然。当然，在自然中的教育要适度，过度会适得其反。

给孩子进行自然教育，给孩子所需的能力。

第十章 让孩子接受自然教育

关于如何让一个发展不正常的孩子正常发育，或者是让一个不在社会中生活的孩子回归到文明中来，伊塔在自己的著作中阐述了一种独特的、让人惊讶的方法，这种方法被记录在《阿维龙野孩的初步发育》这个文章中。

作为一个在野外长大的小孩，阿维龙在婴儿时期就被扔在了树林里，那些想让他毙命的人觉得扔在这里阿维龙就会死去，可是令人惊奇的是，他居然在树林里存活了下来。阿维龙一个人在树林里生活，没有衣服穿。过了很久，他被到树林里打猎的人看到，带回了法国的城市。

在对阿维龙进行体检的时候，发现他的身上到处都是伤口，这表明他在树林中生活得并不好，可能进行过一系列的搏杀才生存下来。这个孩子不会说话，当然他也不讲话。在医生平纳尔进行检查后，发现这个孩子已经成为智力低下的人，并且没有了再塑造性。

伊塔作为一名治疗听力和说话能力的专科医生，通过常年对哲学的探索，运用自己发现的诊治听力障碍的做法，开始接管这个孩子的治疗。

这种治疗方法被伊塔称为有效乐观的教育。伊塔在开始的时候觉得阿维龙不是因为生理上的缺陷才不能开口说话，相反，他觉得是因为没有接触过指导才会出现这种情况。

伊塔在对阿维龙的教育中，认同赫尔维修的观点，觉得人只有在同伴的陪伴中，才能成为真正的人。伊塔觉得通过教育可以解决这个问题。

伊塔对于教育的理解跟当时卢梭提出的观点很不一样，他觉得教育是一种有益的活动，人类在进行教育的过程中，能够把大自然赐予的东西变得更美好。

伊塔一开始就保持了在当时看来错误的观点，可是，通过对阿维龙的进一步研究，伊塔发现自己的认识是正确的。

可是，在平纳尔医生进行了更加详细的研究之后，得出阿维龙没有再被塑造的可能性，伊塔瞬间觉得自己的想法不得不服从于科学的实验验证。

在对阿维龙的教育中，伊塔将要做两方面的工作。第一步，要把这个孩子放在现在的文明环境中。随后，要开始对他的智力进行科学的开发。

这样，阿维龙会渐渐忘记自己在孤独生活中的恐惧，慢慢获得心理上的满足。的确，在独自生活在树林中的时候，阿维龙就像是树林的一个组成部分。

他喜欢这个环境并且在这个环境中生存，阿维龙能够在树林中找寻到简单的幸福。可是，来到城市中的时候，没有了他之前在树林中拥有的一切，虽然这个城市是人类高度发达的代表。

在这篇文章中，伊塔将自己把阿维龙融入到现代城市中的过程进行了详细的描述。这个过程被他称作是人的道义。他满足着阿维龙的需求并且用爱来包容他。

下面的这个介绍可能会让你们更直观地看到伊塔是多么努力，也能更佩服伊塔的工作。这种做法超越了分析那些科学的数据，这个工作启发了我们在教育中需要的是一种耐性和包容的心。

在伊塔的文章中有这样描述：

> 我从他住的屋子看到阿维龙没精打采地在自己的屋子中漫步，他有的时候会看看窗户外面，并且注视着外面的风景。
>
> 如果在这个时候出现打雷闪电的情况或者是出现太阳光很强烈的情况，阿维龙就会变得情绪激动并且相当兴奋。这种表情不是经常性的，阿维龙在某些情况下会变得暴躁起来，表情狰狞并且做一系列防御或者攻击的动作，这个时候他内心表达的是仇恨。
>
> 有一天清晨，当阿维龙还在梦乡中的时候，外面飘起了雪花。

在阿维龙起床后，他兴奋地跑向了窗子，没有穿任何衣服，在狂喜中他迅速地打开房门，冲到了院子中。在院子里，他放声大叫，似乎这样让他感到很快乐。然后他在雪地里跑来跑去、滚来滚去，并且直接去吞食那些雪。

可是，在对阿维龙的观察中，我发现不是每种奇观异景都让他这么欣喜若狂的。有的时候，阿维龙也会安静地待在一旁，表情很不开心。

当出现不好的天气时，我们的第一反应就是回屋子里去，可是阿维龙会自己在院子里走来走去，并且坐在院子中。

在观察这个孩子的时候，我是非常兴奋的，我会站在一旁盯着他看。我会看到他的表情很丰富，从一脸平静到皱着眉头，然后表现出不开心的样子。

在他不开心的时候，仿佛是在想着过去的事情一样。他会静静地看着池塘，时不时扔些树叶进去。

有的时候，月光很好、很亮，照到屋子里的时候，阿维龙就会失眠。他会去窗边站着，一动不动地看着月亮发呆。在看着月亮照耀下的景色时，他往往会表现出思考的样子，时不时发出几声叹气的声音，最后在叹息声中回到床上。

在文章中，伊塔还提到，阿维龙好像不会正常地走路，而是用奔跑来代替。每次跟阿维龙一起逛街的时候，他所做的是跑步跟着阿维龙。当时，伊塔并没有想要呵斥他的想法。

伊塔在阿维龙的面前做各种现代社会会做的事情，慢慢地让阿维龙学习。这个说明了，作为一名教育工作者，我们要做的是跟随孩子的步伐，而不是勉强孩子跟着自己。

在教授的过程中，要运用新奇的方法吸引孩子的注意，并且让孩子心甘情愿地跟随自己做同样的事情。这种新颖的方法需要被推行到我们的教育中去，而不应该用传统的强迫教育法，那样只会让孩子讨厌这一切。

在我的认识中，没有哪一篇文章曾经进行过这样生动的描述，这种描述让我们看到了在文明中生活和在树林中生活的不一样。当然也不曾见过将人类世界的本质这样写出来的，人类的社会是从满足中剥夺而来的。

先是放弃对阿维龙乱跑的约束，然后到渐渐剥夺让他学会走，然后放弃对阿维龙吼叫的约束到渐渐剥夺这种发音让他学会正常说话。在伊塔的文章中，我们没有看到限制的存在。伊塔只是让阿维龙感受文明生活的独特性，引发阿维龙的好奇心，可是这种方法无疑是正确的。

当然，在我们看来，阿维龙在社会的熏陶下抛弃了原来在树林中的生活，这种过程就像是抢夺，可是不得不说，这个是一种文明的、先进的过渡。

看完伊塔写的东西，我了解到人类之间的情感要远远高于大自然。阿维龙从伊塔那里感受到他对自己的爱和温暖，他很感动。在这之后，阿维龙不再沉溺于大自然中的景色了。当然，他也曾经想到回到以前的生活。可是，在离开后，阿维龙自己回到了伊塔这里，他开始怀念美味的食物以及舒服的住所。

当然，我们虽然在文明生活中找到了爱和温暖，但是我们是从大自然中走出来的，我们无法脱离大自然而单独存在。在婴幼儿时期，大自然会帮助他们获得成长的能力以及健康的身体，大自然对人类有着不可磨灭的影响。曾经有个科学家把小白鼠与地面分离来，结果小白鼠在发育完全的时候都有驼背的病症。

我们要学习伊塔的教育方式，并且应用到实际中去。在对孩子进行教育的时候，我们要让孩子适应两个世界：文明的世界和自然的世界。

即使在长大后我们要生存在文明世界中，可是，我们也不能忽略了大自然的功效。在传统的教育中，我们往往是重视了文明的世界，而一直没有认识到人是自然中的人这个事实。

第十章 让孩子接受自然教育

在今后的教育中如果想要避免出现这样的情况，首先要做的就是要让孩子在文明世界中也接触大自然。这种做法就跟孩子要跟在母亲身旁而不应该被送进学校的道理相同。在我们的学校，正好是遵循这个规律的。学校就建立在居民楼中，孩子喊一声，母亲就可以听得到。

现在的教育是以促进孩子健康发育为自己的目标的。长期在海上工作或者是在山里生活的人身体都很强壮。所以，让孩子接触大自然是他们身体健康的保障。我们可以定期带孩子去野外或者是公园中玩耍，也可以让孩子们去沙滩上感受阳光的抚摸。

给孩子穿上短衣短裤，光脚穿着鞋子，让身体充分暴露在自然中，这个就是打破文明社会束缚的表现。当然，在这个过程中，我们应该知道，这种在自然中的教育也不能影响孩子获取文明世界的知识，一旦超过了一定的度，那么就会适得其反。

然而，虽然说我们一直在进行改革，可是我们的教育也没有看到孩子的表现以及孩子的真正需求。在我们眼里，只要给予一定量的关心，赠予孩子一点爱，照顾好孩子的身体就是做得好的表现。

我们眼里的优秀妈妈和优秀老师，在看到孩子在草地上奔跑的时候，往往会说不能摘花、不能破坏草地之类的话语，我们觉得这样孩子们既锻炼了身体也感受到了大自然，这就是最好的做法。

可是，孩子们的成长是需要巨大的能量的，这种能量既有身体上的，也必须有精神上的。这样一来，孩子本身的巨大能量一定要有来源，这个来源应该是大自然。

孩子们会直接从大自然中吸取到这种能量，如果想要获得这种能量，简单的接触是不够的，必须要让孩子在大自然中劳动，感悟大自然的真谛。

英国的莱特夫人创造了一种特殊的孩子教育法，这就是让孩子学习园艺。莱特夫人觉得，孩子纯净的心灵和身体的发展过程就是一个教徒看到上帝的过程。她觉得,孩子们如果想要获得心智上的成长,最好的方法就是学会写生。

在进行写生的过程中，孩子们既能感受艺术的魅力，也能够了解植物的习性和虫子的习性。

还有一点就是，孩子们也可以加深对家庭常识的认识。莱特夫人觉得在家庭常识中，孩子们能够享受到食物的美味以及家庭中的劳动。比如说做饭、洗碗等。

从某些方面来看，虽然莱特夫人的方法在英国广泛推行，可是她的想法未免有些不全面。莱特夫人的想法现在还只是强调要对孩子的体能进行锻炼。在进行推广之后，英国孩子们的身体都发育得很好。当然，莱特夫人也让孩子了解了什么是农业以及如何进行农业操作。

在对法国的教育进行考察的时候，我发现那些特殊学校大部分都包含着让孩子们接触农业的课程，并且课程的比重还很高。这种方法的来源是巴西利提出的"儿童园艺教学"理论。在巴西利的理论中，在校园内开辟专门进行农业生产的土地，并且让孩子们按照播种、施肥、浇水、收割等一系列的步骤进行劳动。

除了农作物，还应该种植花花草草培养孩子们的艺术感，这些不仅开发了孩子们的智力，而且也会带给孩子们一定的经济效益。

巴西利的做法在一定程度上提高了孩子的智力水平，当然也考虑到了孩子们今后的生活。可是，在我看来，这种方法还不能作为一种规范来推广。在我们提倡的教育中，必须要保证孩子的身体和精神两个层面都健康发育。

当然，比起莱特夫人仅仅用植物的手段引导孩子的发展，多了动物的支持，孩子们会更好地明白这个世界。在莱特夫人眼中，孩子们要走向上帝的怀抱，可是，孩子如果想要发育得更成熟，需要做到下面几个层面，我对这几个层面做了一个总结：

一、帮助孩子们学会探索生命。 培养孩子们对于大自然的兴趣，这种感觉就像是老师培养对孩子的兴趣一样。

孩子们的好奇心会慢慢增强，并且对于大自然的热情也会越来越高涨。

从自己爱护大自然的角度考虑，孩子们也会慢慢思考自己也是处于父母和教师的保护和关心中。

二、帮助孩子独立思考并学会预测将来的事情。孩子们在进行培育植物和动物的时候，会渐渐明白要给予植物和动物一定的水分、一定的养分，不然的话，他们培育的植物和动物就会慢慢死去。

在这个过程中，孩子们逐渐明白自己身上肩负着其他的生命，这样他们心里就会不由自主地催生出一种使命感，并且会思考得更多。不像是父母和老师强行的命令，孩子们从自己培育的动物和植物的身上能够直接感受到自己要时刻记得自己的使命，因为这关乎着别人的生命。

在这种情况下，孩子们和自己培育的动物以及植物之间就会保持一种特殊的情感，这种情感催促他们要记得所有的事情，也要独自完成所有的任务。

除了付出之外，孩子们也得到了相应的酬劳。在他们用自己的爱心精心饲养下，鸽子会生出小宝宝来报答这样的养育之情。在对母鸡进行喂食之后，孩子们会惊奇地看到鸡蛋变成了好多小鸡。孩子们原来只养了两只兔子，在对兔子进行爱的喂养之后，他们会看到多了几只小兔子。

在意大利，虽然在首都我们没有采取这样的教育方式，可是在米兰，我们的学校尝试养了很多小鱼和小鸡。在这群小鸡中，最受欢迎的是来自美国的一只母鸡和一只公鸡。老师们做了一个好多层的笼子饲养它们。在它们的笼子前面，老师们还专门用木栏隔出了一小块草地，它们可以在草地上奔跑。

养这两只鸡的任务就分配给了孩子们，早上的时候，孩子们争先恐后地喂食、喂水、打扫笼子，等忙完所有的事情才会罢休。到了晚上，孩子们也会跑去管好笼子。那里的老师说，孩子们最喜欢的教学活动就是喂养小鸡，这对孩子们来说是一件很严肃的事情。

在学校里，老师常常会发现，这些孩子在完成了所有的作业开始自由活动的时候，往往会有几个跑出去看看自己喂养的小动物，看看自己还能做点什么。

老师还说，也会时常出现孩子不在课堂中活动，等到找到孩子的时候，却看到孩子被自己喂养的小鱼深深地吸引住了，在目不转睛地看小鱼在水里游荡。

在某天，米兰的一位老师写信兴奋地告诉我，孩子们喂养的鸽子生小宝宝了，这些孩子非常开心。因为在他们看来，小宝宝的出生有他们的功劳，他们也算是小宝宝的爸爸妈妈。我看完信后，觉得这个简直胜过所有的夸奖，这个是孩子们内心的喜悦。

当然不是只有喂养小动物的时候孩子们才会开心，在种植物的时候，孩子们同样高兴。下面讲一下在罗马发生的故事。

学校的负责人是培拉老师，那里的学校没有院子，所以培拉老师就用盆子种了很多的藤蔓植物，摆在阳台上。

孩子们天天照顾这些植物，浇水、施肥。某一天，我看到孩子们坐在台子下面，围成一个圆形，走近了才发现他们是在欣赏昨天刚刚开放的玫瑰花。

没有人说话，那个时候无比地安静，孩子们都在沉思。

三、帮助孩子们养成良好的道德以及自信。在我看来，自信是一个人最重要的品格，也是一个人最需要的东西。

孩子们在种植的时候，看着一粒种子慢慢长大，在孩子们的眼中，这已经不是单纯的植物了，而是一种渐渐变化的过程，一直到收获。

植物的生长也可能会有不同，发芽的早晚可能不一样，不同的植物也可能生长得不同步。在孩子们看来，这些植物是放到了他们的心里。

他们很明确地知道这些植物是如何长大的，这就像农民清楚地了解什么时候播种一样。

四、帮助孩子引发对大自然的好奇心。在孩子们看来，大自然是一个充满了不可思议事件的地方，这对孩子来说是一种特殊的存在。

大自然对于那些付出了的给予回报，如果有人在大自然的自然发展中帮助了它，那么这个人就会得到丰厚的报酬。

孩子们是感性的，他们在培育植物或者动物的时候，很容易同它们产生深厚的感情。这是由于孩子们对于各种生物都投入了自己的感情。

在莱特夫人的论文中，儿童对于蠕动的动物有着异样的兴趣，可是到了长大后，因为我们生活在了文明生活中，再也不能看到这类生物，所以大人会莫名地出现对这类生物的恐惧。

孩子们是不同的，他们很容易对大自然中的其它生物产生一定的感情，这种感情是很深厚的，他们会爱护自己身边的生物，这个是孩子们可以跟大自然保持同一呼吸的表现。

在动物和植物之间，显然植物对于孩子来讲是更特别的存在。原因是植物不需要更多的付出，可是在成熟后的回报却是丰厚的。植物可以一直保持漂亮的仪态和果实的丰富。

小孩子们往往选择很多种花来播种，这些花有直接播种种子的，也有种植根茎的，或者是直接种植树苗。

孩子们每天做的事情就是遵循一定的事件给予它们水分，到了收获的季节，孩子们会看到漂亮的花和好吃的果子。这个就是对孩子们培育大自然的一种回报，并且这种回报很丰盛，虽然孩子们付出的不是很多。

在大自然看来，付出的爱心和感情是最重要的，付出的多那么就会得到更好的回报，付出后的成功有多大跟得到的回报有多少没有直接的关系。

但是，这种回报只存在于果子还长在树上的时候，一旦果子被孩子们摘掉，那么这些被摘掉的果子不是被卖掉就是被吃掉，这个时候果子就变成了消费品，那么就不能作为所有物而存在了。

在经过这样的事情之后，孩子们会清楚地知道什么是农业生产，什么是工业生产，什么是大自然的赐予，还有什么是人类自己的创造。这个认知会深深地扎根于孩子们心中，不会改变。如果想要获得就必须要劳动。

五、帮助孩子按照自然法则生长。简单地来讲，按照自然法则生长会把孩子们的发育同整个文明社会的发展联系起来。

我们的文明是从耕种社会一点一点地自然过渡到工业社会的。我们在发展的过程中，渐渐地了解了如何才能多收入，所以连带着我们的回报就是过渡到文明社会。

这说明假如孩子们也想在我们的社会生存，那么他们就必须按照自然法则来生长。只要能够了解了这个自然法则，那么在我们的教育中就有了相应的对策。虽然有的地方没有多余的金钱或者土地修建漂亮宽敞的体育场或者是院子。只要有一小块土地用来培育植物或者放养动物，那么就可以在一定的程度上让孩子们感受到大自然。不要小看我们养在花盆里的植物，这个也将成为教育孩子们的法宝。

就像在意大利首都的学校中，我们有一块很大的地方用来培育植物。儿童能够在院子里自由地奔跑嬉戏，当然也能自己培育喜欢的植物。在那里，老师们单独开辟了一块四边形的地面，一面用来种植大树，另外的一面让孩子们自由种植。在这两面之间设置一条可以走路的小道。

四岁以下的孩子是没有机会动手种植的，他们会在院子里玩耍嬉戏，也会在阴凉的地方坐着休息。那些四岁以上的孩子们就开始了培育植物的过程，他们按照种植的步骤一步一步地进行，然后等着看自己辛苦的成果。

在这期间，发生了一件这样的事情：我们开辟的种植地是在墙根那里的，而且正好被居民楼围城一个死角，所以住在上面的人经常把垃圾丢到种植地上。所以孩子们的小园地常常变得很脏。老师们没有上去抗议或者是警告。可是，慢慢地，那些居民看到孩子们是如此地努力。他们觉得应该要保护这群孩子们的努力，所以从此之后再也没有人丢垃圾了。相反，人们对于孩子们的种植园多了关心和理解。

蒙台梭利教育启示

 1. 孩子的成长是需要巨大的能量的,需要从大自然中获取,父母要让孩子多接触大自然,在大自然中劳动。

 2. 父母可以让孩子种植物或者饲养动物,孩子会从中明白自己身上肩负着其他的生命,会催生出使命感。

第十一章
教孩子进行手工劳作

不要阻止孩子,要让孩子动手。只有他自己亲自去做,才能从中有所收获,任何代替都是没有意义的。

——英国教育家 汤姆士·阿诺特

阅读提要

想要让孩子训练双手灵敏度、维持身体正常发育，父母要在激发孩子兴趣的基础上让孩子进行手工锻炼。

父母可以陪孩子一起制作陶器，要孩子体验动手的乐趣，同时获得艺术的培养以及身体的锻炼。

父母鼓励孩子动手，让孩子明白人类社会发展成文明社会的过程。

第十一章 教孩子进行手工劳作

在人类的世界中,关于手工的问题有两个疑问:一种是想要训练双手灵敏度、维持身体正常发育以及让自己变得更完美的手工,这种被称为手工锻炼。还有一种是为了某些需要大量地生产那些被人类需要的东西,从而能够积累一定的金钱,这种被称作是手工劳作。

可是,除了不一样的地方,这两种之间也有相似处。在人类看来,双手不灵活的人,是不能够进行大量的生产的。

前面提到过曾经在我们的学校中有过系扣子的练习,这种灵感是来自于福禄贝尔的论文。可是,在细心观察了之后,我决定终止这个活动。

我们知道,在孩子时期,他们的眼睛还没有完全适应这个世界,系扣子这个活动会大量地使用孩子们的眼睛,这样孩子们会觉得非常吃力,而眼睛使用过度后,孩子们在今后的发育中就会变得不健康。

当然除了系扣子的练习,在福禄贝尔的论文中,还有其他的办法。比如说折纸,这个就能充分锻炼孩子们手的灵活性。

在我看来,福禄贝尔提出的最好的方法就是让孩子们进行泥塑练习,这个是一种很科学的方法。可是,这种做法跟我的理念有点矛盾,因为我觉得孩子们是不应该模仿的,一定要自我发挥。所以我不愿意让孩子们按照那种已经固定成形的东西做泥塑,在这个练习中我让孩子们自己做自己想象中的事物。

当然,我更不会帮助孩子们去完成泥塑,也没有给他们下达任务,这个活动只是要测试一下孩子们自我发育中会有什么样的性格。

在这种想法下，我引进了教育家兰敦曾经在自己学校使用过的部分练习方法。兰敦创办的学校是和青年保护协会一起成立的，这个学校和保护协会个成立的时候都是为了让孩子们能够关心身边的社会。

比方说，保护身边的物品、房子以及文物等等。这个是我们现代社会进行教育的初衷和本质，当然也是我创办学校和经营学校的初衷，我们学校的目标就是希望孩子们可以做到保护学校的一切设施。

在兰敦的理论中，对于孩子们的教育不是要用道德约束或者是建立在简单的说教的基础上，更加重要的是要激发起孩子们对于这些事物的兴趣，从而让孩子们自觉地对这些事物产生爱护的感情，尤其是对历史上遗留下来的东西。

当然我是很同意这种做法的，在兰敦的学校中，他引进了很多关于鉴赏艺术的方法和理论。在学校中，他还把一些艺术品的仿制品摆到周围。他对孩子们说这些艺术品的创造年代，也告诉孩子们在这座城市中哪些是前人给我们留下的具有纪念价值的东西。

当然在罗马，最有价值的就是那些记载这个城市的石碑了。除了上述做法，兰敦还做了一个更重要的决定，他把自己的学校就放在了跟艺术气息最接近的那个城墙边上，从那里还能看到昂伯托·普利莫的住所。

但是，在政府的眼中，甚至是在居民的眼中，贝利萨柳斯墙是不值得一提的，没有人关心这里。可是，兰敦却把它看成是重要的地方，他把这座城墙用藤蔓植物围起来，并且把自己的学校放在里面。当然之前的协会也是从这个学校中分离出来的。

兰敦对陶制的东西很感兴趣，所以他一直强调要复兴陶制艺术。在他看来，之前的意大利就是以陶制艺术闻名世界的，所以，他打算在学校中也引进陶制艺术。

当然，这些陶制品对于古代的研究和现代的发展都有很大的价值，当然也有它独特的艺术性，它的作用甚至跟货币的发展是差不多的。

第十一章 教孩子进行手工劳作

在进行考证之后发现，其实人类最先依仗的东西就是陶制品，在能够自由使用火之后，陶制品的优势就更明显了，虽然陶制品是先被创造出来的。可以这样说，人类吃到的煮过的东西就是用陶制品烹调的。

当时，我们看一个部落是发达还是不发达，首先看的不是武器，最先看的是他们制作陶制品的手艺。这个也是判断当时部落文明的一个重要的标志。

在那个时候，能够用到陶制品和斧子的民族就是高度发达的民族，这个民族就会被崇拜。这种崇拜程度跟崇拜神仙和祖先是一个级别的。

这个也算是一种宗教崇拜。在现代社会中，也会发现有的人会拜陶瓷瓶。人类发展到今天，对于陶制品还是有着重要的情感，当然演变成了对陶制品美的欣赏，这种欣赏之情就像是对古代建筑的欣赏。

随着人类的发展，陶制品也有了更好的发展。陶制品的实用价值慢慢变得更多，并且还有更多的创新。也就是说陶制品跟人类的发展是同步进行的。

我们不仅仅是在日常生活中使用陶制品，在我们房子的装饰中，也经常使用陶制品来装点，这种价值也刺激着艺术家对于美的狂热追求。

当孩子们掌握了制作陶制品的步骤之后，他们可以自由地按照自己的喜好和灵感来制作。当然，这也是因为陶制品具备可塑造性和艺术性。所以在兰敦那里，孩子们从旋转陶器开始，学会怎么雕刻花纹，怎么煅烧陶制品以及怎么大量制造同一种产品。

不仅仅是教会孩子怎么制造一件完整的陶制品，在兰敦的学校中，他还让孩子们学会烧砖。在完成烧砖之后，孩子们还要将制造的砖垒成一堵墙，就跟真正的垒墙一样，一个步骤一个步骤地进行。

在完成这面墙之后，孩子们就能进一步完整地体验建筑是怎么来的。从亲自打地基开始，用砖头一块一块地变成一个屋子，孩子们会按照真的屋子一样，留出窗子，在墙上还会放置一些瓷砖。

孩子们在这个过程中知道了如何欣赏一栋建筑，甚至亲自动手也让他们获得了艺术的培养以及身体的锻炼。

我在自己的学校也采用了这样的方式，在一段时间之后，孩子们表现出了极大的热情，并且在亲手制作好一件陶制品后自豪地保存起来。除了陶制品之外，孩子们也发挥了自己的想象力，他们会煅烧一些食物放到自己的陶制品中。

这个步骤很详细，先是制作一个陶制品，然后把食物放到陶制品中，最后看着图片做一个有耳朵的小酒杯或者是带着把手的小陶壶。

这个过程一般是5个或者6个孩子一起完成的。除了做陶制品，孩子们更倾向于垒墙的工作，等完成之后，他们会开心地看着自己的劳动成果：自己亲手做的屋子以及自己亲手种的植物。

在这之后，孩子们就能自己体会人类社会是如何发展成现在的文明社会的，先是从大自然中采集现成的食物，然后会建造房屋，最后开始吃煮熟的东西并且自己种植需要的食物。

蒙台梭利教育启示

1. 父母在让孩子进行泥塑练习时，不要让孩子模仿，而要让孩子自我发挥，按照自己的想象制作。

2. 父母要让孩子学会爱护事物，比如保护身边的物品、房子以及文物等等。

第十二章
对孩子进行感知训练

如果人类失去了感觉,生活中会有多少不便,生活会变得多么糟糕。

——法国教育家 皮埃尔·顾拜旦

阅读提要

在对孩子进行感知训练时，可以选择一些器材让孩子练习。

选择器材时，要注意两点：一是，发育不同的孩子对于器材的关注点不一样，二是，感知练习要起到完善感知能力的作用。

父母要通过更深层次的辅导，让孩子拥有感知能力。

第十二章 对孩子进行感知训练

从我们的教育中看，通常运用的方式就是实验的方式。在这种方式下，我们最常运用的方法就是对人的感知进行锻炼。在实验中，我们也是根据这种感觉的活动来分析数据的。

当然我们也运用一些手段对心理活动进行测试，可是我们教育的目标并不是简单地测试，而是对感知的锻炼。

虽然看起来很简单，可是我们经常会把这两个概念搞混。我们发明的那些对于感知进行测试的机器对于孩子们来说不应该应用，可是不能否认，我们可以用这些机器进行感知练习。

在这种练习中，我们不会简单地只依据孩子们的正常发育阶段来进行，而是用一种其他的方式判断我们要怎么做。我们从孩子们的心理感知出发，从他们的角度进行练习，并不是要用练习改变孩子们的心理感知。

一般在我的学校，我会选择一些器材让孩子进行练习。在这个过程中，要保证孩子们具有自我能动性。我的这种方法很大程度上跟前面提到的是一样的。

在我用的器材中，有的看起来是用来进行测试的，我们学校的老师有些曾经做过测量心理的工作，他们觉得我用的这些无非是看看孩子们对色彩、质量、软硬的感知程度。

还说我其实也是靠传统的教育法进行教学的，这些器材的用途跟之前没有什么区别。可是，我想说的是，这些器材不是用来对孩子进行测试的，我的器材是孩子们用来进行感知练习的，这其实是有着本质的区别。

当然，我们选择器材的时候也是有技巧的，这些器材必须保证会引起孩子们的兴趣和好奇心。不然的话，孩子们会不接受，这个是最难琢磨的了。

在传统的实验中，我们不难发现孩子们在进行完测试后会付出极大的精力，所以说在皮佐利用这样的器材进行感知练习的时候没有成功，原因是孩子们不喜欢这种器材并且付出了自己的大部分精力，这违背了感知练习的初衷。

我们在区分这些测试工具的时候是有依据的，这个就是韦伯制定的等级之分。

我们不要忘了，这种等级之分是按照大人的情况进行划分的，孩子们跟大人的需求是不一样的，所以说我们还要继续努力，争取能够找到一种适用于练习并且被孩子所接受的器材。

我用了很多种方法进行这样的实验，这耗费了我差不多一年的时间。当然，最初使用这些方法的时候，我是在发展不正常的孩子们身上进行的。通常，发展不正常的孩子跟正常孩子的需求是不一样的，所以说选择的器材也应该不相同，以前我在发展不正常的孩子身上用过的方法不应该再用了或者是要进行改变。但是，我觉得我的选择是没有错的，这些方法在正常孩子的身上也适用，它们足够用来进行感知练习了。

我用的这些器材逐渐成为感知练习的一整套完整的器材，这些都是"劳动之家"这个团体为我打造的。这究竟是些什么样的器材，在以后的章节中我会详细地阐述，在下面我就简单总结一下感知练习的一般特征：

一、发育不同的孩子对于器材的关注点不一样。下面我用具体的实例来说明一下，在我实验之后，我发现发展不正常的孩子对于器材的反应是这是一个进行练习的工具。不同的是，正常孩子觉得同样的一个器材会培养他们的自主性。不难发现，这种不一样是很不可思议的，我开始觉得这种让孩子自主发挥和自主进行活动的方式是可行的。

下面就一个器材为例进行详细地说明。这是一种数学用具，将一个长方形的木条钻10个不同的小孔，对应小孔的大小打造10个小木棒，这10个不同的小孔从左到右依次减少一毫米。

玩法是这样的：先把插好的小木棒抽出来，然后把小木棒混成一堆，然后让孩子们逐个还原。这个游戏是练习孩子们的视觉对大小的感觉能力。

在对发展不正常的孩子进行练习的时候，我们要示范得更详细生动一点儿，在进行这个练习之前，一定要让孩子们进行一些相似的练习，然后才可以练习这个。

跟发展不正常的孩子不一样，这些正常的孩子能直接进行这个练习了。这个练习深受三岁左右的孩子们喜欢。

某天，一个发展不正常的孩子使用这个器具，老师要在他的旁边一直教他各个步骤，先让他观察长方形的木条，然后把小木棒一个一个让他观察，假如他能够将所有的木棒复位，那么这个练习就可以结束了。

当然，在这个过程中，他只要有一点儿不明白，老师就要提醒他，当他明白过来进行改正的时候，老师会发现这个孩子没有情绪波动。

可是，正常的孩子反而是产生很大的好奇心并且喜欢自己动手，他们不希望老师在旁边提醒或者纠正。

在进行了多次的实验中，我通过数据分析得出下面的结论，小孩子在2~3岁的时候非常喜欢玩较小一点儿的器具。

在这个实验中，有非常关键的一点，就是当健康的孩子玩这个游戏的时候，他们会反复确定自己插入的木棒是不是跟那些小孔吻合，他们在进行游戏的时候注意力非常集中，并且兴致很高。

当他发现木棒与小孔之间不吻合，木棒比小孔大的时候，他会直接拿着这根木棒去找合适的小孔，一个一个地实验。

当木棒比小孔小的时候，他会放弃这个小孔，直到他把其他的孔都插满，才会用剩下的那根木棒插进小孔中。这个器材能够让每个木棒都找到合适的位置，同样孩子们也能够自己发现正确的插法。

在进行游戏的时候，孩子们会通过摸或者看的方法判断哪个木棒是最粗的那一个。当然，很多时候孩子们用眼睛就能判断自己是不是插错位置了，然后他们会自己改正错误，选择对应的小孔插好。这样来看，健康的孩子们对于这个练习的兴致真的很高。

我选择这个器具的初衷就是想让孩子自己发现哪里做错了并且自己改正过来。如果到后来，孩子们可以熟练地把木棒插到对应的小孔中，那么他就获得了更大的能力。对于孩子来讲，他们不会再对这个器具有兴趣了。

在孩子进行改正错误的过程中，孩子能够专注地看出不同木棒之间的差别，这种练习是对孩子比较感知的练习。

这样来看，这个器具的目的并不是为了让孩子知道不同的尺寸，也不是让孩子能够练习到一下就插对小孔。不然的话，我所用的器具跟福禄贝尔用的就是一样的效果了。

假如用的是福禄贝尔的器具，那么老师在教会孩子之前要自己先学会使用，这样才能给孩子们做正确的示范并且指出孩子们做得不对的地方。

但是，我的这个器具是不一样的，这是用来让孩子们自己练习，自己改正不对的地方，自己学会学习。任何老师都不能让孩子进行不断的体能练习获得想要的灵活性，只有孩子们自己才能提高自己的能力。感知练习也是这样的。当然，所有的练习都是这样的。孩子学会的东西不是老师强行灌输的，而是自己学会的。

在传统的教学中，只要老师们看到孩子们疑惑不解、不停努力，想要找出正确的解答时，这些老师会不由自主地帮助学生指出错误。

在这样的时候，这些老师心中充满了怜惜，并且觉得去协助孩子是一种使命感。如果这个时候有其他人制止这种行为，这些老师会说孩子太辛苦等一些怜惜学生的言论，他们因协助学生解除了疑惑、改正了错误而感到自豪和高兴。

健康的孩子能够不断进行同样的练习，可是他们之间练习的数量是不一样的。一般来说，小孩子们在做对 5~6 次的时候就不想再做了，可是有的小孩子能够做上 20 次或者更多。一次，我看到一个女生已经做好 16 次之多了，所以我就让其他的小朋友歌唱来干扰她，但是她跟没有听到一样，一直重复着自己拔出插入的动作。

所以，我们的老师要具备对孩子心理的观察能力，而且也应该具备总结有趣的活动对孩子影响时间有多久的能力。

在进行练习的时候，如果孩子能够自己进行并且从对器具的使用中改正操作不正确的地方，这种时候，老师就当一个旁观者就行了。

在我眼中，老师不应该是教授知识的人，而应该是正确引导孩子心理发展的人。所以说老师是需要经过一系列科学的、系统的培训的。

在我的学校中，老师没有教授多少知识，相对来讲，他们就是旁观者和记录者。老师最主要的工作就是要正确引导孩子们的心理发展和锻炼他们的体质。所以说，我总是称这些老师为辅导员。

最初的时候，老师们觉得这个称呼非常不好。因为，他们没有下属，而且要保证孩子们自主发展，老师们没有对象可以辅导。

其实，在我看来，辅导不是表面上的意思，而是要对孩子们的心理和更深层面的辅导。

二、感知练习是要完善孩子们在不断练习时候的感知能力。不知道大家有没有这样的一种认知，就是关于感知的培训，在平常的时候好像没有什么作用，可是这个是培养孩子感知能力的一个重要方面。

举个例子来说明。我们在法国进行的一些儿童智商测试，或者其他的一些关于智商的测试中，往往会使用一些不一样大的几何体。

测试的时候将这些几何体按照不一样的长度进行摆放。孩子们所要做的事情就是从这些几何体中找出哪个最大以及哪个最小。

在这个过程中，会把孩子们用的时间记录下来，而且也会把孩子们找了几次才最终正确也记录下来。我要指明的是，这样的智商测试忽略了最初我们想要的目的，也就是忽略了我们对孩子感知能力的培养。

相同的是，在我的学校也会让孩子使用几何体来进行感知练习。在器具中，我们会备齐10个一组的几何体。

从最长的那个10厘米的几何体开始，其它9个，依次递减1厘米。我们的练习是这样的：找一个绿色的布作为地面，然后让孩子们将粉红色的几何体按照大小摆成一个金字塔的样子。

学校中两岁多的孩子最喜欢这个练习了。孩子们在玩的时候总要从地面上找出哪个是底座也就是最大的那个，一旦他们完成了这个练习，就会把塔弄倒，然后一遍又一遍地重复。

假如说让三岁以上或者是一个刚刚进入小学的孩子做上面的练习，那么他们用的时间肯定会更短，并且他们会按照正确的摆放一次性做好。

除了这种练习之外，对孩子们进行颜色的感知也是采用相似的办法。在我看来，这种方式更能被这些指导孩子们心理发育的老师所接受。

当然，在训练中我们要注意，感知练习跟我们通过感觉吸取所处世界的知识是不一样的。这是两个完全不一样的含义。感知练习既不等同于一种固定的含义，也跟那种思维方法不一样。

在我的想象中，孩子们学习钢琴表演的时候，老师会告诉孩子们什么样的坐姿是正确的，也会指导孩子们如何观看乐谱。当然，这中间也要把乐谱上的音符用哪些手指弹奏教给孩子们。之后，孩子们就可以独自训练了。

假使某个小孩想要在钢琴上有所成就，那么除了前面必须要教授的知识外，老师还要培养孩子坚持练习的毅力。孩子会得到锻炼，使身体变得更加壮实。

总体来说，想在钢琴领域成为一个有造诣的人，那么就必须有坚持不懈的精神和自发训练的动力。只有这样，这个人才会有进步。反过来说，假如一个人仅仅有自发练习的毅力，可是没有老师的指点，那么他也不会有太大的成就。

所以说，我们学校的辅导员要清楚地认识到这必不可少的两点：一是必须从旁辅导孩子，二是要保证孩子们自主学习。辅导员们在清楚地认识到这两点之后，他们才能准确地找到适合孩子发展的练习方法以及如何让孩子更好地发挥主观能动性。

以我们学校的一个事情作为案例。在普拉蒂这个学校中，孩子们的父母都是中层收入者。仅仅上了 30 天的课程，一个差不多五岁的小孩就能够自己拼出所有的词了。原因是他在 14 天左右就发现了字母表中的规律，而且也能够直接写出来。在美术练习上，孩子的观察力非常好，更让人吃惊的是，他画的屋子和椅子有素描的感觉。

在进行颜色感知的训练中，孩子可以自己用水彩配置出 8 个不一样的颜色，除了这个，他还能快速地从摆放杂乱的 64 个小几何体中把相同颜色的小几何体摆成一堆，而且摆放的时候是按照颜色的明暗进行排列的。在进行相似的练习中，这个孩子会用 8 种水彩画完一整张桌子，这种感觉就像是我们用一块彩布作为桌布那样。

为了进一步进行观察，我让孩子站到有阳光照射的窗子面前，面对太阳让他观察一个有不同颜色的木板，并要求他进行记忆。之后，让他从那堆杂乱的几何体中找到木板上曾经出现的颜色。一般来说，他几乎都很正确，而且在选择的时候是按照一定的排列顺序进行的。

我的结论就是，孩子拥有与众不同的对颜色的感知能力和记忆能力。当然，别的孩子也喜欢进行颜色感知的训练，这个孩子也是。

有一次，我问了他一个关于颜色的名词，他当时思考了很久之后才小声地说是白色。在我看来，像这么有能力的孩子应该会很迅速地说出是什么颜色。可是，后来这里的老师跟我说，一开始的时候，孩子不记得颜色的名字，所以老师就让他自己进行感知练习。一段时间后，他终于记得了，除了能够记住颜色名称，他的写作能力也得到了提升。按照我的训练方式，孩子们从开始要面临问题到后来在克服问题中提高了自身的能力。

对上面的案例进行总结，五岁的小孩智力很高，而且在发育的过程中，感知能力也跟着智力发育一起提升，只是可能会记不住颜色的名字。

这里的辅导员还跟我讲说，在孩子进行独立练习的时候千万不要妨碍他。虽然在不妨碍的情况下，孩子们的智力会进入到自主开发阶段，保持自由地发展，并且这种方式也不是正常的教学。可是，这个辅导员觉得这种感知练习是催生智力的关键，并且还能应用到孩子们对于语言的学习中。

关于这位辅导员的建议，我把塞贡的理论与我的发现相结合，总结出孩子们进行练习的三个层面：

第一个层面——感知应该和名字放在一起。比方说，在讲颜色的时候，如果是红色的要边念名字边指给小朋友看，如果是绿色的或者蓝色的也是如此。重点是让孩子们看到念的是哪种颜色。

第二个层面——念名字找颜色。可以对孩子们讲，找出红色的或者蓝色的纸板。

第三个层面——让孩子们形成永久记忆。换成另外一样东西，指给孩子们看，让他们说出对应的颜色。

在塞贡的眼中，这个是最棒的方法。他会重复地把带颜色的纸板让孩子看，并且他坚持要每次拿两种或者两种颜色的纸板放在孩子的眼前，这样孩子就可以清楚地分辨不同的颜色并且进行记忆。

这种方式被我用到了发展不正常的孩子的教育中，我不得不说这种方法真棒极了。在我的实验中，这些发展不正常的孩子往往都学得很快，甚至有的会超过健康的孩子。

当然，健康的孩子跟发展不正常的孩子的感知练习还是有一定的区别的。在实践这三个层面之前，我们对于健康的孩子会有一个自主感知的时期，这个时期就是让孩子用自己的感觉来进行认知。这种方式是建立在健康孩子的先天优势上，同时也证实了塞贡的方法在对健康孩子的训练中效果远远超过了发展不正常的孩子的训练。

让健康的孩子同时练习感知和记忆是一件快乐的事情。有个阶段，我在

第十二章 对孩子进行感知训练

教授一个差不多三岁的女生辨识颜色,当时这个三岁的小孩反应比较缓慢,我把小女生安排到靠窗的位置,然后让她在我的右侧。然后我找出了三组6个由黄、红、蓝组成的纸板。在第一个层面,我指导她从剩下的纸板中找到跟我手上纸板颜色一样的那个,直到把6个找完。然后再教她把两个一样的纸板拼到一起。

之后,我用塞贡的方式进行训练。这个女孩很快就掌握了这三种颜色,而且会准确地讲出每个纸板的颜色。做完这些之后,她觉得很兴奋,一直看着我,然后开始跳来跳去。我觉得这很有趣,就微笑着说:"你能辨别颜色了么?"小女生没有停止跳动,回答说:"是啊!是啊!"

她一直处于兴奋的状态,围在我的身边,希望我能再提问她,然后她又可以回答"是啊是啊"这个词了。

在进行感知练习的时候,我们需要做一个关键的事情,那就是感知隔离。在所有的阶段都要注意这一点。比如说我们对于听力的感知最好是在一个没有声音并且没有光亮的地方,用这种方式我们可以得到比较好的效果。在我看来,进行除了视觉之外的人体的感官练习中,最好用布把孩子的眼睛遮住,这种方式也经过了科学的心理验证。

现在,我想说的是孩子们能够在这样的情况下激发自己的兴趣。这样一来,练习的环境就变得更好了,孩子们也不再关注自己的眼睛看不到,从而用心地进行感知训练。

举一个这样的例子,在我们对孩子的听力进行感知练习的时候,通常采用的经验主义的测试方法来进行检测。在进行训练的时候,我们要把声音由高变到低,最后直到变成喃喃自语的状态,这个时候,孩子们的眼睛被遮住了,老师在教室不同的地方呼喊孩子们的名字。

在做这个训练的时候,我们会把教室的光亮遮住,并且一直保持安静,孩子们要遮住自己的眼睛,然后低头,准备工作完成之后,开始呼喊孩子们的名字,并且使用不同的音量站在不同的地方喊。这个时候,孩子们做的就是专注于我的声音，等待自己的名字被喊到。在孩子听到期待已久的声音时，他们会迅速地跑到那个发声地。

这个练习中，健康的孩子要用布遮住眼睛。比方说在孩子进行重量感知的时候，由于遮着眼睛，所以他们会专注于不同重量带来的不同压力。当然，还有一个原因，就是这样的练习可以增强孩子们紧张兴奋的心情，并且期待自己能够回答准确。相对于发展不正常的孩子，这样的训练有着不一样的效果。

在没有光亮的时候，发展不正常的孩子往往会选择睡过去或者是进行一些反常的活动，在眼睛被遮住的时候，这些发展不正常的孩子专注于遮眼布上，觉得这个是一种有趣的玩耍，这个效果不是我们所期待的，更不是我们的初衷。

不可否认的是，我们现在说的就是怎么开始一个游戏。可是，这种游戏应该是一个可以帮助孩子提高某种能力的游戏，也是孩子的自主选择。

当然，这个过程中，孩子们要进行有秩序的活动，让孩子们专注于游戏才是我们的初衷。在这里，我要谈谈伊塔是如何看待这件事情的。在他的眼中，他开始的想法出现偏颇是因为没有考虑周全。

当然这种错误是可以改正的，除了实验本身的缺陷，他也觉得实验的对象也要有所选择。

在他的论文中有这样几段话："我进行实验的最主要目的就是为了锻炼孩子的感官。可是如果在听力练习中，我们把一个声音不断放给孩子听，这样就会让孩子的专注力下降，这不是我所希望的。所以说，我的实验就是为孩子提供一个容易理解的含义。像我希望的那样，我会把孩子的眼睛遮住，让他握住双手，跟他讲只要听到声音就用手指来计数。在他理解了这个规则之后，他会随着我的声音进行手指计数，并且表现得很兴奋。他觉得，这样的练习是很有意思的。我不管孩子的兴奋是回答对了问题，还是因为这种遮住眼睛的行为让他有兴奋的感觉，总而言之，孩子是开心的。在练习休息期间，这个孩子很多次拿着遮眼布跑到我的面前兴奋地让我再次遮住他的眼睛。"

第十二章 对孩子进行感知训练

"在我进行相同的练习之后,我得出了结论:声音是都可以被感觉到的,无论发出的声音是大还是小。在后来的练习中,我要求孩子能够将这些声音的不同之处记忆下来,这点就增加了难度,孩子要记住所有的不一样的地方,同时要感觉是因为哪个音调的不同,所以听到的声音不一样。这个练习不同于之前的练习,而且被测试的人还是一个孩子。这个孩子要用自己的努力获得相应的发育,还要接受我的指导。这个时候,孩子会觉得自己的努力是白费的。所以说,我们需要保持自己的耐性而且要充满希望,因为在克服了这个难题之后,感知练习就成功了。"

"众所周知,我们的元音有5个,在这个练习中,孩子们用手指代表不同的元音字母,大指头开始依次表示'A''E'等等。"

"在我精力充沛并且讲解时间短的时候,我可以很详细地讲一下什么是元音。在这些元音中,我认为最好听出来的是O,然后是A,剩下的不是那么容易分辨的,这个需要时间的支持。可是,孩子通过了这个听力训练。这个时候,兴奋占据了孩子的思绪。他的开心持续了很久,也可以说他的笑声慢慢变得不和谐起来。我开始听不清他在说什么,而且他也不能正确辨认出元音字母了。这种夸张的兴奋让我烦躁起来,而且我遮住他眼睛的行为也引发了他的笑声。"

这个时候,伊塔已经不能继续进行练习了。所以,他不再遮住孩子的眼睛。在布被拿下来之后,孩子会东张西望,也无法专注于练习了。

在我看来,一定要戴着遮眼布,还有要让孩子知道在练习的时候笑是不对的行为。不过,伊塔的方式是可行的,得到的结论也是很好的。在我的学校,我并不提倡对不好好练习的孩子进行很重的惩处,让他听老师的教导。所以,我会在孩子犯错的时候用小鼓打一下。但是,显然这种方法是错误的,孩子以为我是在开玩笑,所以他们嬉闹得更严重了。所以,我又觉得可能再重一点的处罚是有必要的。

但是,在采用这个方式之后,孩子尽管知道自己是做错了,但是孩子的心灵受到了创伤，他觉得自己被讨厌了。处罚完了之后，孩子不再用布遮着眼睛了，因为他哭了。当时，我不了解孩子处于什么心理状态下，可能是觉得不好意思，也可能是因为害怕，当他把布从眼睛上拿下来的时候，仍然在哭，我看到孩子难过的样子，也跟着他一起哭了起来。

在那个时候，我觉得我不能再继续这样了，也觉得我的实验也失败了。我开始希望没有结识这个孩子，当然也觉得我这种为了得到实验结果伤害孩子的行为是错误的。假如我没有用这种方法激发孩子的兴趣，那么他就不会变得这样忧伤和不开心。

这几个案例可以得出这样的结论，健康的孩子能够最大程度地适应这种有科学依据的训练方式。

在这种练习中，我们要看到使用这种方法是需要按照步骤进行的，这种步骤性在使用器具的练习以及感知练习的过程中很好地表现了出来。这个能够解释，人总是先看到界限分明对比强烈的事物，而后看到那些相似的事物。这些依靠的是不一样的感官刺激。

举个例子，我们最先关注的一定是鲜明的颜色，长度差距最大的两个竹竿，厚度差距最大的两个物体等，接着才会看到还有一些长短差不多、颜色差不多和厚薄差不多的事物。

蒙台梭利教育启示

1. 父母在给孩子选择训练感知能力的器材时，要保证会引起孩子的兴趣和好奇心，同时避免消耗大量的精力。

2. 父母在指导孩子进行感知练习时，必须在一旁辅导孩子。同时，还要保证孩子自主学习，更好地发挥主观能动性。

第十三章
了解感知训练的具体内容和做法

对不对孩子进行感知训练,结果会有很大的不同。

——荷兰教育家 伊拉斯谟

阅读提要

　　对孩子进行感知训练，是非常重要的。父母要从碰触感知、热量感知、重量感知、味道感知、气味感知、视力感知、声音辨识等多方面入手。

　　在进行感知训练时，具体的训练方法有很多，关键要让孩子不断地练习，在一种感觉应激下产生浓厚的兴趣。

　　孩子的感知能力如何，在很大程度上取决于进行的练习如何，父母一定要重视。

第十三章 了解感知训练的具体内容和做法

普通感知：碰触感知、热量感知、重量感知

我们在练习的时候，可以把手的触觉和对热量的练习组合在一起。因为，在我们进行洗浴时，皮肤最先感觉到的是水的热度而不是触觉。

在进行触觉的训练中，手的碰触是很关键的。其实，把手放在比较热的水中还有其他的作用：这样可以让孩子学会保持干净。

如果自己的手不是洁净的，最好不要去碰触别的东西。所以，我会把清洁手和剪指甲等必须要做的事情当成触觉练习的一个前奏。

虽然关于这方面的训练还不完善，可是这个在生活中是必须具备的一种感知能力。我们必须要用自己的手来碰触感觉这个东西。

在练习的时候，我会让孩子在一个盆子里面涂抹肥皂，然后在另一个盆子里把肥皂冲掉。然后，引导他们用毛巾把手上的水擦掉。

这个过程中，孩子们学到怎么清洁手是正确的。做完这件事，我会再引导孩子怎么碰触、如何碰触东西，在进行这个练习的时候，老师要做的是引导孩子的手去感受物体。

当然，还要记得的是跟之前的感觉一样，要遮住孩子的眼睛，然后再进行碰触。要跟孩子讲怎么才能更好地感觉物品，这时孩子就可以在黑暗中准确地辨识不一样的物体了。

在讲解和练习了之后，孩子们开始表现出浓厚的兴趣。经过上面的步骤，

下面可以进行稍微难一点儿的练习了。

孩子同样要遮住眼睛，然后让孩子碰触你的手心或者是衣服。当然，衣服的质地越明显越好。

在这种练习下，他们的触觉会更加敏感，并且他们更倾向于碰触软软的物品，一旦接触到很硬的东西他们会很快分辨出来。

在这个练习中，我们需要下面的器具：1. 找两个大小一样的长方体，材质是木质的，把一个长方体的表面磨光，或者是找一张光光的纸把长方体包起来，剩下的那个用粗糙的纸包起来。2. 再准备一个用光滑和粗糙的纸同时包起来的长方体。

当然，也能找一些从光滑到粗糙递进的不同的纸条，这种也可以采用其他地方的器具，只要能够有帮助就可以。

对于热量的感知，我准备的是可以很快传热的金属碗，在里面倒进不一样热度的水，然后事先测量一下温度，这种时候要确保有两个小碗的温度是一样的。

以前我做过更好的器具。这一系列的器具也是用金属做的，在里面倒进不一样热度的水，碗都有配套的盖子，准备相同多的温度计，然后让孩子碰触碗感受热度。

另外，我会让孩子把手伸进盛着冷的、温的、热的水的器具中，孩子们最喜欢这个方法了。其实我想着让孩子的脚也感受一下，不过迟迟没有实行。

在进行重量感知的时候，我准备的是一些木质的长方体。小长方体的作用非常大，通常我们会把它做成扁平的样子。

这些小长方体是用藤蔓、胡桃和松树三种不一样的木质做成的。重量从24克开始，每个减少6克。我们把这些小长方体表面弄得很光，有条件的话，可以选择在表面上漆的方式。这样的话，既保留了原来的颜色，也清除了木块表面的粗糙。儿童根据不一样的颜色了解这些小长方体的重量。这也算是一种辨识的方式。

当然也可以采用下面的方法，让儿童把小长方体各捧在手心里，两只手放平，然后儿童的手一上一下地不断活动，这样就能找出重量的不同。

儿童的动作会随着时间慢慢幅度变小，最后停止。在这个过程中，我们要做的就是阻止儿童用颜色来区分，而是真正用重量来辨识。所以，做这个动作的时候，可以遮住孩子的眼睛，这样孩子就会逐渐对这个动作产生兴趣，进而认真感知重量。

做这个练习很容易把儿童聚集起来，他们会看着一个儿童做动作，自己在旁边跟着猜测。这些儿童还会一个一个地进行这个动作，并且相当地开心。

感知觉练习

感知觉，顾名思义，就是要经过感觉来感知东西。这种运作方式是让手的碰触和自己的皮肤来进行的。当然，我们会对这种方式进行验证，结果是很好的。我觉得老师们都需要知道这个方法，所以我来简单讲一下过程。

我选择的第一个器具是福禄贝尔经常用的几何体。其中，我会找一个长方体和另外一个不规则体来进行。开始的时候，我让儿童用眼睛观察这两个物体进行记忆，然后进行一些反复的练习让孩子记住物体的样子。

之后，要求孩子遮住眼睛，把这两个物体摆放到指定位置，一个在左边一个在右边。后来，在儿童遮着眼睛的时候从开始练习到最后。

在经过 2~3 次的练习之后，大部分的儿童能做得很好，几乎没有人出错。在这组器具中，有 24 组不同的几何体，用的时间相对来讲会变多，而且难度也会变大。

可是，儿童在进行训练的时表现出了浓厚的兴趣，即使一个儿童在做练习的时候，其他的孩子也会在旁边看着，对于做练习的儿童来讲，这是非常开心的。

学校的一位老师让我观察一个三岁左右的女生，这个女生的年龄是最小的，可是，她能够做到 100 分。在练习中，我让她躺到椅子上，然后把 24 组一起放到桌子上并且弄乱。我会提醒她这些几何体是不一样的，最后让她按照要求摆放好这些几何体。

这个是在睁眼的情况下，在遮住她眼睛的情况下，我会让她拿两个几何体，用自己的碰触找出不一样的地方，按要求摆放好。

当然这些几何体是被打乱的，她拿到的可能是一样的几何体，也可能是不一样的几何体，还有的情况是有的右手拿的该放到左边，有的左手拿的要放到右边。

这个时候，需要她专注地来辨识手中几何体的不同。我觉得，这样的辨识让一个三岁的女生来做是很难的事情。可是，在练习的时候，小女生很快就做完了这个训练，只是，在我们教授的方法下进行动作还不是很熟练，在我看来，有点儿复杂。

她在拿到需要放到相反方向的几何体的时候，第一反应是先进行交换，然后才开始进行辨识。可能在她看来，这个是一个必不可少的步骤。但是不要忽略了，在她刚刚接触几何体的时候就能迅速反应，这说明一开始她就在进行辨识。

在进行深入研究的时候，我观察到这个小女生具备一种很强的能力，对于这种能力我很想继续研究下去，这种能力让我对两只手同时练习产生了兴趣。

除了这个小女生外，我还找了几个不同的练习对象。毫无意外，他们在完整触摸这个物品之前就能够辨识出来，越小的物品辨识得越快。

通过这个练习，我认为这个可以有一个更完善的训练方法，就是进行联想训练法。在这种方式中，儿童可以快速进行辨识，我也觉得有点儿不可思议。

不得不说的是，这个方法对年纪小的孩子也适用。

这种训练的方法可以有很多，也可以不断地进行练习，这一点跟之前热量的练习很相似。这种训练让孩子们在一种感觉应激下产生了浓厚的兴趣。

比方说，孩子们会触摸所有的小东西，包括圆球，还有形状不一样的各种硬币等。经过练习，他们也能分清长得很相似的物品，包括有麦子和稻谷。

关于遮着眼睛就能辨识，儿童很自豪。他们会大声地对着自己的手喊："我的眼睛就是手。""手可以代替眼睛。"

我很开心这群儿童能够按照我们预想的目标行进，我对这种日新月异的进步感到惊讶。每次他们对一种新训练感到兴奋的时候，我都会在旁边默默注视着这些孩子并且进行总结。

味道感知和气味感知的训练

关于这两个方面的练习，我没有收到很好的效果。所以我觉得这种对心理进行测试的练习不能完全用到感知训练中。

在发育中，孩子们对气味的敏感性的变化不是很明显，所以说对于这方面的感知不容易。曾经我们采用过这样的方式，可是在应用很多次之后，还是没有形成一般的理论。

在这个练习中，我让儿童用力感觉花的香气，其中有紫罗兰和茉莉花等。之后，我会遮住孩子们的眼睛，然后告诉他需要做的事情就是辨识是哪种花。

我派一个别的孩子把花放到那个练习的孩子鼻子旁边，然后让他说出是什么花。由于具备浓厚香气的花不多，所以我们准备的也很少，最少的时候就是一朵。

在进行这个练习的时候,选择的时间会在吃午饭的时候,因为在这个时间段,儿童会记住更多的香味。

跟气味的训练一样,对于味道的练习也很简单。我们准备的是很多口味的液体。比方说有酸的、甜的、苦的等等,让儿童用自己的舌尖去感知味道。

四岁左右的儿童对这个练习有浓厚的兴趣,也许是因为他们愿意进行口腔清洁。

这么说是由于儿童很愿意辨识不同的味觉,而且在尝试了不一样的味道之后,儿童会用水去除口中的气味。这样看来,对于味道的辨识还能教授儿童卫生知识。

视力感知训练

◇**不一样的视力感知视角**

木块练习:这个教学器具是用三组实体的木块构成的,长、宽、高都一样。每一组中都包括10个小的部件,小部件都插在实体木块的小洞中。

10个小部件是一些小圆棒,在每个小圆棒的上面都镶嵌着木头的或金属的小按扣,这样能更好地携带着,这些小部件的作用跟那些称重的砝码一样。

在第一组中,这些小部件的长度是一样的,可是大小却不一样。从小到大以0.5厘米的大小逐渐增长,最小的是1厘米。

在第二组中,大小一样,长度却不一样。最矮的一个是1厘米,剩下的按照5厘米的差异逐渐增长。

第十三章 了解感知训练的具体内容和做法

在第三组中,小部件的大小长度都不相同。第一个小圆棒的大小和长短都是 1 厘米,剩下的按照 0.5 厘米的差异逐渐增长。这三组用具是让孩子自己判断大小、长短等,然后找出不一样的地方。

这三组用具能够直接给三个儿童使用,而且在使用的时候也可以把不同组的小部件打乱,这样可以变得更好玩。

儿童在玩的时候把各自的小圆棒抽出来,堆到一起,然后从中选出合适的小圆棒把用具复原。当然,需要特别说明的是,这些小圆棒的材质是用上好漆的松树打磨成的。

这种大型的木块当中拥有三组不一样的用具,这种用具至少要准备两组。

1. 厚度。顾名思义,这组用具的厚度不一样。在这组中,有 10 个菱形的柱体。最大的是 10 厘米,剩下的按照 1 厘米的差异一直往下减。当然大小是一样的。这些菱形的柱体是用黑灰的颜色上漆的,儿童在用的时候,可以把 10 个都散到地上。然后找出不同厚薄的东西,一个一个地放进器具中。

儿童能自己决定是从厚的开始摆,还是从薄的开始摆。就跟之前小圆棒的训练一样,假如儿童排列错了,就会显示出来。

在小圆棒的训练中,那个最粗的小圆棒没法插进小洞中。同样,假如菱形柱体摆放错了,整个表面就会变得不平整。

我们把这个练习统称为排列练习。孩子用眼睛直接找出出错的地方,假如真的错了,那么所有的就都错了,我们会看到应该一直保持统一高度的东西会变得不平整。

2. 长度。就是长度不一样的器具。在这组器具中有 10 个小木棍。这个木棍的上下面是正方形的。底面的大小一样,从 1 米的木棍开始,每个都依次递减 1 分米。在每个木棍上,都用蓝色的和红色的依次标出来。

在没有被打开的时候,这些木棍的形状就是一个三角,而且那些标记都在同一水平线上,把三角形分割成一块一块的。在蓝色线和红色线交叉的地方,是一些长方形。使用的时候,要把木棍弄乱,然后儿童就可以把它们重新排列起来了。我会让孩子们按照木棍的长短排列顺序，在过程中要注意颜色是不是一致。

当然，这组器具的提示也很明显，假如排列的不是要求的那个顺序，那么最后就无法形成一个三角形。

这组用具的用途是应用于数学中的。使用这种用具，儿童能学会1到10的数字，还能根据上面标注的颜色进行进位加减法的学习。

3. 体积。这个是对用具大小的判断。这一组用具是10个红色的几何体构成的。其中最大的那个有1分米，最小的那个是1厘米。

这个用具的使用还要用到一块光滑的绿色毯子。玩法是这样的：根据几何体的大小顺序从低到高排成一个金字塔的形状，最大的在底下，最小的在顶端。

开始的时候，要把几何体散放在毯子上，然后孩子再进行摆放，与此同时，儿童也能接受蹲起的身体锻炼。假如在摆放的过程中，不是一个规则的样子，这就说明摆放错了。这种不规则的样子就很明确地提醒了我们。

最初摆放的时候，最常见的错误就是把边长9厘米的放在最下面，把1分米的放到第二的位置，这两个最容易出错了。在我对发展不正常的孩子进行这样的训练时，这些儿童在经过反复训练后还是会把第二大的当成最大的那一块。这种认知从头到尾都存在。

我描述的这三组都可以广泛用到孩子们的玩耍中。当然，也能把所有的用具都堆到一起，打乱顺序，然后准备三个桌子，先挑出一样的用具摆放到桌子上。

在进行这个练习的时候，孩子们会很专注，因为一不小心就会把用具弄混，放错位置。

上面这些用具很适合4~5岁的儿童使用。对于年龄较小的儿童来讲，还是一组一组分着练习更好。

那组红色几何体深受三岁之前的儿童喜爱，他们在完成建塔之后，会推倒重新排列。

第十三章　了解感知训练的具体内容和做法

对于形状的视觉感知和视觉—触觉—肌肉感知

◇ **练习器具。**

木头的平面图形组成的用具。这种用具曾经被广泛使用，包括伊塔德和塞贡。

在发展不正常孩子的学习中，我也把相似的器具让孩子们使用，这些在外形上看来跟之前的没有任何区别。

这种器具包括的部件有：两个木板叠加，其中一个被分割成了许多不同的平面图形，在使用的时候要把分割好的木板拿出来打乱，然后按照一定的顺序摆放到下面的木板上。这些活动木板被加了按扣，目的是为了更好地取出来。

在发展不正常的孩子的学习中，我让他们使用这些器具进行练习，也包括有一些用来辨识颜色和形状的练习。那些辨识颜色的器具都做成了圆形的，而辨识形状的都上了蓝色的漆。我收集了很多这样的部件，不同的颜色，不同的形状，可是这些部件有点重而且不便宜。

之后，我又用同样的方式去引导健康的孩子。在进行了反复的练习之后，我觉得这种方法不可行，所以我不再用这种平面图形让孩子们辨识颜色了。

这种方法的缺陷很明显就是不能让孩子看到自己是否有了错误，孩子们看到的仅仅是这些形状不一样。

但是我没有放弃收集这些平面图形。后来，我又发现了它的新用法。我使用的用具改变了形状，这种灵感是在考察一个用来教授手工艺品的机构得来的。

在那个机构中，我见识了许多的平面图形的木制品。这些木制品被放到了对应的器具中。这种木制品就是为了让使用者更好地感知这些图形的形状。我开始有了改变我收集的平面图形的想法，就是也把它们放到一些特定的木架中和固定的图形中。所以，我自己制作了一个长方形的相框，把底面弄成大海的颜色，把四周的框框刷成黑色。上面还做了一个配套的盖子，在这个大长方形中，我又放进去六个小一点儿的框框。

这个自制品的优势就是任意改变形状，然后就会有许多不一样的平面组合。另外，我的手上还有正方形的木板，跟上面的木板一组合，就可以变换出至少两种图形。

在这个长方形中，我用一些涂了白色的正方形填充进去，这些正方形可以变换出更多的成套的图形。在第一套中，我用蓝颜色的纸贴到白色的正方形上。

在第二个系列中，我用蓝色的纸剪出正方形的边框，这样就有了蓝色边框的白色正方形。在第三个系列中，我把白色正方形的边框画成黑色的。这些组合起来就成了一组有图形、有框框，还有三套填充物的完整的用具。

除了上面的东西，我还做了一个能放置6个大长方形的盒子。我把这个盒子的顶部拿起来的时候，这个盒子就会向下倾斜，那些长方形就自动地滑了出来。

在6个长方形中，还有6个框框以及说明书。最前面的长方形中，我摆放着2个框框和4个四边形，这2个框框分别是菱形的和梯形的。

后面的长方形中，我摆放着一个四边形和5个小的长一样、宽不一样的长方形。紧挨着的长方形中，放了6个大小不一的圆形。随后的3个，一个放的是三角形，一个是多边形，还有一个是各种不规则的图形。

◇训练。

这次的训练很简单，主要是让孩子看一下我做好的小框框以及那个长方形。随后，会把里面的小部件打乱散到桌子上，然后儿童按顺序摆放好。

这种练习对于任何年龄段的孩子都具备一种特殊的吸引力，虽然这个玩法还比不上之前的小圆棒。因为在我的观察中，这些儿童顶多玩5~6次。

但是，从另一个角度，这些儿童耗费了很大的精力，因为玩这个的时候要费力观察并且进行辨识。最初进行练习的时候，大部分儿童会做很多次后才能把这些三角图形放到一些四边形中，最终完成这个练习。

有的时候，这些儿童尽管已经能够辨识出手中拿的是一个长方形，但是，他们往往分不清哪个是长、哪个是宽，所以他们要反复练习很多次，然后才会完成这个练习。

做练习的时候，儿童总会有 3 次或者 4 次不能完成，但是他们渐渐能够辨识这些平面图形，所以他们不再表现得很慌乱，而是安静下来仔细思考。

在这种时候，他们会直接把这些混在一起的平面图形摆放到对应的框框中。当完成这个练习的时候，他们眼中会有一些不屑，觉得这个练习没有一点儿难度。

但是，在这个过程中，孩子也许已经找到了怎么辨识这些图形的方法。这样的训练变成了一项简单的活动，孩子们潜意识中可以找到对应的地方并且摆放正确，他们做的没有不对的地方。做这个训练的最初目的是为了让孩子们学会观察那些差异鲜明的图形，并且要进行反复的练习。

这种时候，他们的视力以及他们的触觉会指引他们加深对于图形的辨识。有一次，我让一个儿童用自己的手指去碰触并抚摸一个物品。之后，再让他对物品中的小孔做同样的动作。

在经过练习之后，孩子把这个动作当成了一个经常的动作。我用的方法很有效，没有一个儿童不喜欢碰触事物的。

我曾经对发展不正常的孩子进行深入的观察，也逐渐发现所有的感知练习中，其中肌肉感知是最容易被记忆的。

因为，很多孩子只用眼睛观察是不能记忆一个物品的，但是通过肌肉感知却能够记忆。所谓的肌肉感知就是要碰触物体的构成，然后形成记忆，在心里进行预算。

这是大部分儿童经历过的事情。有的时候，他们会很慌乱，因为他们不明白怎么摆放。这个时候，练习多少次都没有用。可是，在孩子们对这个物体进行了碰触，对要摆放的地方也进行了碰触之后，他们在后来的练习中就可以摆放正确了。

所以说，这种把肌肉感知和视力感知结合的做法，能够让孩子更好地学会辨识图形，而且在脑海中拥有这些图形的记忆。

关于这个训练，跟之前的木板练习是类似的，只要有错，那么很容易看出来。只有所有的物品都放到正确的地方，才是正确的做法。所以，儿童能够自己做这个练习。这种练习肯定是一种对于图形感知的自主练习，这个是具有很大价值的。

◇三组图片的训练。

在第一组中，我会提供木块和印有图案的图片给儿童使用，在练习的时候，把这些图片弄乱。儿童要按照自己内心想的组合把图片重新进行排序，之后要把跟图片配套的木块也放到一起。

在这个练习中，容易让儿童犯错是因为视力。孩子们一定要在辨识了图片的时候才可能会找到配套的木块，用木块遮住图片上的图案。

这种时候，孩子眼中看到的跟图片应该是一样的，也是由于这样，找到的答案才是正确的。当需要把木块遮住图案的时候，儿童要强迫自己熟悉那些卡片的轮廓，然后重复这样的训练。

在进行木块放置的时候，儿童会用手感知物体的轮廓，用这个方式来确定两者是不是已经重合到了一起。

进行第二组的时候，同样给孩子们上面的器具。不过这组跟上组有些差别，这组会用一些蓝颜色的纸裁剪出图片的边框。在这个训练中，孩子会从认识实体性的物品转移到记忆物品的图像。在最开始的时候，孩子看到的只是这个物品的大致形状，可是在训练之后，孩子看到的就是组成物品的图形了。

换句话说，儿童现在看到的东西是一个不属于这个地方的东西，在训练后儿童看到的是一些直线，这些直线在他眼中组成的不是这个物品，只是一些他用触觉感受过的路线。

儿童在经过肌肉的碰触之后，这个路线就印刻到儿童的记忆当中，原因是在碰触的时候，手指会遮住部分图片，在拿开手指之后，又能看到完整的图片了。

这个时候，儿童的眼睛会引导着手指进行一系列的活动，可是要遵循一点原则，就是这个路线的产生是以具体的碰触为前提的。

在第三组中，我提供给孩子们的是一些用笔画出来的平面图形，笔选用的是黑色的。当然，也少不了那些木块。

这个时候，孩子们已经可以运用自己的记忆去看图形了。当然，这个也有碰触路线的定义。这些路线好似在用自己的手拿笔画出来的线条。这些有着具体轮廓物的物体对儿童的感知力产生了很大的影响。

感知不一样的颜色——色觉的训练

关于视力对颜色的感知训练，我们需要提供的是一些带有鲜明色彩的东西，另外那些彩色的球也能起到作用。

进行颜色感知的练习需要有下面的教学材料，这些教学材料是我在长期的观察和分析中研究出来的。

这许多的材料包括一些面积不大的平面木板。把那些木板用不同颜色的布或者是彩色的线包起来。在使用的时候，儿童要用手抓住这些板子的顶部，这么做是为了保护木板上的颜色，这样这些器具就会长久地保留下来而不褪色了。

在这里，我用了8种不一样的颜色，在这8种颜色中，又按照颜色的深浅做了8组，也就是说，我使用的是64个不同颜色的木板。

下面，我说一下都有哪些颜色：红橙黄绿、蓝紫灰黑。这样的木板我准备了两组。也就是说这套器具一共有128块木板了。

我把这些木板一组装到一个纸盒里,在纸盒中用隔板把纸盒分割成8个部分,把相似颜色放到一个部分中去。

◇ **彩板训练。**

最初训练的时候,我会拿出2组中3个颜色最鲜明的彩板,比如说黄、蓝、红。然后,我们把这6个木板摆放到桌子上。

开始的时候让儿童观察一种颜色,之后就让儿童在那堆彩板当中找到相同的一块拿出来。这个练习,我们会加强儿童选择颜色进行配对。

慢慢地,在练习的时候,可以适当摆放多一些,当然不要超过16块。在练习完那些色彩鲜明的颜色之后,对于那些不太明显的颜色也要进行训练。到了快结束的时候,我们要把相似颜色的彩板摆放好,让儿童按顺序摆放到桌子上。到了这个时候,所有的彩板已经都被练习过了。

之后的练习中,我们的做法是把2组具有相似颜色的彩板拿出来打乱,然后让儿童针对不同颜色的深浅不同按照顺序摆放到桌子上。在练习得更熟练一些后,也可以找那些相近颜色的彩板进行练习。例如有蓝紫色彩板以及黄桔色彩板。

我曾经观察过我们其中一个学校的训练,在这个训练中,不仅取得了很大的成效,也充满了乐趣。更让人惊奇的是,儿童掌握得很快。

在练习的时候,老师会拿出跟儿童一样多的彩板放好,然后,老师让儿童认真看自己手中的彩板,也可以是老师把彩板发给儿童。接下来,老师要把剩余的彩板弄乱,并要求儿童快速从一堆彩板中找到对应的彩板和与其一个系列的彩板,然后让他们按照顺序摆放好。之后,就会看到从浅到深摆放整齐的彩板。

除了这所学校,在另外一所中,我发现这里的儿童在训练的时候是把一整组的彩板都弄混了,并堆到桌子上,接着就快速进行颜色辨识以及深浅排序。这种练习让儿童迅速掌握了对颜色的辨识感知力。不得不说,这让人非常惊讶。谁能想到这些做颜色辨识和排序的儿童只有三岁。

第十三章　了解感知训练的具体内容和做法

◇ **颜色感知记忆练习。**

对于这个练习是要遵守下面的步骤的。一开始要给孩子一块彩板，让他认真观察，当然没有时间限制。

接下来，要求儿童去一堆弄乱的彩板中找到对应的颜色。关于这个练习，儿童几乎没有出错，他们的练习也获得了巨大的成效。那些五岁左右的儿童非常喜欢这个练习，他们自己对比不同的彩板，接着自己对正误进行分析和确定。

刚推广这个练习的时候，我用的用具是皮佐利的。这个用具跟大转盘类似，也是准备一个灰颜色的转盘，在转盘上剪出一个扇形的缺口，接着转动转盘。在这个缺口中，我们能看到颜色不断地转换。教师会指定一个颜色让儿童注意，接着就让转盘转动起来，假如出现指定的颜色，儿童就喊出来。

这个训练并没有引发儿童的好奇心，原因是他们没有办法亲自动手，所以结论就是，这个对于感知练习没有帮助。

声音辨识的训练

在对听力的感知练习中，我们参照德国和美国在发展不正常的孩子的身上做的练习，把我们独特的做法也融入其中。可以说这样的练习对于孩子们进行语言的学习是一个基础，这种练习会给孩子完整地展现出人类声音的转变，从而引发孩子的兴趣。

在儿童的婴儿时期，语言的练习就非常地关键。进行了这样的练习，孩子对于声音的敏感度会增强，这样在孩子的心中能够把噪音和声音辨别开，对于那种不喜欢的声音,孩子往往会进行抗议。

这样的听力感知练习实用性很强,在这种练习下,孩子们会感受到声音的美好,而且之后的生活中他们会把这种感觉放到许多地方。一个孩子会直接进行喊叫,这在我们的感知中就好比是一种噪音一样。

对于教育者来说,不见得严谨的有依据的听力练习就是最好的,这种练习不适用于学校。孩子没有办法在感知中自己进行听力的练习。最多是在一个人待着的时候,或许他能对乐器产生的声音有一些辨识。所以说,在安静的场合进行听力的练习是必须的。

我们学校的主任马切洛尼,先后在米兰和罗马都待过,他自己制作出了下面的一个器具:找一个长方形的木板,然后把13个小铃铛系在木板上。

特别要说明的是,这是13个一模一样的铃铛。在使用的时候,就直接用器具击打铃铛,然后就会听到不同的声音。如下图:

这个器具的原材料是两组13个一样的小铃铛和4个击打锤。在对其中的一组进行击打之后,儿童需要做的就是从第二组中找到发出同样声音的小铃铛。这个练习对于儿童来说很难,他们也不能保证自己在击打的时候用力相同,所以说发出的声音也不相同。

尽管有的时候,教师会亲自击打,可是儿童还是不能辨识出相同的声音,后来我们一致认为这个器具不具备实用性。

所以在进行听力的练习中,我用的是由皮佐利发明的一排口哨。我们为了增加声音的多样性和强弱,还特意准备了一些小纸盒。在纸盒里装满了石子或者沙子,在晃动纸盒时就能发出声音了。

第十三章 了解感知训练的具体内容和做法

如何进行听力感知的训练，我觉得要采用下面的步骤：老师先让儿童安静下来，然后我就开始训练，保持并加强这种安静的环境。

我用不同的声音发出一连串"咝！咝！"要确定我的声音一会儿高一会儿低，一会长儿一会儿短，也会发出像是在人的耳边讲话一样的呢喃。渐渐地，引发了儿童的好奇心，然后我就对他们讲："再安静一点儿，再安静一点儿。"然后，我不断重复"咝！咝！"这个音节，而且会让声音越来越小，就像没有发声一样反复说："再安静一点儿。"

接着，我持续用耳语般的音量讲道："我能在这个时候听到表针转动的声音，我能在这个时候听到小虫翅膀震动的声音，我还能听到院子里大叔们交谈的声音。"

这个时候，儿童的心情都很激动，并且听我的话一直安静地坐在原来的地方。我感觉这个教室里显得很空旷。之后，我用很小的声音告诉儿童："现在把眼睛闭上。"反复做这个训练，会让儿童感知什么是绝对静止以及安静。

假如现在有儿童打破了这种安静，我们就发出一个音调或者只是做个动作提醒他保持安静，一直持续这个做法就可以了。

接下来，我们要做的就是发出各种声音甚至是噪声去打破这种安静，一开始，儿童会感觉到安静和嘈杂的对比，可是最后的时候儿童就没有那么大的反应了。

在练习中，我们也会把声音和噪音进行对比，这个时候我用的是伊塔德的教具——鼓和摇铃。在他的方法中，先进行打鼓的动作，这时我们会感知到一连串的高低不同的噪音，当然也可以叫作非常厚重的声音，严格来说，鼓也是乐器。

在同一时间，摇动摇铃，让它发出别的声音。那些口哨和纸盒引发不了儿童的好奇心，所以在练习中就跟用别的物体对儿童进行听力感知训练的效果也不一样。

我在训练中发现了一个很有意思的事情，在人类发展史上，人类用鼓和摇铃分别代表了两个相对的事情，这就是仇恨和爱。在引导儿童进入到绝对安静的状态后，我开始晃动摇铃，让它发出声响。这个声音一会儿是清脆悦耳的，一会儿是轻柔好听的，这种声音的共鸣传到儿童身体的所有地方，这是很有效的练习。

另外，做这个练习不仅仅是锻炼了听力的感知能力，在这些优美的铃声中，儿童的身体也伴随着铃声有了共鸣，这种安静的氛围传播到儿童身体的所有地方。

我认为在经历了这样的练习之后，儿童对于噪音的反应肯定会很灵敏，他们变得不喜欢噪音，所以自己也不会再制造噪音。

在这个练习中，假如耳朵经历了不和谐或者难听的声音时，也就是进行了锻炼。我不想找许多例子证明我的方法是很有效的。

下一代的人一定会摒弃那些嘈杂的、不和谐的声音，原因是他们不想因为那种声音变得跟原始人类一样野蛮粗暴。

音乐训练

这种训练需要运用适用的方式，并且一定要进行耐心地引导。总体而言，我们觉得儿童没有欣赏音乐家优秀创作的能力，他们就像动物一样不懂得欣赏。

儿童没有办法感知那些音符中代表的美好，他们更喜欢聚集在一起，大吼大叫，在他们看来这才是最美的声音，其实这是噪音。所以，在音乐训练中，我们的任务就是要把乐器和音乐结合起来进行教授。使用乐器是因为它能让儿童懂得音乐中的韵律感，这种感觉会让身体放松，然后做出适合的动作。

第十三章 了解感知训练的具体内容和做法

在乐器声中我们还能进行声音辨识练习，因为我们的身体在这种韵律感中已经有了运动感。我觉得那些带弦的乐器是最好的选择。那些有弦的乐器跟鼓以及摇铃一起进行演奏表现出了最和谐、最能表现人的特性的音乐。

在乐器中，竖琴就相当于人类的闺蜜。在神话中，神仙奥菲斯就拥有一把竖琴的，在传统的传说中，那些仙人也是持的竖琴，甚至在童话故事中，公主也是依靠竖琴对心地不好的王子进行了感召。

儿童在训练中每个地方都要有能引发他好奇心的地方。就算是一个神色和一个动作也一样。老师会让儿童围在自己的身边进行讲授，当然，这个过程中儿童可以自主活动。

然后，老师会用手指弹琴，琴就会发出一个短促的声音，这个声音把老师和儿童联系起来，彼此的心灵也有了联系。假如在弹琴的时候，老师能够按照乐谱跟着合唱效果会更好。这个时候儿童会自愿进行伴唱，这种是自发性的。

在这个训练中，老师应该要找出一种适合的方法，找出能够满足所有孩子的乐曲进行教授。这个时候，老师也能因年龄施教，也能够看到自己选的复杂的歌曲儿童多大的时候就无法进行练习了。

以前我们学校有个主任是一位很好的音乐家，我让她做过一连串的练习，这个练习的目的就是要对儿童的音乐感知进行一个认识。在练习过程中，她在弹奏钢琴的时候按出了一些重音，然后观察儿童对节奏的反应。

伴着这样的节奏，她创作出一组舞蹈，这个练习是想观察一下人体在节奏中会有哪些动作。最后，她对于这种身体反应表现得很惊讶：儿童在跟随节奏进行着自由的动作，这些动作表现得很好而且具备一定的艺术感。

在这里没有阶级贫富之分，这些儿童大多数用跳跃跟随这个节奏。这个老师非常崇尚自由的动作，所以她觉得儿童的这些反应是很有想法的，所以她没有进行纠正。随着训练的发展，这个老师慢慢发现，儿童已经在反复训练中摒弃了当初的反应，他们不再跳了。

后来，老师想要知道为什么儿童不再跳了，一些年龄小的儿童只是看着她并没有回答。那些年龄较大的儿童的回答五花八门，可是表达的却是一个意思：

"那个行为很糟糕。"

"那个行为不好看。"

"那个行为显得不优美。"

不得不说，我们的训练方式是非常有效的。

这个经历给了我们一个结论。对于儿童肌肉的感知练习是有成效的，而且我们还观察到，我们的肌肉感知如果跟其他的感知一起被记忆，我们得到的就是一份很精美的礼物。

听力敏感度的实验

我们学校以前有过一个整个过程都成功的训练，这个就是钟表训练，具体来说，这是一个用极小的音量和小声讲话的训练。但是，这个训练是依据生活的经验而来的，不是科学的测试。不过，这个训练很有效，我们在这个训练中对儿童的听力敏感度有了认知。

训练的步骤是这样的：在一个绝对安静的环境中进行，接着让儿童专注于钟表表针发出的滴滴声，还有一些我们从来没注意过的小噪音。之后，老师让儿童用很低的音量依次讲出各自的名字。需要注意的是，在进行这个训练之前，要让儿童了解什么是安静。

为了达到这个目标，我准备了一些相关的练习。这几个练习让儿童对于

第十三章 了解感知训练的具体内容和做法

纪律有了一定的认知。在这个练习中,我会让儿童专注地看着我,让他们观察我是怎么保持安静的。我开始不停地变着动作,或者站起来,或者坐着等,而且是不发出一点儿声音。

在这个过程中,只要稍微动一点儿就会有声音,虽然很微小,可是我必须保证自己一直安静,所以这个很不好做。我会找一个儿童出来,然后让他跟着我一起做。他会把自己的脚弄得更舒服一点儿,可是会有声音发出来。他的手晃了晃,或者是把手放在椅子的靠背上,也会有声音。他的呼吸也有声音,没有办法像我一样一直安静下去。

在儿童不停晃动的过程中,我在保持不动和安静的时候进行了点评,别的儿童很认真地听我的点评。

很多儿童喜欢这个练习,原因是在我没有做示范之前他们没有留意过这些事情,换句话说,我们曾经做了那么多带噪音的事情,可是他们却一无所知,另外,安静也是有不同层次的。

在一切物体都不动的时候,这个就算绝对安静。儿童会很好奇地盯着我,此时很安静,大家都不吭声,仿佛我不在房间似的。

然后,儿童想着重复我的动作,有的时候他们会表现得更优秀。这个时候,我会非常关注我的活动,只要稍微动一点儿肯定会有声音。这些儿童也时刻让自己处于一直不动的安静氛围中。儿童在朝着静止方向努力时,教室里变得安静了。需要指出的是,这个安静跟平常我们说的不是一个意思。

我说的这个安静就是一切事情不存在的那种,这个教室貌似慢慢地没有东西了,就像是里面什么都没有。然后,我们能听到指针转动的声音,越安静,听到的就越清晰,声音越大。在我们之前觉得就是安静的时候,在周边没有人的时候,我们身边会有很多噪音:鸟儿在歌唱、儿童在跑步等。

儿童安静地在教室中进行感知,这种氛围是多么美好啊,他们就仿佛折服于这个安静中。一个老师开玩笑:"教室里什么都没有,儿童不在这里。"

到了这个时候,我会把帘子拉开,让儿童都把眼闭上,把头放在臂弯里。

儿童都照做了，在没有光的教室里，又变成了绝对安静。

然后，我小声地讲："你们认真听，现在你们能听到一个很柔和的声音在喊你。"然后，我走到旁边的房子里，把两个门打开，小声地说话，我的声音一直回荡在教室里，仿佛我现在是在山中讲话一样。

如此小的声音就像回荡在儿童的身体里一样，同儿童的灵魂有了感应。每当叫一个儿童的名字，儿童会把头从胳膊里抬起来，把眼睛睁开，显得很幸福。随后，他会站立起来，慢慢缓缓地走着，没有碰到凳子，所以几乎没有声音。可是他走路的时候会发出声音，声音也在教室中回荡着。他走出来，很开心，随后跳着回到屋子里，很小心地不让自己笑出来；还有的会把头藏到裙子里；还有的儿童会看那些趴在那里一动不动的伙伴。

被叫到名字的儿童就像被赋予了荣耀或者是得到了奖励，他们也都了解老师会叫所有人，不过他们还是觉得"先被老师喊的，一定是表现最好的"。

在这种想法的影响下，儿童都努力安静，希望得到这个奖励。一次练习中，我观察到一个小女生努力忍住没有打喷嚏，她控制着呼吸，终于做到了。这种精神太让人惊奇了。

儿童对于这个练习的专注程度是我没有预想到的，他们很严肃，努力并且一动不动，而且表情很开心。

最初，我不能认知到儿童的内心，我也考虑过是不是给儿童一些糖或者玩具进行奖励，一直觉得这种奖励是对儿童认真练习的回报，可是最后我意识到这个奖励是没有用处的。

儿童在自己创造出安静的氛围之中，感受到了安静的美好，而且在安静中很开心，就好像是有了港口保护的小船。

儿童喜欢尝试新鲜的事物，这样可以挑战自己。所以，这是一种奖励。他们不记得自己会得到糖，也不想要玩具，以前我觉得这些会引发儿童的兴趣。所以，我不再用那些不起作用的方式了，我也看到一个让我吃惊的事情，训练很有效，就算是一个三岁的儿童，也可以在我把其他所有儿童喊出教室的时候继续一动不动,保持绝对地安静。

在那个练习之后,我了解了在儿童的内心有奇特的方式让自己得到满足和欢乐。在练习过后,我和儿童的距离拉进了,他们更听话,也更懂基本礼仪了。

我们在进行这个练习的时候就像是在一个与外界分离的环境中,而且在那时我和儿童的距离很近。他们在绝对安静中听我呼喊那些名字,都表现得很兴奋。

保持安静的练习

下面我讲一个验证过的很有效的练习,从这个练习中,儿童能学会怎样做才会安静。一次,我刚刚跨进一个学校的门口,在院子里看到一个妈妈,她的手中是一个四个月大的小孩。

小孩按照传统的风俗被包着,在罗马小孩会被布包起来,这种习俗叫作"pupa"。小孩很安静而且很好相处,我把他接过来后,他也没有哭闹。

然后,我向屋里走去,同时一群儿童从里面跑出来找我。他们常常会这么做,抱我或者是攥住我的衣裙。他们热情得让我有点儿招架不住。我看着他们微笑,把小孩给他们看。儿童了解我是什么意思,都不再接触我,在我周围望着我,显得很开心。

在儿童的包围下我回到屋子里。大家都坐在一起,今天,我没有像以前一样坐到儿童椅上,却是坐到一个成人椅上。现在,我是一个人坐在一边。儿童在看着我的时候,眼中充满了快乐和温和,谁也没有讲话。

后来，我告诉他们，这里有一个小教师。儿童表现得都很惊讶，还有的笑出来了。"对啊，他就是小教师，你们谁能做到这么安静呢？"

我讲完之后，儿童都保持一个姿势不再说话了。"你们的动作都没有像他一样做得那么好。"儿童开始打量自己的动作。

这个时候，我笑着说："是的，你们没办法跟他一样这么安静，你们都会有些动作，但是他会静止不动，你们都比不过他。"

儿童都表现得很认真，这个小孩的示范有效果了。这个时候，一些儿童在笑，从他们眼睛中，我看到他们在说这个小孩很棒。我接着讲道："没有一个人能像他一样没有任何声音。"

儿童都安静下来。"你们做不到跟他一样这么安静，你看他的呼吸声都几乎听不到，你们过来感受一下。"

有些儿童站立起来，小心翼翼地到我身边，弯下腰，在小孩脸旁听着。"你们做不到这样几乎没有声音的呼吸。"

儿童都很好奇地看着我，他们之前从没注意过，那么小的呼吸声也是噪音。这个小孩能做到大人不能做到的安静。

儿童差不多都不呼吸了。我也站起来对他们说："把脚跟抬起来，慢慢出房间，别弄出声响。"我在后面走着，"我还会听到声音，可是这个小孩没有一点儿声音，这是绝对地安静。"

儿童都微笑着，他们听懂了我在说什么。我走向窗户，把小孩重新放回一直观察我们的妈妈手中。小孩仿佛有魔法，让儿童的注意力都放到他那里。可是，不得不说，这些刚刚降生的小孩太安静太美好了。

他的那种精神没有办法用言语表达出来。他的绝对安静是一个小孩生命力的体现。跟这个比起来，那些能用言语表达的安静简直不值得一提，就像是："很平静，很安静，连水滴到地上的声音都能感受到。"

儿童感知到了刚刚降生的小生命蕴含那些美好和诗情画意。

第十三章 了解感知训练的具体内容和做法

蒙台梭利教育启示

1. 在进行感知训练时,要想办法让孩子亲自动手,这样才能引发好奇心,促进感知觉的发展。

2. 在进行听力训练时,父母必须选择安静的场合,或者独自让孩子对乐器产生的声音进行辨识。

第十四章
了解感知训练中的注意点

进行感知训练,让孩子的各种感官发挥应有的作用。

——德国教育家 第斯多惠

阅读提要

让儿童进行感知练习，要实现两个目的：生物和社会的双重性。

在第一个方面，父母要找到一种方法，促进孩子的身体发育。在第二个方面，要帮助孩子更好地在社会上生存。

父母勤于指导，让孩子在自己身处的社会中找到对自己的发展有利的东西。

第十四章 了解感知训练中的注意点

我讲过的儿童感知练习方法，不一定是最好的方法，可是我觉得这些方法对于儿童心理的探索有一定的创新性，这也表示儿童心理的研究会有一个重大的突破。在对儿童心理的探索中，科学验证是一种非常好的方式。在这个方式中，对于感知我们可以准确地计算出来。

但是，世界上没有一个人有总结关于人类感知理论的想法。我觉得如果按照这种科学验证的方法一直进行的话，那么仅仅是对个别人的感知研究，这种结果不具备什么价值。

在我的方法中，要实现下面的两个目的：生物和社会的双重性。在第一个方面，我想找到一种方法可以促进人类在身体方面的发育。在第二个方面，我希望能够帮助每个人都很好地生存在所处的社会中。第二个目的开创了技术教学的先河，在这个方法下，人类会学到怎样在自己身处的社会中找到对自己的发展有利的东西。

不管是哪个方面，都必须要进行感知练习，这点是教育中的关键。在人类的发育中，感知是最先开始的，其次才是智商，在孩子幼儿园到小学的这段期间，是感知开始慢慢萌芽的时候。所以，我们要做的就是在这个时间段内协助孩子进行感知训练，促进孩子良好发展，这个协助跟协助孩子进行语言训练的准备工作有同样的意义。

可是，不要忘记我们进行教育的初衷，那就是要保证儿童在智力和生理方面的自主性。当然，智力和生理是会交错发展的，在我们的进一步研究中看到，在孩子的不同阶段，也会有优先发展其中一个的现象。

在幼儿园到小学的这段时间内，孩子的生理发育明显要更好一点。这个时间段，也正是生理与智力开始发生联系的时候，二者之间慢慢具备了感知。孩子们在这个时候会有感知上的发育，在对事物都充满兴趣的时候，喜欢观察和专注于自己生存的世界。

孩子会把自己的好奇心放到任何一件事情上。在这样一种情况下，我们要做的就是主动地刺激孩子的感知。这样一来孩子的感知就会处于不断发展的状态。

在进行感知训练的时候，孩子们所有对于外界的感知都会在一个正确的方向上行走。同时，这个练习是一个被设定好的、有顺序的过程，经过了这个过程，孩子们就能够拥有健康、优秀的心理智力。

不仅仅具备上面的优势，感知练习也在学校教育中发挥了重要的作用，它可以改变传统教育中的弊端。当孩子们没有办法自主进行感知，出现这样或那样的感觉失灵的情况下，感知训练就可以发挥作用了。所以说，感知训练是一种很好的教育方法，它会加强孩子们感觉器官的功能，把感觉器官之间的联系变得更加地紧密。

在这种纯粹的身体练习下，感知练习最主要的目标就是提升孩子们的智商。

关于孩子的社会性练习，比如说如何更好地在社会中生存的问题，感知练习也会有一点练习，不过这种练习只是被涉及到。

在我的方法中，最终的目的是为了儿童能够在现在的世界中生存并且能够承担起改造世界的重任。在现代社会中，人类已经能够从自己生存的世界中找寻一切可以利用的资源促进自身的发展，我们把它们称为对生存世界的最好的观察人。

在实验论证中，观察就是推进社会进步的最基础的部分。在科技进步的规律中，观察也是重要的部分。所以说，我们科技的验证和进步是依靠观察才能拥有的，也是这些科技在短短 100 年中就极大地改造着我们生活的世界。所以说，对于人类的继承者，我们要训练他们观察的能力，这个是推动现代

第十四章 了解感知训练中的注意点

世界发展的关键，也是不能放弃的一种方法。

假如人类还想自己生存的世界变得更好更先进，他们的后代就一定要具备这种能力。在人类的历史上，大部分的发明都是依靠观察而来的。比如说伦琴发现了 X 射线，还有赫兹定律、元素周期以及怎样发送电报。

在人类的发展过程中，过去的 100 年是伟大的 100 年，再也没有哪个时期让我们收获了这么多的财富。这种财富就是通过科学实验得来的。在我们收获财富的时候，我们关于精神世界的思考和探索也开始了，在我们对于世界上存在的东西进行精神上思考的时候，我们就有了形而上学这样的理论。

对于这些事情的总结，就是我们在用观察创造科学的财富的时候，我们的精神世界也随着打开了神秘的大门。

这种对感知的练习让人类的观察力进一步提高了。在进行这种练习之后，做好最基本的工作不是问题，人类可以在所处的世界中生存，也可以面对这个世界中的一切。

在我的想法中，现阶段什么才是生存中最重要的，有一种不正确的看法。最初的想法是从精神世界开始的，然后会扩展到我们生理层面。举个例子，在传统教育中，都是先训练孩子们的智商，随后才会教授孩子们心理道德。对于这种教育进行总结就是，传统的教育就是把大人希望的部分教授给孩子。

现在写出某些理论的研究者往往会讲出一些具体的希望达到的目标，他们也能解释出他们希望的目标是什么，可是假如我们要求他们在行动中实现自己的目标，他们却很难做到。

会出现这样的情况，是由于在我们的研究中忽略了一个很关键的地方，那个就是感知。下面我举一个例子进行解释和说明。

假如我们给一个厨师下达命令，让他去买"鲜活的鱼"，厨师可以感知这句话的意思，而且在之后的行动中会做出正确的选择。可是，假如这个厨师从来不曾接受过专业的练习，那么他就没有办法单单靠看鱼的表面以及闻鱼的味道辨识出这个鱼是不是够鲜了，也就没有办法知道我们的要求是什么。

对于有没有接受过训练这件事，通过观察厨师的烹调就能看出来。假如这个厨师曾经看过类似的书籍，也弄清楚了做某道菜需要的配料以及步骤等，这个厨师就可以把这道菜做出来，而且做得也很不错。

不过，一旦出现要用味觉、嗅觉或者是视觉作为依据才能辨识一道菜是不是可以出锅的时候，或者是到了用感觉辨识要不要加入配料的时候，假如这个厨师没有进行过感知练习，那么可能这道菜就失败了。

做菜越久的厨师具备的能力越强，因为练习是需要时间来保证的。所以说，对厨师来讲，在厨房进行做菜的练习就是自己在进行感知练习。不过，一般来说，大人想要完成感知练习是一件不容易的事情，也就是说一个优秀的厨师很难培养出来。

不仅仅是厨师，在医院看病的医生也要经过同样的过程。当医生刚刚从学校走出来的时候，他们掌握的是书本上的知识，通过学习他们知道人的脉搏都有哪些特点，当他工作的时候，是以一种神圣的情绪在感受脉搏的。可是，假如这个医生的触觉不灵敏的话，那么他学的理论也就没有用了。所以说，在正式进行工作之前，他还要学会用自己的感知力去诊断病情。

在书本中，对于心跳的记录写的都是一个特性，可是如果想要判断不同的人的心跳，我们必须要大量练习之后才能用听觉感觉出来。其实，如果一个医生的触觉不灵敏的话，那么所有的跳动以及震动他都感觉不到。这个想法是可以推广的。

如果一个医生本来的触觉就不好，而且也没有接受到对于热量的感知练习，那么他就只好用体温计来进行测量了。所以，有的时候我们发现有的医生知道的东西很多，智力也很高，可是他不能作为一个优秀医生。假如一个人的梦想是要做一个优秀的医生，那么就要进行大量的练习。

也可以说，大量的、长期的练习就像是一个渐变的、慢慢发生转变的感知练习的进程。在这个医生学会了所有的理论知识之后，这个医生也会觉得在实际操作中并没有优秀的表现。实际上，一个医生需要用到自己的感知，对病人的病症进行研究，但是对于只学习理论知识的医生来讲，这个很不容易。但是，这个医生想要拥有好的成就，就必须要接受感知训练的过程。

举个例子，在去看病的时候，我们会被安排去检测心脏跳动、脉搏以及让医生进行初步诊断，这么做是想要知道，病人的心脏是否有悸动，病人的呼吸是怎样的和病人的身体中都有什么样的声音。判断出这些之后，医生就能知道病人的病症了。但是，刚刚从学校出来的医生都觉得这个过程太困难了，他们觉得这个没有作用，纯粹是耗费时间，这些表现是因为在学习的时候没有进行过多的感知练习。

假如我们让没有进行过感知练习的人去做这么重要的事情，那么这也是一种不负责的表现。尽管这个医生的理论知识真的很丰富，假如他如果没有良好的感知，即使这个医生的智力水平很高，我们也不能接受他作为医生。

曾经，我看到一个专门研究外科的医师向许多家境不好的妈妈讲授医学知识，好让她们能够简单判断孩子是不是得了佝偻病。同时，他觉得这些妈妈应该把得病的儿童带到医院，如果儿童的病刚刚发作，那么有很大的希望可以治疗。

妈妈们对于这个认知还是知道的，只是她们判断不出来孩子是不是刚刚发作，原因是妈妈们没有接受过感知练习，那些通过了练习的人才有判断病症是不是在初期的能力。所以说，这个医生的讲授是徒劳的。

在生活中，如果我们进行过思考也可以看到，那些在食物中造假的行为大多跟感知缓慢是有关的。这种缓慢几乎所有人都会表现出来。这些假货的出现就是利用了大部分人都没有接受过感知练习，也可以说这些造假的出现依靠的是民众知识的缺乏。

在生活中，常常有这样的现象，民众把自己的信赖交给了商家，他们相信大的品牌和跨国集团。这些民众对于是不是假货没有一点自我辨识的能力，当然他们也没有办法用自己的感知进行辨识和判断。

所以说，大部分的时候因为感知练习的不足，即使是智力超群的人，也会变得迟钝。这种感知是要经过感知训练才能获得的，相信所有人都明白在生存环境中能辨识不一样的感觉是非常有必要的。

可是，一般来说，对于大人的感知练习很不容易，这种困难程度就像让大人瞬间变成一个钢琴艺术家类似。假如想要经过练习后感知会有所提高，那么我们就要选择可以进行感知练习的时候进行训练。一般来说，感知练习从孩子刚刚出生的时候就要进行了。

这种练习也要一直延续到孩子接受完所有的教育，在这个期间进行感知练习就是想要人类在自己生存的世界中好好生活。在进行感知练习的时候，美的练习和道德的练习是不能缺少的。在经过深入的感知后，要具备自主辨识不同事物的能力，这样人对于事物的敏感程度就会提高，同时人也会变得更加开心。

在美学的研究中，我们要的不是对事物的比较，而是要让事物变得和谐。所以，假如我们想要找到和谐，那么我们的感知就必须达到同样的境界。可是，当面对一个感知缓慢的人，他就不能够通过感知获得这种和谐了。在他的眼中，整个生存环境会变得狭窄和贫穷。

在我们生存的环境中，有许许多多的美好的东西，但是对于感知粗糙的人，没有美好的东西，就只有野兽看待事物的视角。他们根本感知不到任何美好，在他们的眼中，世界就是简单和多彩的对比，这也是他们最有好奇心的地方。

在现代世界中，有些不好的行为从这种对美好世界的享受中催生出来。原因是一些很大的刺激并没有让我们的感知变得更敏感，而是让感知变得缓慢。这个时候，需要把这种刺激变得更大、更强。

通过对贫穷家庭中的健康的孩子进行观察，他们会有自慰、嗜酒等不良嗜好，这种行为显示出贫穷的人过得不开心，而且感知缓慢。这种不良行为下得到的开心是很不健康的，这种不健康导致这些人的生存像动物一样。

在人类的生理研究中，这种感知练习也是很关键并且会显示出来。这种表现能够用下图来表示：

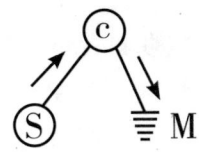

先是外面的刺激到达了人体的感觉系统，然后这种刺激就通过神经线到了神经器官。这个时候，我们的神经就有了感知，然后感知经过沟通肌肉的神经传达出去，到了我们的肌肉，从而我们开始动作。

上图仅仅是将我们脊柱神经的运作表示出来，可是这也可以用来阐述一些更多的神经运作。人体是经过外界的神经线进行对外部的各种感知的，这样人体就可以与外部形成一定的联系。所以说，这种通过神经器官作用的一些心理以及需要的日常行为由人体的肌肉进行运作并且通过四肢的动作——写字、说话、做工艺品等——表现出来。

在我们的感知练习中，是要把这三个部位的联系变得更完善。在这个时候，人体的神经中枢反应会变得缓慢，在训练中应当让感知练习和神经练习同步进行。假如这两者不同步，那么在练习中我们就让人脱离了自己的生存环境。而且，说到对于智力的训练，我们会说自己的训练是最棒的。

但是，这个程度上的训练就是把人类同自己生活的环境隔离开，然后进行生存的训练。所以，后代就变成了一种理想中的人。

从另一个角度来看，假如我们想要让孩子们能从教育中获得实际生存的机能，这种时候，我们就不会把神经的训练包括在内了，这样也不符合教育的初衷，因为正是为了这个可以和外界联系的目标我们才进行训练的。

在人的工作中一定要从生存的环境中得到成效，那么我们创办的技术教育机构也要从进行感知练习开始，以满足社会的需要。

蒙台梭利教育启示

1. 在孩子幼儿园到小学的这段期间,感知开始慢慢萌发,父母要在这个时间段内协助孩子进行感知训练,促进孩子良好地发展。

2. 在进行感知训练时,要让感知练习和神经练习同步进行。假如这两者不同步,孩子就会脱离生存环境。

第十五章
给孩子正确的智力教育

尽早对孩子进行智力教育,能够帮助孩子的潜能得到更大程度的开发,让孩子富有更多的智慧。

——日本教育家 福泽谕吉

阅读提要

　　在对孩子进行智力训练时，父母要具备感知儿童是否专注于练习一些事情，提醒孩子专注于眼前的事情。

　　父母可以让孩子进行摸瞎练习，手工制作泥雕，认识边、角、底，辨识颜色等，促进孩子智力的发育。

　　父母适度教育，能让孩子的智力训练获得更好的效果。

第十五章 给孩子正确的智力教育

我们进行感知训练的时候,往往也会用一种自主训练的方法。当儿童在训练中经过了反复的练习,那么这种自主训练就能够让儿童的感知变得更好。

老师在训练的时候一定要参加,这个时候是儿童的感知变成记忆的过程,具体来说就是儿童的思维从感性到理性,从固定思维到联想思维的过程。所以说,这个阶段老师的作用就是保证孩子保持一种专注,这种专注被用来进行感知训练。严格来说,让儿童只专注于当前的一个事物上。

简单地说,老师在教授知识的时候,一定要让儿童专注于获取知识上。例如,在感知训练的过程中,老师要引导儿童专注于现在进行的练习上。要想做到这个,老师也需要进行能力上的培训。作为一个教育工作者,要遵从"尽可能避免妨碍儿童自主发展,也要保证儿童自主发展的轨道是正确的"这个原则。

这个时候,老师需要具备感知儿童是否专注于练习等一些事情,例如说人与人之间的身体素质和感知的敏感性是不一样的。也可以这样说,老师在进行正确引导儿童的时候,老师本身具备的能力会有很大的帮助。

在老师的工作中,教给孩子正确的读音以及名字是很重要的事情。大部分的时候,老师要直接念出名字和一些词语,不带任何的修饰。在念的过程中,老师一定要读得准确,而且音量要大,这样就能够保证念出来的东西被儿童清楚地听到。

举个例子,我们进行触觉感知训练的时候,在抚摸光滑和粗糙两种不一样的东西时,老师要准确指着物品并念出:"一个光滑,一个粗糙。"而且,还要能够用不一样的发音、不一样的音量读出来,重复念"光滑"和"粗糙"这两个词。

其他方面的训练过程大体一样,在进行热量的感知时,老师也要念出具体哪个是热的,哪个是冷的,还有哪个是温的。更重要的是,老师还要把一些相关的词也念出来:热、很热、不太热等。在进行讲授的时候,也要按照一定的原则进行:

一、必须把所有有关的名字都讲出来:所有可以让儿童在所讲的事物和其他的名字产生联想的词语。在孩子们进行感知练习的时候,这个物品会和名字一起进行记忆,所以说在讲名字的时候千万不要说其他的词语。

二、老师要不断进行测试,从而确定自己的任务是不是已经完成,需要说明的是,这个测试要跟课上讲授的物品以及名称是一致的。

之所以要进行测试,是因为我们要知道儿童是不是把物品和名字结合起来进行记忆的。

当然,老师也要知道记忆是会出现遗忘的,那么在测验的时候要跟上课隔出一定的时间。然后,老师要慢慢地、清晰地把教授过的名字讲出来进行询问:"谁光滑?谁粗糙?"

儿童往往会用动作表示出来,这个时候老师就知道名字和物体是不是整体都记在了孩子的心里。假如儿童没有做出来,又或是儿童做错了,老师不应该马上指出错误,要停止测试,等过两天再说。

可是干吗不指正呢?原因是儿童没有将物品和记忆结合起来记忆的时候,如果想要让这种联系结合起来,那么最应该做的就是要对这种结合记忆进行反复练习,换句话说,就是要再上一次课。

在儿童无法回答的瞬间,我们想到的应该是可能儿童注意力不够,没有办法做到物品和记忆的结合。所以,这个时候我们要做的就是换个时间继续。

假如我们需要对儿童进行指正,用责备的语气告诉他"你做得不正确,是错误的"等类似的话,那么这个儿童会变得容易愤怒。

这个结论会被儿童记录下来，让他不想再继续接受关于名字的训练。不一样的是，假使儿童做错之后让他自己思考，儿童的思维就会变得更清楚，在下面的练习中儿童还会参与进来。

所以说，在儿童犯错了之后进行纠正会让儿童觉得自己的学习是没有用的，这个观念会存在于儿童的记忆中，这样他会变得没有自信。作为老师，我们需要做的就是防止这种情况的出现。

三、假如儿童做的是正确的，那么老师就可以刺激儿童对于物品的神经反应了。简单地说，就是让儿童讲出名字和相关的词语。

四、这个时候，老师的问题是："这个叫什么？"儿童会说："光滑。"这种情况下，老师能够让儿童停下来，教会他们正确的读音。

五、做完后让儿童做一次深呼吸，再大声地念出"光滑"这个词。在做这个练习的时候，老师要及时纠正儿童不准确的发声，或者是要纠正一种发音的习惯。

在儿童接受了名字练习并进行延伸的时候，也可以说，儿童把名字同生存世界中相同的事物联系起来的时候，我觉得不用再进行这样的授课了，就像那些只会浪费时间的课程一样。

儿童进行了几次练习或者仅仅是碰触了表面不一样物体之后，儿童会有自主进行碰触事物的冲动。再碰触了之后，他们会说出表面是怎么样的或者是什么材质。

在对一般儿童进行教授的时候，我们的目的就是为了引发儿童对生存环境的自主探索，我为这样的表现起了一个名字："探究的自发性。"这个时候，在探索到了一个新的事物，儿童就等于经历了一次幸福。儿童的心里是感到欣慰和自豪的，这种感觉会激励他们在生存的世界中找到新的感知，让儿童成为了自主探索者。

老师是作为观察者存在于教学中，他们要保持着自己对儿童的关爱，看儿童什么时候用什么样的方法能够把练习延伸到生活中。

曾经有一次，一个四岁左右的孩子在院子里奔跑的时候忽然停下来，说："原来天空是蓝的。"然后就一直站在那里抬着头看天空。

有一回，我刚刚进学校，一波五岁大小的儿童安静地走到我的身边，抚摸我的双手和服装，说："衣服是光滑的，是用天鹅绒做的，那个是不光滑的。"其他儿童很认真地也念了这些，而且对我做了一样的动作。这里的教师想要阻止儿童，把我从包围中解救出来，不过，我谢绝了，示意让她不要动，我也同样没有发出声响，并且还很欣赏这群儿童的自主性行为。这说明我们取得了成就，就是儿童的自发性更好了。

曾经，在完成了训练之后，有个儿童用带颜色的笔在大树的绘画上填充颜色。到了填充树干的时候，他选了一支红色的笔。老师想过去提醒他树干不应该是这个颜色，我制止了那个老师，任由儿童把红色填充上去。这种鼓励是很有必要的，这种行为也是很好的，这个儿童还不能运用自主性来看生存的世界，在这个时候我们要做的是对儿童进行颜色练习。

因为儿童天天在院子里同其他儿童嬉戏，每天都能看到树干的颜色，这个时候，对于颜色的感知练习就会将儿童的专注力引到颜色上，儿童就能意识到树干不是他想的颜色，这个就跟别的儿童看到天空的颜色是类似的。后来，教师拿出同样一张画让儿童填充颜色，在反复练习中，他有次选对了棕色作为树干的颜色，绿色作为树叶和枝干的颜色，等到最后的时候，他填充的颜色跟实际的大树是一样的了。

接着，我们选择了一个智商的测验。在这个时候，老师不可以直接说"你去看"这样的话，老师要做的是教授给儿童怎么去看、去观察。这种能力是靠对感知的练习才能得到的。在儿童自主采取这样的活动方式的时候，这说明他们可以进行自主训练了。这样的练习之后的感知可以帮助我们更好地看清楚生存的世界，当然世界中各种各样的事情也引发着儿童的好奇心，这也会促进感知练习。

从其他的角度看，假如在练习的时候找出某个固定的物品进行训练，把

第十五章 给孩子正确的智力教育

这个物品的所有的概念都跟我们的训练结合起来,这时我们的训练就会停留在具体的概念中,不能延伸了。这个时候,感知练习就不会有很好的效果了。举个例子,在老师用传统的方式进行颜色练习的时候,她讲授的是一个物体的特殊性,并不是进行所有的颜色感知练习。

儿童仅仅是接触了颜色,在过了一定的时间后,他们又不记得了。就算是他们记住了,那么也只记得课上学到的那一点。所以,在用传统的教授方式进行授课,最后想要向生活延伸进行提问的时候,儿童仅仅是想到了之前讲过的东西,这个时候提问别的,儿童就没有办法答出来了。

对儿童的教育跟钟表的运转方式差不多。换句话也能说,传统的讲授方式就像是破坏掉钟表自己转动的东西,然后人为地进行拨动。如果我们一直拨动,那么钟表也会转动。但是新式讲授的方式就跟钟表自主运转一样,让钟表能自动运作起来。

这个方式是同钟表的构造有关的。也就是说,儿童的自主性发展会一直进行,这些跟儿童自己的能力有关系,跟老师的讲授是没有直接联系的。通过之前的讲述,这种运作方式是从进行了感知练习之后开始的,然后在对智商的练习中持续下来。

举个例子,对于狗来说,自己观察力强是因为自主感知能力,而不是因为狗主人的训练。只要有适宜的环境,并且进行了相对的训练,狗狗的感知力就会提升。这种提升也会让狗狗变得开心,并且对以后的工作充满自信。

钢琴家也是一样。在弹琴的过程中,既加强了自己对音乐的认识,同时手也变得更加灵活,这两种是同时进行的。这个时候,钢琴家对于这个乐器的热情就更高,自己也想获得更大的提升。在物理学家的眼中,很多平衡的定律他们都烂熟于心,这些就是他们进行探索的工作,但是他不会知道怎么将音符变成乐曲。

所以说,尽管物理学家知道很多东西,但是他们对于其他学科却也不了解。之所以会进行这样的训练,是因为我们的目的就是为了协助儿童进行自主发展，我们不希望儿童成为具有普遍性的一员。

我们的作用就是给儿童选择适合儿童进行训练的用具，然后就是对儿童进行观察，除了这些之外，不再做其他的事情，这个过程要持续到儿童能够进行自主活动的那一刻。

当然，这种方法也有一定的缺陷，就是老师怎么样对不同的儿童进行对应的协助。那些积极对待工作的老师看到的儿童彼此之间是有很大的不同的，这个时候老师要做的就是因材施教。

在这些儿童中，一部分是不太需要老师的协助的。不过，另外一部分会很需要老师的引导。所以说，我们在工作中要尽可能地不去妨碍儿童的自然发展，这个一定要作为原则性的东西让老师去遵守。

摸瞎练习

进行这个游戏主要是为了让孩子感受下面的感觉。

材料。我们准备的器具中，包括一些纸盒。纸盒里面都装有不同样子的类似长方体的物体，然后把纸盒做成抽屉的形状。

在里面的物品中，一般会有不一样的布料。在这个练习中，需要儿童用手去碰触这些物品，告诉他们每个物品的名字，然后让他们认识这些物品摸起来的感觉，是光滑，还是粗糙，或者是很软。

之后，选择一个儿童坐在椅子上，其他的儿童在另一边看着，把这个儿童的眼睛遮起来，把所有的物品摆放到桌子上。引导儿童用手去碰触抚摸这些物品，并且让这个儿童去辨识眼前的物品。

这个训练很受儿童的喜欢，每次我会准备一些儿童没有见过的物品让一个儿童辨识。这个时候，其他的儿童都很兴奋并且希望听到答案。

重量。跟上面的步骤一样，让一个儿童坐在椅子上，然后把相关的练习重量的器具摆放到桌子上，这个动作是在提醒儿童能够对不一样重量的器具进行辨识了。

让儿童把那些重的黑颜色的物品摆放到右手的位置，那些相对来说轻的、颜色浅的那些摆放到左手的位置。接着，把儿童的眼睛遮住，开始进行练习，在练习的时候要两只手都拿着物品进行辨识。这时候，情况就会不一样了，他会拿两个一样的，也可能会拿到不一样的。

举个例子说，假如这个儿童拿到的都是黑色的物品，他犹豫了很久，终于摆放到右手的位置，其他的儿童就可以从一种紧张急切的心情中放松下来了。

大小和形状。这次也是一样的步骤，就跟之前讲过的一个类似。这次我准备的器具是一些硬币、几何体和木块。

有的时候也会让儿童辨识一些种子是蚕豆或是豌豆。但是，这个练习貌似不能引发儿童的好奇心。但是，这个练习对于儿童辨识不一样的物品都有什么样的特点非常有效，当然也会有助于对名字的记忆。

对周边环境进行视觉感知

名字。终于到了我们练习的关键时候。对于名字的记忆也可以说是对于语言学习的一种练习，而且这种练习正确性很高，这种效果在传统的教学中是没有的。

举个例子，大多数的儿童分不清"厚"和"大"等相似的词语。应用我们的练习方式，然后也适用我们提供的器具，老师很快就能够教授给儿童正确清楚的定义，也可以把对应的词语跟定义结合起来。

如何运用教学器具

大小。之前我们让孩子使用过三组木块进行练习，在孩子们都能完成这个训练之后，老师应该准备有一些异样长的小圆棒，然后整齐地摆放在桌子上。

接着，老师要把最大的和最小的这两个拿在手中，告诉孩子哪个是最大的，哪个是最小的。这个时候，老师要把两个小圆棒挨到一起，让孩子们看到它们之间的不同之处，接着要把小圆棒的底面冲着孩子，让他们看到有什么不一样。

然后，老师要竖着拿两个小圆棒，让孩子们看到它们的长度相同。然后反复念几次粗细。在演示完之后，老师可以进行一个测试，指定一个儿童："我要最粗的那个小圆棒——我要最细的小圆棒"。

接下来，老师要做关于名字的测验，指着小圆棒问儿童："这个的名字是什么？"然后，老师要放下这两个小圆棒，对另外的圆棒进行教授，一直到使用过全部的小圆棒。

接着，老师要对剩下的小圆棒进行测试："把比较大的那个给我，也可以是把比较细的小圆棒给我。"在进行第二组的练习中，也用一样的方法。

老师可以把全部的小圆棒都立到桌子上，告诉儿童一个是最低的，一个是最高的。然后，把这两个小圆棒拿在手中，让儿童看两个小圆棒的底面，让他们看到底面都一样。跟之前的顺序一样，从差别最大的两个问起，然后在另外的一堆中找有明显对比的木棒。

关于第三组，老师也整齐排列到桌子上，然后指着一个圆棒告诉儿童："最大的。"接下来换一个让儿童看："最小的。"然后，老师把两个小圆棒拿起来，把底面冲着儿童，让他们看到底面完全不一样，竖起来看，长度也完全不一样。剩下的小圆棒按照前面两组的步骤进行练习。

当然，在进行几何体和菱形立方体的练习时，采用的方法也是一样的，不同的是要比较厚薄的不同，大小的不同以及体积的不同等。

如果我们把对于测试大人的方法也应用到儿童身上，那么我们将这些名称同生存的世界结合起来会更加容易辨识。

儿童会自发进行对比辨识，会告诉我们："我比你高，你比我壮。"在进行洁净程度检查的时候，儿童也会进行对比。在这种情况下，老师可以把自己的手给儿童看，表示他的手也很洁净。这种关于谁的手更干净的对比会带给儿童很多欢乐。通常在进行对比的时候，儿童的表现都非常棒。

在对比的时候，他们排好队，你看看我，我看看你。做这个练习的时候，儿童更喜欢大人也参与进来，在这个过程中认真审视他们与大人之间不一样的身高。

形状。儿童已经可以正确地辨识出是哪些形状之后，老师就能讲授关于名字的知识了。开始进行讲授的时候，老师要找两个具有明显可比性的形状，比方说是四边形和圆形。

我们进行这个练习的时候一定不要忘记塞贡的三次层次的理论。虽然我们没有办法把所有图形的名字都教给儿童，所以我们选择的是一些常见的形状。例如有四边形、三角形、不规则的圆形等。

在讲授的时候，一定让儿童看到下面的情况：四边形是长短不一、大小不一的，而正方形无论哪里都是一样的，只是可大可小。这种情况在我们的教学器具中表现得很明显，举个例子，假使我们把一个正方形进行旋转，那么它还是能摆放到相应的地方里面。但是，假使把一个长方形进行旋转，那么就摆放不了了。

儿童觉得这些训练很有吸引力，并且在这个过程中，老师会在一定的地方放置许多长度相等，但是宽度不一样的长方形，另外，再放进一个等长正方形进行对比练习。

跟上面的方法一样，老师会让儿童区分出什么是圆、什么是椭圆，什么是卵圆。圆跟正方形一样，不管怎么放置，都是一样的，都能摆放回原来的位置。但是椭圆就像长方形一样，只要换了方向，那么就不能放回原来的位置了。不过如果在正东正西方向上进行调换，那么也可以摆放回原来的地方。

但是对于卵圆来讲，不管怎么颠倒位置，都不能摆放进去，或者把两头搞反了，同样也摆放不进原来的位置，在摆放的时候，一定要大头对大的空间，小头对小的空间。

一个正圆形不管怎么变，依然可以摆放到原来的位置上。但是，我不会在过程中告诉儿童剩下的两个形状有什么不一样，尽管是到了最后，我也只可以告诉一些儿童，一些对于辨识形状有强烈的好奇心，喜欢这个练习并且愿意讨论这些形状的人。

关于卵圆和椭圆到底有什么不一样，我觉得最好的方法就是让孩子在自主感知中进行辨识，或者是等到接受小学教育的时候。

在大多数人看来，这些对于图形和名字的知识是关于数学的，这些知识让年龄小的孩子进行练习有一点儿早。还有一些人觉得，假如我们真的想教关于几何的东西，那么用一些模型会更有说服力。我觉得应该反驳一下这种不正确的看法。我们现在做的只是看一下这个图形的形状，不是要深入了解图形的来源，更不是为了把图形进行科学分析。

比方说，我们在教授儿童认识什么是边框、什么是角的时候，虽然我们会用福禄贝尔的理论让儿童辨识有几个边框有几个角，我们也开始了解什么是几何图形，但是我觉得儿童的年龄不足以认知真正的几何。

可是看这个图形的形状，对于这个年纪的儿童却不是很困难。儿童的周围有很多图形，比如说吃饭的长木桌、装饭的圆盘，这个时候我们肯定不会有儿童太小不能看到这些形状的想法。

在我的教学材料中选用的都是一些特殊的图形。在对图形名字的认知中，就如同辨识其他别的东西一样。儿童在家庭当中常常会把听到的"圆形"跟自己吃饭的盘子联系起来，所以我们不要觉得让儿童辨识那些形状的物体太早。

儿童常常会听到自己的爸爸妈妈讲方形的木桌，或者是圆形的木桌等，假如我们不曾对儿童进行过关于几何形状名字的教授，协助儿童进行辨识，那么儿童在面对这些在生活中常用的词语时会不能辨识，并且相当混乱。

所以，我们要反省一下，大部分的时候儿童想要知道大人说了什么，说的是什么意思，但是他们得到的都是没有用处的东西，所以那些科学的协助可以帮助儿童摆脱这种没有用处的处境。

这个帮助不会让儿童反感，而是让儿童从内心得到了满足，彻底告别了那些紧张的状态。在现实情况下，儿童会用欢乐的情绪来体现自己的自我满足。这个时候，假如儿童在讲话的时候发声不准，而且不知道在什么情况下用这些词语，这个词语就会引发儿童强烈的关注。

出现这样的情况一般是儿童在听到别人对自己评价的时候对这些词语进行了复制。在这个时候，老师如果能教授给儿童清楚正确的发声，引发儿童的兴趣，这种不健全的情况就不会发生了。

这个时期，我还发现了一种传得很广的错误的看法，这个看法是儿童自主找到自己想要知道的东西。但是假如这是正确的，儿童就会脱离开我们生存的环境，渐渐变成一个靠着征服所有的东西获得满足感的人。在这个观点下，儿童变成了一个人生中的旅客，他会把游览过程中看到的新奇的东西记下来，然后依靠自己的力量复制那些听过的东西。

这种复制的过程中要耗费自己巨大的精力，当然只是在自主行为的前提下。所以，这样看来，老师的作用就是把儿童的指导引到上面的道路上。

老师要把那种依靠自己力量进行的复制而导致白白浪费精力的损失降到最低，慢慢将儿童的精力引到发展快乐中去。老师就好像是刚刚降生到这个社会中的导游，而且应该是充满了知识和温文尔雅的那种导游。

在进行游览的过程中，那些没有用的话尽量不要说，我们要做的就是形象简单准确地把这些东西告诉儿童。假如儿童对这些作品有很强的好奇心，那么我们不要限制他们进行欣赏的时间。老师们的责任就是要把成长过程中最优美和最关键的事情告诉他们，不能让他们的精力浪费在不重要的地方，让他们在成长的道路上变得骄傲和喜悦。

前面的时候我们讲过这样一种错误的观点，使用那些几何模型比让儿童看那些平面的东西会更好。举个例子，让儿童看一些几何体的模型，有球体、圆柱体等。

我们在看待这个想法的时候把儿童的身体方面排除掉，现在我们仅仅从教学的角度看看这个观点，其实，那些模型在儿童的视力感知中比那些平面几何更困难。

在日常生活中，我们会看到包括所有平面图形在内的立体的东西。在现实中，那些存在的东西，比如门、窗户和桌子等。可是假如把这些实物中的一个维度抹掉，只用二维的平面来表示，这些形状会变得更容易辨识。

如果用二维的角度看日常生活中的东西，我们会发现窗子是方形的，桌子也是。当然我们看到的是把三维变成二维之后的形状，更重要的是，我们把视线从三维到二维转变之后看得更加清楚了。

孩子们在日常生活中从实物中辨识出的图形一般就是通过观察平面图形得来的，但不得不说的是，儿童几乎不能在实物中辨识出具体的图形。

在儿童能辨识出自己吃饭的桌子是方形的之后，需要很长时间他们才会慢慢辨识出支撑桌子的支柱也许是一个圆柱型的，也许是一个方形的柱子，又或者是那种圆锥型的。

所以，我们在讲授的时候不会讲屋子是柱形的还是四边体型的。在现实中，我们看到的那些东西都不是标准的几何体，一般都会是两个或者几个结合在一起。

结果就是，儿童在辨识一个建筑的时候，并不是要全部看出来建筑是什么样的，这种辨识对于儿童来讲很不容易，所以在看的时候要运用相似图形的方法来看。可是，儿童会很容易就辨识出窗户和大门的形状，也很容易就辨识出家居用品的形状。所以说，我们使用的二维形状的辨识对于孩子来讲就像是神奇的钥匙一样，这个能让他们把周边世界的门打开，从而可以感知到更多的事情。

有次，我跟其中一个儿童去山顶走走，这个儿童接受了我们对于几何的教授，也可以对形状进行辨识了。在走到山顶上的小平地的时候，我们看到了远处的广场以及后面的市区。我指着那个方向说："看吧，我们创造的一切东西都是用几何构成的。"

不可否认的是，城市中的房子几乎都是那些方形、圆形、三角形等构成的图形，这种在房子中大量使用的几何图形表明了人的智商是有限的。那些房子周边的公园里，自由生长的树林或者是花朵却是没有按照几何形状来生长的，那些物体形状很奇特而且有许多种。

这个儿童没有经历过这样的事情，即使他在老师的讲授中进行过几何图形的辨识，可是没有在外界进行过感知，看到外面的东西时，他会变得不耐烦起来。

最初的时候，他对人类把几何图形进行组合的行为很不屑，后来他的注意力被吸引住了，他看了那些房子很长的时间，并且表情充满了好奇。塔的右侧是一个没有完工的厂房，那些金属框架组成长方形。儿童对我说："真不好玩。"这个是在评价建造厂房的工人所从事的工作。

后来，我们走到一个公园附近，安静地站在那里，过了一些时间后，儿童说："真漂亮！"这个是由衷的赞叹和向往。在我眼里，"漂亮"这个词语代表了儿童内心深处的自我意识。

我从这件事中领悟到，不管是在辨识几何形状，还是在观察花花草草，这些对于儿童都是宝贵的东西，也可以说是智慧训练。所以说，我渴望能对这些有进一步的研究，让儿童既可以辨识图形，也可以辨识人工和天然的区别，更要懂得赞叹人类创造的智慧。

1. 自由选择。我提供一张空白的纸和铅笔给儿童，让他们想画什么就画什么。这种方法一直以来就是那些研究儿童心理的人所钟爱的，这个方法的作用就是能测试出儿童看事物的能力怎样，当然也会让我们了解儿童喜欢什么和不喜欢什么。

老实说，这样的画画方式没有东西可以参考，所以会显得杂乱无章。这个时候，老师要询问儿童心中是怎么想的，还要把要画的东西的名字写在纸上。

渐渐地，那些画会变得清楚，这足够说明儿童在进行过形状辨识后能力都提升了。即使是微小的事物也能在儿童不太成熟的绘画中看出来。

当然，因为儿童画的时候是自由选择的，画出来的东西就一定会是他最喜欢、最有兴趣的事物。

2. 图形填充。这个方法是很关键的，这个方法中也能对写字有很大的帮助。在这个练习中，主要锻炼的是儿童对颜色的辨识，这跟上个练习中儿童对形状的辨识有一样的成效。也就是说，这个方法让孩子对于颜色的辨识有了提升，在之前的练习中，表现出的是孩子对于身边世界中所有事物的几何图形的认知程度。

这个练习我会在后面的叙述中进行详细表达。练习的时候，有彩色填充和黑色勾勒两种形式。那些简单勾勒的线条把那些常见的图形和物品表示出来。在孩子的眼中，那些勾勒出来的形状和物品是自己经常在校园中、家中以及教室里看到的。

孩子在进行练习的时候要找到合适的颜色跟之前的对应，这种做法会把他们是不是进行了认真的辨识表现出来。

第十五章 给孩子正确的智力教育

手工制作泥雕

对于手工的训练就像是进行颜色感知练习一样。这个练习中，允许孩子用粘土做任何想象中的物体。换句话说，他们能做那些最好奇、最喜欢的物体。

在练习的时候，我们的器具是一个盘子和盘子里的粘土，以及一部分其他儿童做完的漂亮的物体。通常，这些儿童会用崇拜的眼光研究这个完成的作品并且进行复制。让我感到惊奇的是，儿童的模仿不仅仅局限在形状上，还对那些维度进行了模仿。

有很多儿童做的都是在家庭中常见的物品，他们偏爱厨具，比方说有茶杯、锅子等。或者，儿童制作出一个躺着宝宝的摇床。

在最初的时候，我们一定要让儿童通过不同的特征进行物体的辨识，等到渐渐熟悉的时候，儿童很容易就能够辨识出来，这个时候他们会进行模仿。这个时候，这种手工泥塑变成了一种很有用的器具，从这个练习中，我们还能观察出每个儿童之间的不同之处，老师就能因材施教了。运用这个方式，对于分析各个年龄的儿童也很有用。另一方面，对老师来说，他们可以进行适当的指引。

儿童站在了审视者的角度看待自己的发展，那么这些儿童会渐渐对生存的世界进行自主观察，那么我们的目的就达到了，这种指引对于儿童加深不同感知之间的了解很有帮助。

如果一个儿童能够很熟练地完成这个练习，那么以后他们也会自主进行写字的练习。有些在这项练习中做得不怎么样的儿童要求老师进行指导，这时老师应该把看这个世界事物的方法教给他们。

平面图形解析：边、角、底

在这里要说明的是，这种练习比较适合年龄大点儿的儿童。当初，我把这个练习当作对儿童的初级训练，只用了长方形来进行训练，并且设计了一个有趣的游戏。在玩耍中，儿童可以直接在玩乐中辨识。当然，在玩乐中关于图形的定义表现得更生动清晰。

在我的游戏中，这些用具就是我们吃饭的长方形桌子，游戏的内容就是对桌子进行装饰。在这个练习中，我还会用到在我们学校都能找到的供孩子玩耍的整套餐具，这种餐具在超市里都能买到。餐具里有托盘、盛汤的、水杯、调味杯、刀叉和汤勺等。在进行练习的时候，儿童会布置6个人的餐具，桌子的长边都有两个人，短边有一个。

让一个儿童按我的要求开始练习，我要求把盛汤的用具摆到长方形的中间位置，把餐巾摆放到一个角上，然后告诉他："把托盘放到短边的正中央。"

做完这些之后，我要求他观察还要布置一些什么，告诉他在桌子每个边上要放置一个水杯。让他检查长边上的餐具是不是已经摆放完整了，还有没有漏掉什么。

我觉得这个是六岁的儿童能做的最繁琐的事情，不过我也认为，在不久之后，孩子能自发地找到一个几何图形辨识有几个边和几个角。假如我按照传统教授的方法告诉他们，他们一定能认识，但是这个是机械的学习，不能进行延伸。

对颜色的辨识训练

前面我讲过了进行颜色感知训练,在这里我会详细阐述这个过程,然后再加以延伸。

绘画和图片。在这个练习中,用到的器具是那些可以进行颜色填充的卡片,儿童们可以用不同颜色的笔把颜色填充到卡片中。

之后,还要用到专业的画笔以及各种各样的水彩。刚刚进行练习的时候,可以用带有花草、动物、昆虫和大树的卡片,等熟练一点儿后就可以选择一些风景画,包括房子、人的那种卡片。进行这个练习的目的是为了更方便观察孩子能不能认真地审视身处的这个世界,在面对不同的颜色的时候能不能进行自主性的发展。

所以,孩子们在进行这个训练的时候没有人进行干预,他们可以画成自己想要的样子。

举个例子,孩子们选择红色填充鸡,选择灰色填充水牛等都是被允许的。孩子们有这样的选择说明他们还不能正确地认识周边的世界。

但是,在之前的理论讲述中,我就说过一定会有这样的问题。通过这个练习,孩子们对于颜色的感知也有了进步。不管儿童愿意用相对柔和的颜色进行填充,亦或是用鲜明的、具有比较性的颜色进行填充,他们在感知的练习中都有所收获。在练习的时候,儿童要记得在现实中卡片上的景色是什么颜色的,这种对比会引导儿童认真去看所处世界中的事物。

然后,儿童愿意尝试用复杂一点儿的颜色填充。不是所有的儿童都能进行复杂的练习的,那些选择正确的颜色并且填充到正确地方的儿童才能进行下一步。

虽然我们卡片上的物体很简单,但却在帮助孩子方面取得了很好的效果,并且有时也可以体现出真正的艺术。一位在墨西哥的旧友曾经给了我两个图画，一个画的是用紫色和渐进的棕色填充的山崖，在这个画中大树也是渐进的绿色，上面是淡蓝色的天空。从整体来看，很美好。在另外一幅图里，上面有一个用栗子的颜色画成的马，可是它的毛却用的黑色。

蒙台梭利教育启示

1. 在对孩子进行训练时，父母要根据孩子的能力发展提供指导。有的孩子需要父母的协助，有些孩子则不需要，父母不能妨碍孩子的自然发展。

2. 在训练孩子的视觉感知时，可以利用现实中存在的物品，如门、窗户和桌子等，教孩子认识形状。

第十六章
培养孩子的阅读和书写能力

阅读,是促进人类进步的手段。想要改变世界,就需要全民阅读,从小就让孩子养成阅读的习惯。

——德国教育家 赫尔巴特

阅读提要

在学习前,清空一下大脑,用一种新的思考方式去学习,孩子将会很容易学会写字。

父母可以制作一些卡片,让孩子进行发声练习。在写字的时候,父母要指导孩子看着字,然后练习写字;读书则要在孩子有了一定积累后进行。

父母在恰当的时机教孩子书写和阅读,能够取得更好的效果。

第十六章 培养孩子的阅读和书写能力

语言的自主发育

我进行阅读和写作训练的时候用了许多种方式，这个还是我在罗马的心理学校当老师时候的事儿。但是我的训练可以说是具备自己独一无二的特点的。

在前面的章节中，我们了解了一下伊塔德采用字母的方法进行训练。但是除了他，就连塞贡也没有找到一种科学的方式对儿童的写作有所帮助。但是，接下来我们还是要了解一下塞贡关于这个训练的方法：

"假如我们想要儿童完成从形状辨识到写作的转变，当然，这个是最快捷的方式，让一个老师把'D'念出来，并告诉儿童它是圆的一半。然后画一条垂线，把这个半圆的端点跟垂线重合就行了；在写字母'A'的时候，画两条倾斜的直线，然后找一个点让两条直线重合，最后在中间部分画一条直线把之前的斜线切断就行，其他也是如此。

"在这个过程中不需要发愁儿童怎样才会写字，儿童在自己的脑袋中把看过的形状回忆出来，接着就会写了。所以，让儿童仿照字母进行复制的方法是没有用处的。例如说让儿童把 o 与 i、b 与 p 等进行对比记忆。"

所以说，塞贡的理论就是不用进行关于写字的训练。孩子们能够进行绘画就一定可以写字。但是，写字还包括书写字母。

塞贡的文章中没有一处在讲关于儿童有没有其他的方法进行写字的训练。与其相反的事情就是，塞贡耗费了大部分的篇幅对形状进行了表述，他觉得这些形状就是写作前的练习，也是写字的练习。

可是，不得不说，这个形状的方式非常不容易，所以说我们要把上面两个人的理论联系在一起才会找到适合的方法。

"关于形状，第一时间要了解的就是一定要准备空余的空间给图形，接下来要了解的就是要进行标注或者是画一条下划线。在进行形状感知的时候一定要记住这两个需要了解的部分。

"上面两个是有一定的练习的，根据这种联系，我们也了解了一种方式，并且具备了画线的技能。

"在我们画的线当中，只有那些使用正确的方式并且按照正确的方向进行的才可以叫作直线。假如是一条没有特定方向的线，那么它就是随意做出来的，不具备任何意义。

"跟这种对立的是，只要有了科学的标记，那么这个就是有意义的一条线，也就可以被称作直线，原因是这条线有特定的方向。

"一般来讲，写字的过程就是把不同的直线汇聚到一起的过程。所以说，我们在了解什么动作才能叫作写字以前，一定要具备形状和线的概念。

"一般的孩子会依靠自己的无意识感知到这个概念，可是假如向发展不正常的儿童讲授这种概念，唯一的方法就是一直持续下去。

"按照一定的顺序，儿童可以把之前的两种科学地结合起来，在进行复制的过程中，可以用笔画出一些不太难的线条，之后还会画更难一点儿的。

"我们的练习要采用下面的步骤：首先，把各种各样的直线用笔画出来。其次，把那些直线按照不一样的方位画出来，也在不同的地方画出来。最后，对这些直线进行排序组合，让这些直线组合成不同形状的图像。

"所以说，我们需要做的就是要让儿童辨识出什么是直线，什么是斜线以及平行线和垂线；最后要了解的就是那些把两条甚至两条以上的直线连接起来的点，这些就成了一组图形。

"这个练习可以很好地了解图形是怎么构成的，写字也是在练习中领悟出来的。在我观察一个儿童之前，他就可以写出很多字母了，并且他也用了将近一个星期的时间学习什么是垂线和平行线，用了半个月的时间学会怎么画一个弯曲的线以及斜线。

"说实话，我的学生数量有点儿多，所以他们没有进行过画一条真正直线的练习，但是却要模仿我的动作。

"在这群儿童中，连我觉得智力最高、动手能力最好的那个都没有画正确，因为这群儿童把那些连接点弄乱了，不管这些连接点是多么清楚。

"可是，我把所有相关的知识都教给他们了，那些就是让他们在进行画图形以及进行标注的时候用的，可是我观察了很久，看到那些儿童都出现了问题，他们的智商影响着画线练习的水平，也影响着他们了解不同方向的直线。

"所以，这个练习就不单单只是让儿童学会这样复杂的知识，而是变成了教会他们如何解决自己面对的困境。因为这个想法，我总是在思考，是不是因为难度不够，是不是因为难易程度没有递进发展？这些就是引导我进行下去的一些想法。

"垂线是这样的，我们可以用自己的眼睛从上看到下面，当然用手可以从上到下的碰触，平行线会让我们的眼睛或者手都不是很舒服，我们看到平行线处于下方，然后从中间的位置开始一点一点地伸向两边。

"对于斜线来说，更难理解，但是那些弯曲的线跟我们所在的二维面上会出现不一样的练习，所以说，我们不用耗费精力去研究这些。这里面最重要的就是垂直的线了，然后我们要做的就是怎么让儿童明白这些。

"我最开始要讲授这样一个定理，就是经过一点到另外给定的一点就只能够画一条线。下面可以用手进行演示。先要在讲板上点两个点，然后要画一条直线把两个点连起来，儿童在看着我做的同时也会在本子上进行复制。

"但是，不同的是儿童往往有的把直线画得不是偏左就是偏右。出现这样的情况是由于智商不够或者是视觉感知不够，并不是因为手不能画。为了避免这种错误再次出现，我觉得在图形中给定一个区域是很有效的。

"我的方法是，在两个点上面各做一条上下方向的垂线，这个时候儿童进行练习的时候就能在指定的地方进行了，把这两点结合起来做一条水平方向的线。

"假如这个办法还是不奏效的话，那么我就会在点的上下方向放置一把直尺，这样就不会再出现错误了。但是，这种协助的方法不应该长期使用，最初我们不用直尺，而是采用画线的方式进行。

"在限定了区域后，所有的儿童都能够做出一条水平方向的线，然后擦掉其中一条垂线，不管是哪边的吧，到了后来就把两个都擦掉，最终要把两个连接的点也抹掉，因为他们会按照点的指示进行练习。最后，儿童会在没有一点协助的情况下做出垂直的直线。

"在进行平行线的教授中也用一样的练习步骤，会有一样的过程以及会出现一样的挑战。假如最初儿童有几次画得不错，这种情况下，我们还要多观察一段时间，看着儿童能够在中间开始，然后很随意地画向两边形成一条平行线。

"当然，我曾经说过为什么出现这种情况，假如我们使用的两个点没有效果的话，那么垂线和直尺是最后的选择。

"当儿童做出一条平行线之后，我把直尺放在跟平行线垂直的地方，这样，儿童就能看到垂直和平行是什么样子的了。他在进行做直线的同时也会了解两个名字间的联系。

"在对直线的深入了解中，那些对于斜线的教授应该在之后进行，但是，事实上我们不这么做，假如我们把一条垂线或者平行线的指向进行转变，那么这个就跟斜线有了一定的联系。或许正是因为转变后的联系，假如我们直接就讲授斜线的话，儿童就会感觉特别困难，根本理解不了。"

正因为如此，塞贡在文章中对斜线进行了大量的讲述，开始的时候，先用两个水平直线进行区域界定，在里面做斜线。后来，他还进行了用四条线进行区域界定的练习。

第十六章 培养孩子的阅读和书写能力

这个练习中，儿童要连接两条垂线的端点以及两条平行线的端点。他在最后说到，现在我们有四种做法——平行线、斜线、垂线以及圆。其中在圆里有前面三类线，也包含着写字的全部。

到了这个练习的时候，我和伊塔德停滞了很久，了解完上面的那些，儿童需要做的就是要做一个图形，当然是从容易的先开始。在传统的讲授中，伊塔德让我从四边形教起，但是我在进行了一个季度的练习之后，儿童没有办法领会我的意思。

塞贡根据自己平面几何的认知，在大量的实验后，他发现原来最好做的是三角形。在对这群儿童进行实验和进行别的验证之后，我找到了对于发展不正常的儿童进行写字和画图的原则，这个原则实行起来很容易，所以下面我就不进行详细说明了。

以上就是先驱者们关于发展不正常的儿童进行写字训练的方式。在读书方面，伊塔德用下面的步骤进行训练：首先把钉子订好，接着把一些平面几何的木板放到上面。

然后，用笔把这些木板的轮廓复制下来，最后把木板拿掉。在这种练习中，伊塔德找到了使用平面图形作为器具的理由。最后，他用木头制作了很多字母，当然也有许多平面几何。换种说法就是，伊塔德把钉子进行不断的变化，让儿童把木制教具挂到钉子上，随取随放。

最后，塞贡把钉子从墙上转移到了纸盒上，字母印在盒子里面，儿童在盒子中进行书写。这种方式被沿用了二十多年。

我认为，对他们两个使用的训练方法用两个字进行评论就是：繁杂。

另外，这两个训练中都有一个致命的缺点，正是由于这两个缺点才使得这两种训练方式对儿童的成效不大。缺点是这两个：复制书上的字母；以几何图形的训练作为写字的前奏。

塞贡把自己的研究弄得混乱了，从过去对孩子内心世界的探究以及孩子对周边环境的适应上，变成了单纯的平面几何研究。

塞贡认为孩子们更喜欢画垂直的线段，还认为画着画着直线就会转到画曲线上去。这种转变也是遵照自然的法则。在法则的指引下，人类就觉得太阳与地面相接的地方就是一条弯曲的线。

在这里引用塞贡的实验是为了解释对孩子进行特别的练习是很关键的，通过这个练习，孩子们学会了自己观察事物，并且培养在思考时候采用理性的模式。

对事物的观察一定不能掺杂任何主观思想，也就是说，不要用自己已经知道的事情影响自己的观察。上面讲述的事例中，塞贡就掺杂了自己的主观意愿。

他从内心深处认为对于直线的练习一定对孩子的写字有帮助。而在这种主观影响下的想法让他没有找到适合写字的程序。

不仅仅是这样，塞贡之前还先入为主地认为直线是有画偏的时候，他还觉得把一条直线画偏,主要是因为大脑和视力不好,不是因为手的运动。因此，他浪费了好几个月放在讲授怎么画好直线以及怎么让发展不正常的孩子用眼睛找到直线的方向。

在他看来，所有很棒的想法都是从高级到低级演变的，所以说他觉得孩子们直接就要学会几何图形；另外，他觉得只有当孩子进行理性思维的时候，孩子的智商才会有用。我觉得这种看法是一种错误的观点。

就像很多平凡的人一样，在这些人眼中自己知道很多事情，所以他们对那种容易理解的事物不屑一顾。现在我们看看那些智商很高的科学家的事例。伟大的物理学家牛顿安静地坐在苹果树下，这时一个果实坠落下来，牛顿注意到了，而且思考这是因为什么呢？在大部分人的眼中，这个是自然现象，不过在牛顿的大脑中，他认为这个苹果的坠落是由于地心引力。

假如牛顿变成了孩子的指导老师，他的做法肯定是让儿童看天上的星星。不过这些知道很多知识的人也许觉得孩子们需要接触一下数学上难一点儿的知识——微积分。这个知识跟天文知识有着紧密的联系。不过对于伽利略来

第十六章 培养孩子的阅读和书写能力

说,这都不重要。他在观察吊灯摆动的时候也找到了摆动的规律。

运用智商进行学习的时候,首先要做的就是排除一切之前学过的类似的东西,这样我们才能在思考中找到新的东西。这个跟道德是很相似的,拥有一颗谦虚的心以及不在乎金钱可以让我们的道德水平瞬间得到提升,从而可以让内心得到满足。

假如我们看看人类是怎样探究新事物的,那么能观察到所有的探索都是对事物的客观事实进行总结,并且在大脑中进行理性思考。这种探究都不是什么困难的事情。不过,极少数人能这样做。

比方说拉弗伦,他探索到一种可以进入到红细胞中的带有疟疾的虫子。我们知道自己的血是在一个密闭的容器中流动的,不过我们在思考注射疟疾抗体的做法是不是正确的,这种想法听起来是有点儿奇怪。

不过,跟虫子不一样的是,我们对于鬼怪的认知不是很清楚,不过虫子是真实存在的,但是那种说鬼怪是地下衍生的,是从黑人那里传过来的,是从沼泽中诞生的说法,我们都接受了。

拉弗伦对于疟疾的研究变得越来越深入,得到的资料也越来越完整,不得不说,这个是伟大的发现。

大家都学过,关于植物的细胞生长是靠细胞分裂做到的,而生物的细胞生长是通过细胞结合做到的。换句话说,到了一定的时期,在原来的细胞基础上就裂变成新的、一模一样的细胞。不过,这些新的细胞也有自己的分类,会变成公的和母的两类。当这两类再次融合到一起,变成一个完整的细胞,这个时候裂变继续进行。这些知识在那个时候成为大家都了解的常识。

不仅如此,大家也知道那些虫子是一种小生物。在这个虫子的红细胞内有一层隔膜,这个是进行裂变的时候具有的,分裂了之后就会有雌性细胞和雄性细胞两种,本来这样说也是有道理的,不过拉弗伦跟其他的人都没有办法说明为什么会出现这种情况。

这个时候,拉弗伦有了一个想法,他觉得分裂成这样代表虫子在恢复原始状态，所以，对于疟疾的变化就不能把握了，当他说出这个想法后，人们马上就觉得是正确的。事实也是这样，虫子分裂成雌性和雄性两种状态的时候，人们就被治好了。原因是，在人的血液中进行两种类型的融合一定不会发生。这种观点的产生参考了莫雷尔关于在回到原始形态的时候会出现身体残缺以及体弱的研究。

这个年代的所有人都觉得拉弗伦能发现这个观点是因为运气，原因是莫雷尔之前的研究给他的发现奠定了基础。假如大家都这样思考过：疟疾的出现是因为虫子，这个虫子是通过细胞分裂的方式繁殖细胞的，在裂变了以后，能观察到形状完全不一样的两种细胞，一种呈现半圆形，一种呈现直线型。这两种细胞必须融合在一起才行。根据这样的思考，所有人都会有着关于疟疾的探索。不过看着很容易的事情却没人看到。

这里我想说，假如我们进行教授的时候只让孩子们进行探索和理性的思维，人类社会就会变得更加强大。我为什么要说这个呢？这是因为我觉得下面这件事情很重要。我们要教授给孩子们一种逻辑思考方法。这个是人类社会急切需要的，这样以这群孩子作为起点，以后我们所在的社会会有更大的发展。

大家都知道联系我们生活的环境，我觉得我们也到了采用这种方法的时候：在进行逻辑思维教学中重视人与人之间的关系。不过，也是在这个时候，人类本身习惯于做一些更加困难的事情，所以我们在教学的时候选择的也是一条困难的道路。

上面讲过，塞贡让孩子们学习几何图形是想让孩子更好地写字，这种困难的学习的目的竟然是想写出那个简单的字母，这个事例算是最恰当的印证。

就算是这个时候，还是有很多人觉得儿童只有先学会画直线，才能开始写字，这种想法存在于很多人的心中。不过，那些字母都是曲线，我们画的是直线，这种教学方式看起来很不协调。事实上，让一个刚刚开始学字母的人画出一个漂亮的O形，并且没有突出的地方是不容易的。不过，我们教授

第十六章 培养孩子的阅读和书写能力

给儿童画 O 的方式就是先一遍又一遍地练习画垂线和水平线。到底是从什么时候开始有必须练好画直线之后才能写字这个观点的呢？

还有假如这种想法是正确的，我们就可以直接画出弯曲的线了。下面我们就别去想这些已知的知识了，我们清空一下大脑，用一种新的思考方式去学习。这样孩子们将会很容易学会写字。

到底是不是必须从画直线开始练习写字，我们在短暂的思考之后就能直接回答：当然不是。传统的练习方式不仅浪费时间，还耗费儿童的精力。

当然传统方式中，最初的训练不难，不过我们进行的垂线运动却是最不容易的。只有那些专门研究这个的人才可以画出一整页的规范的垂线，其他人就算是画出来了，也不规范。的确是这样的，这种特殊的线要画在两个标记中间，有任何一点儿偏差，那就不能说是直线了。所以说，我们画所有其他的都比画垂线简单。

假如说让大人去画直线，那么几乎都能画出来。不管是从哪个方向开始的，大部分的人都能画出一条直线。不过，假如我们让大人在固定的一个标记上向确定好了的方向画直线，就只有小部分人能做到了，大人们也会画出很多不规范的或者就是不正确的直线。因为直线都不短，所以一口气画一条直线要耗费很多的精力。

假如说我们画的直线不长，那么在进行指定的画法中，就会有很多人画不正确，原因是按照既定的方向画就把直线本身行进的方向切断了。恰恰是在写字的时候，我们也做了这样的事情，不仅对字体进行了指定，还要求孩子们保持固定的姿势写字。我们没有做到让本身的想法指引我们进行写字，这种带有指定性的练习变得很不容易。

我以前在法国观察过许多发展不正常的孩子进行画直线的练习，最初的时候，每个人表现得都很好，不过到了后来，他们画的垂线变成了字母"C"。

举这个例子是想证明那些发展不正常的孩子跟健康的孩子比起来，没有办法一直坚持画的是直线。最开始的时候，他们复制了老师的动作开始坚持画直线，不过到后来，根据自己本身的指引，他们放弃了画一条直线，而是无意识地就画成了曲线。

慢慢地，变成了"C"的样子。我们在那些健康的孩子身上没看到过这种情况，这是由于健康的孩子会依靠自己的意志完成画直线的练习，每一条都是如此。不过，也是因为这个原因，我们觉得上面的方法没有问题。

不过，让我们看看健康的孩子在本能的驱使下进行的绘画练习吧。举个例子，孩子们用木棍在院子的地上画画，在画中从来没出现过直线，全部是一些长的交叉在一起的弯曲的线。在塞贡的练习中也有这种情况，在进行平行线的练习时，孩子们画成了弯曲的线。不过，塞贡觉得这是因为复制的时候没有看清楚。

我觉得画直线是写字的基础这种说法很不靠谱。那些字母明明都是弯曲的线条，可是孩子们偏偏要进行直线的训练。不过也有人说，那些字母中不是也有带直线的么？这个是事实，但是我们也没有必要一开始就画垂线吧，就算是我们要从字母的一部分开始练习。

我们可以先看一下是用几条直线和几条弯曲的线构成的，这个跟我们解析一个句子的时候是相似的。不过我们讲话的时候不用分析句子，那么我们写字的时候也完全可以不用看是什么线组成的啊！我们完全可以一部分一部分地练习啊。

假如只有会分析句子后才会讲话，这样太糟糕啦。我们看星星的时候一定先学会数学上的微积分，也是很糟糕的一件事情。

这种情况等同于在教授一个发展不正常的孩子写字的时候，一定让他学会那些复杂的几何图形。不过，假如我们写字之前一定要把那些字母的组成部分一点一点弄清楚，这个是最悲哀的事情。

在现实中，那些在写字之前做的种种准备是人们自己想出来的方式，这种方式不是让孩子们进行写字的，只是想要被应用到讲授写字中去而已。

现在我们把那些规则都放置到看不到的地方，也不用想在哪个国家，用

第十六章 培养孩子的阅读和书写能力

不一样的方法。

在这里，我们不想认知人是什么情况下学会写字的，什么时候学会写字的，并且也要把那些在写字的历史中遗留下来的观点"写字之前要有画直线作为准备"扔到看不到的地方。

这个时候我们要遵从内心的指引，把所有的不正确的认知都纠正过来。

"大家要看到写字的人，要看到这个人是怎样写字的。"这句话强调的是人在写字的时候所展现出来的技能。这种想法会上升到写字理论中去，很多人也是由于这个原因开始抛开以前的观念重新对写字进行探索的，他们发现的很多写字的方式也是因为这个情况。

不过我们想要了解的是写字的人，不是写字，也就是说我们研究的是主体，而不是客体。研究写字的人是一条崭新的探索之路，这个跟传统中的任何观点都不一样。这种研究算是写字研究中的新的里程碑。

在现实中，我在用这种方法训练健康的孩子时，假如我有命名的权利，那么我用人类学的方法之类的名字，不过我还没有得到训练的结论。

不能否定的是，对于人的探索也奠定了写字研究的基础，但从以往的结论中我找到一个更让我惊讶的名字，我觉得这个名字是最恰当的："自主写字法。"

我训练那些有缺陷的孩子的时候，不经意间看到了下面的事情：一个11岁的脑瘫女生的手跟一般人一样具备完整的功能。不过她一直不会缝东西，就算是最开始学习缝补丁的时候她也不会，尽管就是简单地把针从上到下、从下到上的重复动作。

这个时候，我训练她练习垫子的手工。在编的时候，会有一排竖着的纸条，然后用另外一个纸条从上到下、从下到上穿到那排竖着的里面，那排竖着的纸条都被钉在了木板上。

我看到这两个练习，就想到它们中间有某种练习，所以我觉得看她做练习很有意思。我看到她可以完整地完成垫子的训练后，我开始让她再次回到缝东西的训练。

　　这个时候我兴奋地看到她学会缝东西了。根据这个，我让孩子们先学编纸垫，然后再进行缝东西的练习。我发现在缝东西的时候，那些必须要做的手部运动在进行缝东西之前都能被训练。所以我推理出孩子们在做一项训练的时候，要先把做训练的方式找出来。尤其是要进行一些打基础的训练，在进行这种反复训练的时候就变成了打基础的一项基础课程，不过我们并不把这种反复训练当成是一种课上训练，这个只是打基础的训练。然后，孩子们可以正式上课了。就算是之前没有做过这些课程，不过他们能做好这些事情。

　　我觉得，这个做法是不是也可以用到写字上去，我对这种想法很好奇。

　　另外，我觉得这个方式也非常简单，我现在非常遗憾我之前的时候没有发现这个想法。而我是在看一个女生学习缝东西的时候产生的这个想法。

　　不过，在那之前我教授儿童用手去感受平面图形的边框，而现在我会教授儿童只是用手感受字母的线条。

　　我做了许多精美得像书上印刷的字母，那些小一点儿的有80毫米，那些大一点儿的按照一定比例放大。所有的都是用木头做的，厚度是5毫米，用红颜色刷元音，用蓝颜色刷剩下的。有颜色的背面找一些铜包上，这么做是想让器具耐用一点儿。

　　不过我只做了一组，却有许多纸片，在上面画着与木质字母同样大小、颜色的字母。这些木质字母放在纸片上，然后根据对比或者类比分组。

　　我们还做了一些画着不同物品的卡片，这些卡片跟之前的字母木板是有关系的。卡片当中物品的第一个字母对应着之前做的字母木板。我们把这些物品的名字写到了卡片的右上方，其中首字母是用手写出来的大一点儿的，剩下的那些是印刷上去的。

　　我们制作这些卡片就是方便孩子进行发声练习，把物品的名称写完整，可以让孩子们更好地记忆。这个不是一种创新的教学法，只是对之前练习的一个补充。在我的训练中，我觉得这个是最有意思的，我教授给儿童怎么让

第十六章 培养孩子的阅读和书写能力

卡片上的第一个字母跟字母木板重合,然后我会让儿童一直用手感觉这些是怎么写出来的。

我用了许多种方法一直反复训练。这个时候,儿童就学会了如何用手进行运动,儿童通过这个运动能够把之前不认识的字母复制出来。

我在这个训练中发现了一项让我吃惊的事情,我看到在进行写字的训练中,儿童会做出两种不同的动作。不仅仅有对字母的复制,还有用笔的动作。在现实中,那些发展不正常的孩子很快就能掌握用手感知字母,但是他们用笔的动作却很不熟练。

用手拿笔并且要不颤抖地写下字母,这个是跟肌肉的运动分不开的,不过肌肉的运动方式跟写字没有直接的关系。

事实上,怎么才能把所有的字母都用笔画出来需要依赖这种肌肉运动。所以,这个时候的肌肉会有一种不同的运动,这个跟对于每个几何图形画法的记忆结合在一起。

对于发展不正常的孩子的训练,在他们用手进行对字母的感知后再写字时,他们拥有了一种可以打通自己神经运动的道路,这个把通过怎样的肌肉运动写出字母联系了起来。在这个时候,人的大脑中也会有另外一种的肌肉运动,这种运动主要是为了强化我们的用笔。前面都讲过了,只有经历过这两个不同的时期才能进行上述的肌肉运动的训练。

到了下个时期,儿童就不单单是用一根手指进行感知了,而是用两只手的第二根和第三根手指进行感知。

到了最后一个时期,儿童拿一根木棒进行感知,儿童拿木棒的方法等同于拿笔的方法。在现实中,我会让儿童反复训练,不同之处就是有时拿着东西,有时只是用手。

以前我讲过儿童的眼睛会随着字母的线条移动,事实上也是如此。儿童在用手进行感知的时候对字母的形状已经有了大致的了解,不过这种练习不是很全面。

就算是一个大人，在使用透明的纸张对一个图形进行复制的时候，我们也不能一下子就准确地画出图形的边框。

所以说，那些发展不正常的孩子不管是用手或者是笔，都没有办法进行正确的图形复制。在训练的时候，那些器具也没有办法直接让孩子们看到自己哪里错了，也可以说只是让孩子的眼睛看到了一些模糊的不同。

按照眼睛的提示，儿童只能发现自己的手指还有没有碰触着字母。透过这个事例我想到怎么才能让儿童做的时候正确率提高呢？

我想要让孩子能更好地完成这个训练，所以我觉得在木板上的字母应该是刻进去的，儿童能用木棒按照凹进去的部分进行感知了。我也为这种器具画了草图，但是制作成本太高了，所以我没有做出来。

我们对这个训练进行了研究，在我国的心理治疗的机构中，我跟那里的老师也说了这种训练方式。尽管我讲的这种训练方式都写成书了，而且有二百多个老师也可以熟练使用这种训练方式。不过他们没有对这种训练进行深层次的思考。

这种情况让费拉里很吃惊，他写道："这个时候，我们把部分用红色笔写的字母卡片摆放出来，开始拿出来的是元音，不过这在儿童的眼中就仅仅是红色卡片而已。

"这个时候，我把那些印有一样字母的木板教给儿童，告诉他要把木板放到一模一样的卡片上。我会让儿童用手去感知木板上的字母，接着教授字母的发声。然后，把木板像下面一样摆放好：

o e a

i u

"然后，我告诉儿童：'把 o 找到，放到对应的卡片上。告诉我这个怎么读？'这个时候，我们观察到假如儿童仅仅用眼睛感知字母，他们肯定做不到上面的要求。

"不过儿童依靠手的感知可以判断是哪个字母。看这个训练太有意思了，

第十六章　培养孩子的阅读和书写能力

我们还能把儿童进行分类,看他们是视力感知型,还是肌肉感知型。

"这个时候可以让儿童用手感知卡片上写的,最初的时候只用一根手指,然后用两根,到后面拿一个木棒,用的时候采用拿笔的姿势,让儿童进行对字母的临摹。

"那些不是元音的都用蓝颜色的笔写,接着把外形相似的放在一起。另外,跟卡片对应的是能活动的相同颜色的木板字母,把所有的这些像之前摆放元音一样摆放。

"在这些器具中,还有一组完整的卡片,在这组中,不仅仅是要有字母,还要有几个用这些字母作为首字母的单词。除了有人工写的之外,另外还要有印上去的。

"老师拿着这些卡片,告诉孩子们这些字母的由来,然后教授那些物品的名字怎么念,接着要重点读一下首字母,举个例子'P-Pear,让儿童找到哪个是辅音,接着对照卡片放到一起,让儿童用手去感知。经过这个训练,我们能观察出来儿童哪里做得不好。

"在进行这种临摹训练的时候,也可以锻炼一下肌肉,到时候可以直接进行写字训练了。通过这个训练,一个小女孩都能拿着笔把所有的字母复制出来了。

"不过她不知道这些是什么。女生可以把字母写得很规范,并且能画 80 毫米那么大,并且女生的手的制作能力也很强。训练的时候儿童用手感知字母的目的是为了学会写字,不过这也对读书有影响。

"在进行碰触的时候进行视力感知,依靠不一样的感觉器官共同工作,就能更快记得这些字母。之后,把前面结合在一起的运动分割,视力感知变成读书,碰触感知变成写字。每个人跟每个人不一样,有的先会看书,有的先会写字。"

在 19 世纪末期,我找到了一种一直流传到现在的看书以及写字的训练方式。我记得我让一个发展不正常的孩子拿一根粉笔,他居然把所有的字母都写了出来,你们能想象出来这个是他第一次写的么。我对这件事很震惊。

他们学会写字的时间比我想的要短的多。我之前也说过,一些儿童可以把字母都临摹出来,虽然他们对这些字母混淆不清。

在我的观察中,那些健康的孩子在刚刚出生不久的时候触觉感知是最棒的,这个时候儿童学习写字也是最快的。

但是读书恰恰相反,读书是要靠时间的积累的,在拥有一定的智商之后才可以读书。原因是读书的时候,要对那些字进行记忆,而且要控制自己的肌肉进行发声,并且最后一定要知道这些句子在说什么。这些都是要具备一定的智商才能进行的。但是在写字的时候,儿童依靠老师的指引,只是看那些字,然后进行肌肉运动,这个训练对儿童来讲很有意思。

在儿童看来,写字就是为了省事以及一种自主活动,这个跟说话是相同的;不过说话是根据听力的感知然后进行的肌肉运动。跟这些都不一样的是,读书的时候要运用理性的思维模式进行文化的了解,文化所代表的是字的内在含义,这个只有到了一定的年纪才能理解。

我对孩子们进行正式的训练是从1907年开始的,地点是在圣洛伦佐的两个学校中,儿童一进入学校我就用这种感知练习进行训练。

在这里,我依然沿用了传统的方法,没有实行写字训练,我也觉得这个训练要以后再说,读书和写字是一样的,一般都在六岁之后才开始训练。

在这个训练中,儿童的智商得到了很大的提升,他们都很惊讶,觉得要重新审视一下这个方法。儿童在这个时候知道了很多事情。

他们学会了吃饭、穿衣脱衣、洗澡;也开始收拾房子,打扫房间;他们在用带盖子的器具的时候能自己打开,并且能找到跟锁配对的钥匙开门;不仅如此,他们还会把物品有条理地摆放好,会浇花施肥;另外,他们学会用眼睛感知这个世界以及用手感知所有的事物等。

大部分的儿童都央求我开始进行读书和写字的训练。在我拒绝以后,还是不断地有儿童跑来自豪地告诉我他们自己知道O怎么写。之后,很多妈妈

第十六章 培养孩子的阅读和书写能力

也到我面前要求我开始进行读书和写字的训练，这些妈妈表示："儿童的能力在这里苏醒过来了，他们很快就学会了很多东西。假如现在就进行读书和写字的训练，那么儿童也会掌握的，这样一来，在进入义务教育的时候儿童就不用再学习了。"

妈妈们对于儿童在我的学校很快学会读书和写字是这么有信心，所以我对这件事记得很清楚。我在这次开学的时候开始进行这个训练，在9月这一个月的时间我要把上学期讲的东西继续讲完。

我的计划是9月的时候不进行读书和写字的训练。不过我的安排也是很合理的，原因是我可以跟义务教育一起开课（小学是10月份开学），顺便看看这些儿童学到的东西是不是一样。

这样一来，我需要找一个帮我做教学器具的人，不过没有找到。这个时候我想制作一组好一点儿的器具，类似于我在教授发展不正常的孩子的那种。不过后来我不这么做了，我觉得商场卖的那些也挺好的。不过我没有看到手工写上去的卡片，不免有些遗憾。

9月很快就过去了。那些在义务教育当中学习的儿童在不停地练习画直线，不过我们也没有开课。我想到不用那些纸板上的字母了，这样不方便儿童用手进行感知。所以我觉得用粗糙一点的纸更好，先按照字母的形状剪好，接着贴到图片上。这就变成了让儿童进行手的感知的器具了。

在我做完这些器具之后，我看到了不同于那些发展不正常的孩子使用的大一点儿的字母的地方，不过，在没有发现之前，我花费了两个月才看到。

假如我特别富有的话，那些看起来很精美却毫无用处的卡片没准就被我买了。原因是在我们心中，旧的才是好的，我们不敢尝试新的事物。

一般来说，我们在那些没落的物品上寻找残缺的美，但是忽略了那些新的事物。现在，我知道了这种纸卡片做起来很简单，好多儿童都能用。这些不仅仅可以用来辨认，也能用来组词，更棒的是儿童可以用手进行感知，然后找到自己肌肉运动的规律。这么做，就让儿童视力感知和触觉感知结合起来进行写字的训练了。

在晚上下课之后，我和另外两个老师很快乐地开始自己制作教具。首先，把字母用蓝颜色的笔描好，然后贴到卡片上。在进行制作的过程中，我们仿佛看到了之后的训练过程，我们觉得这个训练太容易了。所以，在我们回想起传统的方式之后都笑出声来。

我们首次做这个训练的时候发生了很有意思的事情。一次，一个教师身体不舒服，这个时候，我让另一个老师安娜去代课。

在我上完课去那边的时候，安娜让我看一下她修改后的东西。第一个修改是用一个纸条标记出了字母的方向，原因是儿童分不清方向。第二个修改是做了一个纸盒，卡片放到纸盒中，这样这些卡片就变得有秩序了，不再胡乱堆在一起了。一直到现在，我还留着这个纸盒，这个是安娜找到的废弃不用的东西，她还用白线进行了缝补。

她递给我的时候很羞涩，说自己做得不好。但是，在我的眼中，这个是她对教学的热爱。我觉得把卡片放到盒子中的想法棒极了。通过这个盒子，儿童能清楚地看到字母之间不一样的地方，然后找到正确的。这个是我使用的教具的由来。

我说一个方面，从这一个方面中就能看到这个器具的功能。过了圣诞之后大约一个月的时间，那些参加义务教育的儿童在进行画直线，然后复制元音的反复训练中，我的学校两个四岁左右的儿童可以自己亲手写信给塔拉莫送上自己的祝愿以及谢意了。他们把句子写到了一张即时贴上，上面没有涂抹过的痕迹，我可以自豪地说，这个相当于小学三年级的水平。

蒙台梭利教育启示

1. 探索是对事物的客观事实进行总结,并在大脑中进行理性思考。父母可以教孩子进行探索和理性的逻辑思考方法。

2. 在运用智商进行学习的时候,首先要做的是让孩子排除一切之前学过的类似的东西,这样才能在思考中找到新的东西。

第十七章
书写和阅读教育的基本方法

文字,让人类的智慧得以延续,让后人在享受前人成果的基础上,更快更稳地推动社会的发展。

——奥地利教育家 高尔霍夫尔

> **阅读提要**
>
> 　　教孩子写字，分为三个时期，每个时期都要教孩子掌握不同的技能，为书写做好准备。
>
> 　　第一时期，要对孩子的肌肉进行训练，以便孩子学会拿笔和写字。第二时期，要让孩子在视力的帮助下形成对形状和声音的记忆，将两者结合起来。第三时期，要对孩子进行词组训练。
>
> 　　与此同时，父母还要让孩子学会阅读，让孩子得到进一步发展。

第十七章 书写和阅读教育的基本方法

进行这个练习的金属块和之前的关于立体木块的练习都是一样的。

第一时期：为了对肌肉运动进行训练，这种训练对于拿笔和写字来说都是有必要的。

训练。首先要把这些金属块依次放到老师用的讲桌上，也可以把儿童用的学生桌两个一组拼起来使用。在桌子上要放置8个不同的平面几何图形。

孩子们进行练习的时候，可以使用一个，当然也可以同时用几个。老师负责拿走固定图形的框框以及金属块。跟之前用木头做的那些图形是一样的，金属块也做成几何形状。

在练习的时候，儿童能够用所有的金属块进行训练。在练习之前，儿童要先把金属块放到原来的框框中。然后把另一个框框放在一边的纸上用有颜色的笔进行临摹，然后把框框拿走，在纸上就会看到一个完整的四边形。

这个练习是第一次进行，儿童用笔对四边形进行了描摹复制。在没有这个练习的时候，儿童能做的只是把这些对应的金属块放到那三组已经做好的图片上。现在的练习，儿童把这些金属块摆放到复制好的四边形上，就如同之前把木制的图形摆放到图片上完全相同。

儿童接下来要做的就是把这些金属块的边边也用不同颜色的笔复制下来。把金属块从纸上拿开之后，儿童会发现纸上有两个图形，这两个图形还有不一样的颜色。

这个时候，我要说的就是这是一种抽象的对图形的理解。在我们看来，框框和金属图形之间没有一点儿相似的地方，可是在复制之后，他们的轮廓居然是一样的。

这种相同的感觉是用线条来表示出来的。出现这样的情况，儿童会有很大的反应，当然也会充满好奇，所以他们在后面常常会找不一样的两个物体进行临摹，然后看复制后一样的几何图形。儿童自己会找寻这样的物体，并且做得很开心，是因为他觉得复制的图形是因为他的手指进行绘画的缘故。

不仅仅是这个，儿童在练习的时候学会了如何画直线。这个时候对于儿童来讲很开心，儿童看到通过自己的手可以把那些线条画出来。

后来，儿童开始准备一些工具用来发挥自己的肌肉运动。这个运动过程跟儿童如何拿笔是有很大的联系的。儿童往往会拿起一根有颜色的笔，就好像他们在写字一样，他们拿着彩笔，在纸上为画好的图形进行颜色填充。

在这个过程中，我们会指导儿童不要把颜色涂到框框之外，目的是希望儿童能专注于图形的边框上，在记忆中形成图形是用线条组成的这个事实。

在只给一个图片进行颜色填充的时候，儿童的手指肌肉也在不断进行着训练。这种训练的效果就像是用手在纸上画 10 条垂线的效果是一样的。除了这些，这个训练还有一个很好的作用，虽然跟写字一样也是在不断进行着手部肌肉的运动，可是填充颜色让儿童觉得是一件有意思的事情。而且他们可以充分按照自己的想法来选择颜色，并且看到的是有鲜明色彩的图形。

从最初对几何图形的轮廓进行不断地复制，然后就用红的、蓝的、绿的等一系列颜色进行填充。到了后来的时候，儿童会只用棕色复制图形的边框，然后用深蓝对图形进行颜色填充。这个时候，他们选择的两种颜色跟实际中的颜色是对应的，这样就真的变成对金属块的临摹了。

我发现有一部分儿童会在中间的部位用橘黄色画一个圆，这个就是金属块上的黄色的铜钩。直到现在我会觉得，这是真正的临摹品。

看着自己画出的图形，儿童都很开心，仿佛是在欣赏一件刚刚创作出来的艺术品一样。如果我们能全程跟踪一个儿童进行复制的过程，那么我们会看到他们能力的提升：

首先，那种把颜色填充到框框外面的情况会渐渐变少。直到后来，儿童在填充的时候不会再画到框框的外面，并且颜色填充得跟框框都恰到好处。

其次，儿童进行填充的时候最初用的线条都是很短并且看起来很乱，慢慢地，这些线条开始增长，而且是按照一定的规律进行绘画的。

我们看过的那些图形中，用的线条大多是垂直平行的，线条从顶部一直延续到最底部。再看一下其他的图形，我们会觉得儿童是熟练使用铅笔的大艺术家。

通过这个练习，对于以后进行写字的肌肉运动方式已然储存在儿童的记忆中，在对这些图形进行检验的时候，我们的结论就是儿童完全掌握了如何用笔。这个训练提供给了儿童画出各种不一样的线条的机会，同时也锻炼了他们使用铅笔的能力。

假如我们去数儿童在进行颜色填充的时候用了多少直线，而且把这些用数字一个一个表示出来，那么我们写的数字肯定能用完很多本子。在这个练习中，儿童学会的东西是传统教育下三年级的时候教授的内容。在儿童进行写字练习的时候，他们就像那些经常写字的人一样，能够很熟练地使用铅笔了。

我觉得没有比这个练习更有效的了，最重要的是这个练习取得成效的时间非常短。在练习的时候，儿童是开心的，并且没有任何的压力。在之前，我们能做的就是让发展不正常的孩子复制字母的线条，我觉得跟上面的练习比起来，之前的方式太弱了。

当然，即便是儿童已经掌握了写字的方式，也不要停止相关的训练，之前的练习可以变得复杂一点儿，图形也可以变得难一点儿。在进行这个练习的时候，过程是一样的，但是儿童会慢慢认识所有的图形，并且也会更理解图形的概念，他们会为此感到自豪。

这个训练，不仅仅对儿童写字有了准备和刺激，这种对图形进行的颜色填充代替了传统的写字练习，儿童会掌握使用笔的技巧。在这个练习之后，尽管儿童没有开始写字，但是他们在写字上的能力却提升了。

第二时期：为建立起字符的视力感知——字符和写字的肌肉运动记忆而进行的训练。

教学器具。一些字母卡片，这些字母使用粗糙的砂纸黏在卡片上的，其中还要准备有同样字母的大点的卡片。

砂纸是按照一定的线条和大小来修剪的。一些元音选的颜色是比较淡的，然后对应的是黑色的卡片。其他的字母选的颜色是黑色，对应的卡片是白色。把卡片按照相似的形状进行划分，这个对比可以引发孩子的好奇心。

字体选用跟书本上是一致的，然后把字体进行加粗设置。

训练。进行字母训练的时候，老师应该只教授如何发声，从元音开始学习，然后是其他的字母。在进行授课的时候，也可以把辅音和元音结合成词组进行练习。这种训练会有三个层面，前面也提到过了：

第一：将视力感知和肌肉感知与字母发声进行结合。

这个时候，老师要把两种相同音节的卡片指给儿童看，在这里以 i 和 O 两个字母为例，指着卡片告诉儿童哪个是 i，哪个是 O。

老师发出声音之后，要让儿童进行复制。当然，要告诉他们怎么复制。这样不行的话，也能让儿童的手指对字母进行碰触，类似写字的样子。儿童学会复制需要了解字母的线条是怎么转动的。

儿童会很快学会这个练习，原因是儿童的触觉起了作用，在对字母进行碰触的时候，他们掌握了线条是怎么转动的。然后，儿童就能进行反复练习了，这个过程中是为了准确复制字母，他们不担心是不是会出错，跟之前他们不担心自己不会用铅笔一样。当然，假如画错了，会马上在卡片上显示出来。

儿童渐渐能够很快进行字母复制了，这个时候，他们会喜欢遮住眼睛进行这个练习，这会让他们变得开心，他们会按照卡片上的线条进行复制。这种对字母的感知力在手指碰触的引导下表现出来。简单地说，我们复制的时候不是靠视力的引导，是靠着碰触的感知引导肌肉的动作，这个会提升肌肉的能力。

第十七章 书写和阅读教育的基本方法

在这个练习中，老师提供卡片并且让儿童复制，引导了儿童三个感知：视力感知、碰触感知和肌肉感知。

用图像记忆的方法进行练习，比其他的练习要更有效，并且用的时间也是最少的。这个过程中，我们观察到儿童的身体记忆非常地好，也很容易就能做到。不得不承认，儿童在进行碰触的时候就知道正确的答案，可是在只看不碰触的时候却会出现错误。不仅如此，进行图像教学也跟声音结合到了一起。

第二：感知。

儿童对于发声的练习应该要做到听到声音的时候就知道怎么做并且怎么对比。

还是用 i 和 o 为例，老师要求儿童把 i 和 o 拿给自己，假如儿童通过看不能做到，这个时候，让儿童触碰字母进行感知。

这种情况下，儿童还不能做到，那么就终止课程。过一段时间后，再进行这个教学。我在前面讲过，千万不能进行纠正，而且儿童做不到的时候，不能勉强再讲下去。

第三：讲话。

把卡片摆放一段时间,接下来问儿童是什么,他们会说是 o 和 i。讲授辅音，老师要做的就是发声教授，然后马上把元音跟它联系起来，并再次发声，如此反复进行。

举个例子，在念 m、ma、mi、me 的时候，儿童要先念 m，然后再把包括元音的念出来。

当然，不需要让儿童掌握所有的元音之后再教授辅音，只要儿童掌握了一个元音，那么他们就会跟辅音联系起来。

我观察到这样一个情况，在进行辅音教学的时候，遵从一个规律来教是不太可能的。会常常有这样的时候出现，儿童会特别对某个字母感兴趣，这个时候我们就会讲授这个字母。

当我们讲出一个别的词的时候，儿童也许会对其中一个字母充满好奇，但是，这种随机学习的方法是很有成效的。假如儿童能够把那个字母念出来，他们会很开心。在儿童心里，他没有接触过这个字母，这种发声他从来没有听过，这个新鲜的字母引发了儿童强烈的好奇心。

有一次，我在窗户边看儿童在玩耍。一个快三岁的男生坐在我旁边，他是被临时托付给我的。在我们身后的椅子上，杂乱地摆放着上课用的卡片。我看到后，把它们整理好摆放到应该在的地方。在完成之后，我把装卡片的盒子随手放到我身边的地方。这个男生从盒子里抽出一张卡片，上面写的是f，恰巧正在玩的儿童看到了，他们大声念："f。"小男生并没有在意这个声音，随后又拿出一张写着r的卡片，那群儿童正巧又在这里，他们冲小男生微笑，又念道："r！"

渐渐地，小男生注意到了，他拿起哪张卡片，这群儿童就会念出声音，这个情况让小男生变得很兴奋。我开始想知道，小男生要持续多长时间才会放弃。最后我计算了一下，小男生坚持了45分钟。这里的儿童对小男生也很好奇，都来到这里，然后一起发声，他们觉得小男生的那种惊讶的表情很好玩。

到了后来，在重复听到f的时候，他也学会了这个发声，拿起卡片对我念："f。"他在这种嘈杂的环境中也掌握了这个发音。这样看来，他最初拿到的卡片吸引了别的儿童跑来念出声音，小男生对这个卡片有了很深的记忆。

在这里，我不想解释这种环境是不是能反应儿童的语言掌握程度。有的孩子有语言缺陷，几乎是与这个孩子本身发展不完善相关，这种缺陷会在孩子的身上表现出来，只要出现这种情况，老师都要记下来。在自己的记录中，老师会看到儿童的发展情况，这个可以协助老师进行因材施教，也能表现出儿童在发展中的特性。

对于在语言学习中出现的错误进行指正，我觉得要依据孩子发育的生长规律，这也是我们进行授课安排难易程度的根据。但是，如果儿童的语言能力已经很好，在他们可以自主发声的时候，对于先选择哪个开始讲授就没有区别了。

在那些不能拥有很好的语言能力的大人身上发现，其实是在新生儿的时候对于语言的学习出现偏差造成的。所以，假如我们用适用于孩子时期的语言教授方法，而不是那种传统教学中在学校中对儿童的错误拼命进行指正，或许我们会有非常有效的结果。

但是，现实中这种语言上会出错跟所在地的发音是有关系的。假如想在大一点儿的青少年身上纠正过来有很大的难度。可是，在孩提期这种用那些有效的练习方式很轻松地就可以纠正过来。

当然，我们所说的语言能力不行并不是指的生理上的或者是因为身体缺陷而存在的能力不足，我们所说的只是关于不能进行正确发声的能力不足和那种对错误发声进行复制的能力不足。

我们通过观察儿童对辅音的发声就能了解，所以说这种不足完全可以用发声训练的方式纠正过来，这个练习也是我使用的关于语言训练中一个重要的构成。这是一个很关键的事情，下面我会单独讲到。

在后来进行写字训练的时候，这个过程跟之前经历的两个阶段是相同的。我们的训练可以使儿童的肌肉运动变得更好，这个运动也会影响拿笔和写字。假如儿童在这个训练中经过了反复的练习，他可以直接进行简单的写字了，尽管他从来没有使用过任何笔。

在进行写字练习的时候，我们还准备了读书练习。在前面的练习中，我们讲授一个字母的形状和发声，儿童能够在视力的帮助下形成对形状和声音的记忆，通过触觉将这两方面结合起来。在儿童用眼睛辨识的时候，就是读书的过程，而当儿童进行复制的时候，就是写字的过程。

在这个时候，儿童把这两种练习结合起来，可是在后面的发展中，这两种练习会分开各自成为一个不可缺少的过程：读书和写字。

如果想要让儿童一起进行这两项练习，也把两个练习结合起来进行教授，儿童需要一种新的方法，所以我们不用想这两个练习哪个更需要加强。我们不用为难自己去想孩子们应该先学哪一个,也不用想哪个孩子接受得更快。在这里,我们要做的就是不要考虑别人的观点,让事实来帮我们解释这个疑问。

或者我们能够看到,不一样的孩子因为本身的不同,在进行两种练习的时候表现得也会不一样,所以说要进行对每个儿童的单独探索,这个会把研究的范围扩大,总结来说就是让儿童自主发展。

第三时期:组词训练。

教学器具。这里需要的用具还是字母。跟前面的卡片差不多,形状也是一样的。但是这次的字母是用厚一点儿的纸剪出来的。

这种情况下,这些字母都可以直接拿起来使用,对于儿童来讲更为方便,能够摆放到任何地方。对于这样的字母,我们做了一模一样的好几套,而且专门做了装字母的纸盒。盒子不深,中间用东西隔开,这样就有了很多空间,每个空间里放上一套一样的字母。这些空间不一样大,这个是根据字母的大小进行分隔的。每个空间中,我都把一个字母黏到纸盒上,不能使用,这样做可以帮助孩子在收拾用具的时候,更方便找到对应的空间。这些字母,元音用红色的纸剪成,辅音用蓝色的纸剪成。

训练。在儿童能辨识部分字母之后,我会把纸盒给他,当中也包括他能辨识的字母。

这个时候,老师应该很清晰地念出一个单词,比方说"mama",尤其要注意的是,一定要把 m 这个音念得很清楚,还要念好几次。

一般的时候,儿童能快速把"m"的纸片拿出来,这个时候,老师要接着念"mama",儿童就会找出"a",跟上一个放在一起。之后,儿童就能轻松地把别的字母进行组词了,可是尽管能组词,他们却不太会念。在耗费一些精力后,儿童终于可以掌握了。

这个时候,我做的就是上前进行协助,并且引导他发声,有的时候会跟他一起念,大声、清楚地念。当儿童理解了这个练习之后,他自己会加油,这个练习也充满了乐趣。老师可以随意念一个词,儿童一旦知道这个词是怎

第十七章 书写和阅读教育的基本方法

么组成的,就能准确地把字母都找出来摆放好,成为学会的新词语。

看儿童做这个练习的时候很有意思。儿童专注地坐着,盯着纸盒,并且小声地念着,声音很小,快要听不到。然后,儿童会把字母依次拿出来,而且基本上没有出错。他的嘴巴在动,说明他一直在反复地念着,同时也把发声转变成手中的字母。

虽然儿童可以自己找出随意一个单词而且可以念出来,可是老师只需要告诉儿童一部分简单的单词,剩下的要让儿童自己理解这么组合的原因。在用学过的这些词的时候,儿童会自己进行思考,然后进行反复练习。

关于这种训练,是很繁杂的。在孩子进行训练的时候,他们会设定一个目标,增强自己的分析能力和表达能力。这种对字母的组合过程成为了儿童准确发声中很重要的一环。

在这个训练中,会让儿童把声音和图像结合起来,这样在今后进行写字练习的时候就有了积淀。不得不说,练习组合单词也是对儿童智商的一种开发。老师读出来的单词就像是儿童必须要经历的一次解答过程,儿童会对图像进行记忆,找到正确的字母,然后把它正确地组合出来。儿童不断重复这些词语,最终找到合适的组合方式。

儿童在进行组词练习的时候,假如旁边有人念出这个词组,那么儿童就会很开心,并且很自豪。原因是他们非常喜欢这种用字符来沟通的方法。书写让儿童感到自己站到了智慧大山的顶峰,当然这个也说明了孩子的成果很优秀。

在生活中,我们的习惯就是要在最后的时候把所学的内容结合起来进行检查,所以只要儿童可以掌握怎么进行组词和怎么念的时候,我们会把之前的器具收起来,然后摆放成原来的样子。所以说,儿童在这个训练中,需要对比不同的词组然后找到正确的词组。

第一步,在那些装满了卡片的纸盒里,儿童找出自己要用到的卡片;第二步,在把卡片放到原来的位置上的训练中,包含着之前做的三个训练,这三个训练的目的就是要把字符的记忆以及对应的发声结合起来。这样一来，就会有三个训练同步发展，儿童了解字符含义所用的时间是传统教学的百分之三十三。

不久，我们再次进行观察，感知到念的声音以及进行了一定的思考，儿童已经在内心深处找出进行组词练习要用到的卡片，最后他们按照顺序摆放整齐。

这个过程中儿童表现得那么优秀以至于大家都感到吃惊。有一次，我发现有一个小男生一边在凉台上跑来跑去一边嘟囔着："要组成 Zaira，我要有当中所有的字母。"

除了这次，在蒂多纳托访问我们的学校时，他把自己的全名告诉了一个儿童，这个儿童马上就对名字进行组词，最开始他用小一点的卡片摆放成——diton，这个时候蒂多纳托把正确的发声又念了一次——didonato。

这个时候，儿童的做法不是把之前排好的顺序弄乱，他的做法是去把没有找到的卡片拿过来，插到相应的位置上。直到把所有缺少的字母都加进入。最后，他把多余的 to 拿出来，放回到盒子里。他终于组词成功了。

这个过程中，儿童知道词组 to 不是在之前放的地方，然后想到是要摆放到后面，所以他不管这个词组了，到了排到它的时候再进行组合。大家对于这个过程都很惊讶，因为这仅仅是个四岁的儿童。假如儿童要对一个词组进行组合，那么儿童的想法一定要清楚，且他要记住那些很繁琐的字符。

儿童能够完成这么困难的工作，原因是儿童的大脑可以进行理性思维了。他们依靠着智商的提高和不断地反复训练才获得了这种理性思维。

上面经历的三个时期把书写训练的所有方式都列举了出来。在里面我们能认识到这种方式是非常有效的。在对书写以及读书进行结合的时候，联系起来的内心和身体上的表现也拥有了自主活动。

在进行字母书写准备的时候，人的身体是依靠一部分机能进行的，在拿笔的时候却是依靠肌肉运动的另一方面。当然我们要从内心深处看待这些词

第十七章 书写和阅读教育的基本方法

组，从那里我们会将听力感知和视力感知联系起来。

不过，在这个阶段中有这么一个瞬间，儿童在无意识中，按照自己的自主意愿但是又没有违背自然的法则，在那些平面图形中画满了垂线；儿童会不看这些字母用手进行感知；儿童也会在感知过后用手在空气中勾勒出字母的轮廓；这个瞬间，孩子对于组词变成了一种渴望，这个时候尽管儿童单独待着，也会反复念："如果要拼出Zaira，我要把那些字母找出来。"

到目前为止，儿童真的没有训练过写字，不过他可以复制写字的时候用到的全部肌肉运动了。在对儿童进行检查的时候，不仅会马上把词组合起来，并且在大脑中浮现出词组的拼写的儿童已经可以写字了。原因是在没有用眼睛看的时候，也能记得写这个词组的肌肉运动，当然这个是在自然状态下产生的。

不仅仅是这样，当儿童可以运用这种方式的时候他们也得到了自主性，在自主性的指引下，儿童通过这种方式可以瞬间迸发出一种渴望以及力量。不管时间长短，儿童一定会自信满满地开始自主写字。下面是我在健康孩子的训练中看到过的最好的效果。

在一所学校中，学校的负责人叫贝蒂妮，我特意看了一下他们是怎样进行训练的，这是由于我之前在这里拿到了很多写得非常棒的字。不过为了让大家有一个更好的了解，那么我一定要好好讲一下。

在一年中最后一个月的时候，我来到这里，我记得那天天气很好，也很暖和，我跟儿童到了屋顶上面。有的儿童在那里玩，有的儿童围绕在我身边。这个时候我离着烟囱不远，然后我看着一个五岁左右的男生说道："帮我把这个烟囱画下来可以吗？"

跟他讲话的时候我把粉笔递给了他。男生听完就坐在地上，然后用粉笔画出烟囱的样子。我对这个男生说了些赞美的话。男生很开心，不过在他因为开心而做出动作之前愣了一会，然后他就大声地说："我会书写了！我会书写了！"接下来蹲在地上用粉笔写"手"，接着又把"烟囱""屋顶"也写了上去。

　　同时，他还一直大声喊："我会书写了，我懂得怎么写啦！"他的喊叫声让其他的儿童都过来这边，他们以我为中心围起来，所有的儿童都注视着小男生的画，并且都挺开心。

　　还有几个小孩非常兴奋地跟我讲："我也能做到，递给我粉笔吧！"事实也是如此，这些儿童把学到的词都写出来了：母亲、约翰、阿达等。

　　所有的孩子都不是想要达到一个目标，以前的时候用粉笔或者别的东西写过字，今天是他们首次写字，他们把词组写得非常正确，这个就好比是儿童讲话的时候首次讲出一个清晰正确的词组一样。

　　在孩子首次讲出一个清晰正确的词组时，妈妈表现得很开心。有的时候儿童可能讲的是"妈妈"，这个词貌似是想表示对妈妈的喜欢。

　　儿童心中非常地激动，因为这是他们首次把词组写出来。在儿童心中，他们没有把之前打基础的时候做的训练跟现在写字用到的肌肉运动结合起来，所以儿童会想，等到了一定的年龄，他们就自然而然能写字了。

　　在儿童心中，等到他们慢慢变大，身体也会变得更健壮，然后就到了最开心的时候，那时他们就会写字了。不过，现实也是这样。儿童在进行语言训练的时候也在不自觉中打下了写字的基础，内心和身体上的练习也会变得成熟，这样之后，儿童就能清晰地讲出来了。

　　在进行写字的训练中，儿童经历的过程也是一样的，不过我们对儿童进行知识教授，并且让他们进行一些打基础的练习对他们来讲是真的有作用，这个时候，儿童写字会比讲话用的时间更短，做得更好。

　　不过，我们讲的是挺简单的，但是我们进行打基础的训练也是能够把所有的方法都囊括进来的。儿童具备了所有写字的肌肉运动，并且那种书面上的训练不是一点一点进行的，是猛然就出现了成效。换句话说，儿童具备写出所有词组的能力。

　　这个是在进行书面训练的时候，我们发现的结论。在最初的时候，大家

第十七章 书写和阅读教育的基本方法

都很激动,就像做梦一样,又像出现了一个奇迹。那些首次把词组写出来的儿童非常开心和激动,就跟生出蛋的母鸡一样,他们嬉闹的声音让每个人都听到了。

可能儿童会拉着所有人过去,让他们看自己的杰作,不过当每个人都不去的时候,儿童会抓着你的服装,硬要你过去看。这个时候,大家被强迫着过去了,围绕在那个杰作的旁边,然后夸奖这个儿童,这个时候我们夸奖的声音跟那个写字孩子欢呼的声音糅合起来了。

一般到了这个时间,首先写出来的词组就诞生了。然后,所有的儿童就蹲在了这个词组面前,他们想要近距离看这个词组,观察这个词组。当首个词组诞生后,那些儿童会用一种激动的心情在任何地方接着写。儿童都围在黑板的边上,那些在里面的儿童写字的时候,在外面的儿童会站到凳子上去,在后面写字。

有的儿童没有找到地方写字,他们也想找一个写字的地方,尽管只是一个不大的地方,他们可能会把站在凳子上的儿童挤下来;还有的儿童就奔到了窗框上或者门框上,在那儿写字。

最开始的那几天,所有人就在写得密密麻麻的地上走路。在我们跟大人沟通的表格上也写着出现类似的事情,就算是在面包上,儿童也在上面写字了。

一些妈妈想要阻止这种情况,她们就给儿童准备了笔和纸。这群儿童中的一个送给了我一个本子,上面都写上了字,他妈妈跟我讲,儿童不分昼夜地写字,就算是睡觉的时候,也不会放下笔和纸。

最初的时候,我们不能引导孩子不这么做,不过孩子的这种激情让我看到了大自然的功能,在自然的指引下,讲话的表达能力才能逐渐增强的,同一个时间,也让儿童明白了其中的含义。

大家想一下,假如自然跟我们一样只有冲动,那么后果是不是我们能想象到的了。在自然的指引下,人们在感知的作用下进行了大量的准备,然后搜集到了很多的资料,这个为语言的发育成熟打下了基础。

等到了该讲话的时候，告诉以前从没有说过话的儿童："你们可以开口了。"我们听到了之后肯定觉得儿童太不可思议了。在这种情况下，儿童不觉得自己受到了限制。然后就突然讲出一大堆尽管大家可能听不懂的语句，但是他们会一直不停地讲下去。

不过我觉得尽管这个是两个极端，要么不开口，开口就停不了，但是在它们之间进行转换的时候是很快乐的，并且我们能够看到这种转换，还能看到这种成效。我们一直都觉得这个是自然引导下的行为，不过我们也能够给予帮助，让他们能一点一点地打好基础，从最开始的时候就很完美。

这个时候，我们也要按照自然法则的要求去引导这个训练，去控制训练时的力度。儿童观察到周边的其他孩子已经开始写字了，我们要做的就是让他们去进行复制，这样他们可能很快也会写字了。不过用这个方法也要注意，儿童知道怎么写字了，不过他们没有了解所有的字母，也没有掌握很多的词组。

不过，那种激动的心情跟打好基础之后进行写字的心情是一样，不过他们仅仅是激动，不会感到惊讶了，原因是儿童天天都能观察到这个事情出现在每个人身上，他们明白这个是大家都有的本能。

这个时候我们的环境突然变得安静和谐了，而且我们能感受到当中的温和伴着奇迹的氛围。尽管大家都是在最初的那些天去学校参观，不过让人惊讶的事情一直都存在。举个例子，两个儿童都很有自信、很开心，不过在进行写字时都不会讲话。但是，这两个儿童在这之前都不会写字。

老师跟我讲，两个儿童都是昨天才会写字的，一个是在早上 11 点的时候，一个是在下午 3 点的时候。我们一定要正视这件事情，就让我们觉得这个是按照自然法则的要求进行的训练吧。

老师要告诉儿童开始写字的时间。在儿童把前面讲过的三项机能都做得很好的时候，并且儿童没有自发写字，老师就需要告诉儿童可以开始了。原因是儿童在自主写字的时候会碰到一些阻碍或者是困难，假如不正确引导，儿童就会白忙一场了。

第十七章 书写和阅读教育的基本方法

儿童是不是真的已经准备好了，老师可以凭借下面的情况进行判断：在平面图形中涂颜色是不是按照一定的规律进行的；能够不依靠视力感知对字母进行碰触分辨；在组词练习中是不是专注并且速度快。

在老师进行引导的时候，最好的办法是先不急，过一周再看儿童是不是有自主写字的冲动。在儿童自主写字的时候，老师可以过去做引导的工作了。这时，老师还要控制一下写字的速度。老师最先要教授给儿童的是怎么用在黑板上写字，通过这种方式，儿童就会在正确的地方并且按照一定的规律写字了。

接着，老师要让那些还不会写字的儿童反复复制，但是不能直接告诉儿童他们哪个地方不对，原因是儿童在开始写字前的准备没有做好，他们在进行反复复制之后才能打好基础。

在我的印象中，一个儿童渴望自己能够写出漂亮的字，所以他把所有的字母卡片都拿在手中，等到把全部字母都用手感知几次之后才会写字。假如他觉得还是不漂亮，那么就抹掉，继续重复前面的动作。

就算是儿童已经写了一整年的字，他们还是会不停复习着之前的基础训练。所以，儿童在学会写字的基础上，他们的字都很好看。每个人都没有学过我们强调的规范的写字姿势。在儿童看来，那种规范的动作就像考试一样，是人的一种激动心情的表达，也是开心做着规范姿势的表现，这些都不是在训练中进行的。

好比是为了净化心灵去祷告一样，我们学校的儿童经历过这些不是写字的规范，不过也比较类似的训练，这让这种人类特有的表达智慧的语言变得更成熟，这个就是书写。

我们认为，对于教学来讲，在进行某项训练之前先做好一系列的基础工作，并且让儿童转变想法，这点非常重要。那种打着为儿童好的幌子，直接告诉儿童哪里做得不对，让儿童改正这些缺点的做法，就会让儿童对自己的错误再也察觉不到。

我上面讲到的方法中也让我们找到了一种教育的价值，一定要引导儿童变得仔细，这么做儿童就会尽量不出错，也要引导儿童重视自己的尊严，这样儿童就会努力前进。还要引导儿童不要骄傲，这样儿童就会变得更加善良。

儿童如果具备这种善良，那么他就可以获得心理上的成功。当然，还要引导儿童变得现实，要让他明白写字不可以立马就能完成，他们需要进行不断训练才能做到。

在现实中，所有的儿童，不管是在进行准备训练的，还是写了好几个月字的儿童，都会一直做反复训练，这个让儿童觉得是公平的，而且也变得更关心别人，两种儿童之间没有太大差别。

全部的儿童都在给平面图形涂颜色，然后用手感知字母卡片，接着进行组词训练，那些年纪不一样大的儿童还会共同协作。所有没有准备好的或者是准备工作做得不充分的儿童都是沿着一条路行进的。

不仅仅是在语言的学习上，在我们的社会中，比起会出现阶级，我们更注重平等，大家都是一家人。这种情况跟追求信仰的过程中，那些刚刚接受信仰的人和那些已经加入教会的人也要进行相同的训练是一样的。

学习写字的速度应该是很快的，这是由于我们教学的时候选择的都是想要写字的人，这些儿童在观察老师指导别的儿童进行训练的时候出现了自主性，他们会专注在别人的训练上。我们也不排除有些儿童在专注地看别人的训练时，通过自己的努力也会写字了。

概括地讲，那些四岁左右的儿童都会被写字吸引，其中有一些儿童在不到四岁的时候就会写字了。通过观察我们也知道，儿童非常喜欢用手去感知字母卡片。在我之前讲过的准备阶段中，儿童首次发现了字母卡片。我让贝蒂妮把做好的卡片拿给儿童看。儿童一下子就把她包围了，他们都渴望用自己的手去感知这些卡片。可是，拿着字母的儿童也没办法感知，原因是别的儿童挤过来也渴望拿到。这个让我的印象非常深刻，拥有字母的儿童会把手举过头顶，类似举着旗子，四处炫耀。在他们的背后跟着其他的儿童，这些儿童欢呼呐喊，手舞足蹈。他们从我身后走过，儿童们都很兴奋，他们的妈妈听到这种声音，也打开窗户看到底发生了什么事情。

那些四岁左右的儿童，上面描述的是他们首次进行的准备训练，这个过程持续到他们首次进行写字，一般来讲，用的时间大概是一个月，最多是1个月15天。不过，到了五岁的时候，儿童用的时间缩短到一个月。不过那些接受义务教育的儿童，他们能把字母全部写出来，需要20多天。在我们学校学习了2个月15天的时候，那些四岁左右的儿童就能写出和说出所有的词组了，而且他们都能用钢笔写字了。

到了三个月的时候，儿童就变得更成熟了。过了半年的时间，儿童的水平就相当于接受义务教育三年级的儿童了。不过，在儿童心里，写字一点儿都不难，而且写字的时候非常快乐。

假如大人也用六岁左右的儿童那样的方法进行写字训练，世界上就不会有不识字的人了。不过，要彻底解决这个事情，我们要面对两个难题：肢体感知不到位以及讲话当中的缺点，这些还会影响到书写。我们没有进行尝试。

不过我认为，一年的时间对不识字的人来讲都是足够了，他们不仅仅要写字，还要用写作的方式写出他们的想法。

接下来，是关于写字多久才最合适的讲述。在写字的技能上，我的学校中的儿童最初的时候都可以写得很漂亮，外形好看，没有凹凸的地方，就像那些印刷体一样。那些教育机构当中的儿童跟我们的儿童一比较，感觉差远了，原因是在那些机构当中，他们没有教授儿童正确拿笔的姿势。

我观察过这个现象，所以我了解让一个12岁或13岁的儿童一笔就把词组写完是很不容易的，不过有些是要用两笔或者以上进行书写的。别的地方曾经做过的垂线训练法一点儿作用都没有。

从另外的角度来看，这里的儿童对于写漂亮的字都有自主性，他们能够一笔写完一个词组，而且保证不变形，并且字母与字母之间的空隙也是均等的。面对这样的字，那些过来拜访的人都惊讶地说："我简直不相信我的眼睛，这个真的是让我吃惊！"

的确如此，书写算是一种很复杂的动作，所以在写字的时候要让儿童把不好的习惯改正过来，这点很重要。

在儿童心里，假如没有进行过视力感知和听力感知，直接进行复制会耗费很多的时间，而且在现实中也发生过这样的事情：等到儿童养成不好的习惯，等到儿童的肌肉运动已经变得不灵活的时候，他们才会接受写字的训练。

让儿童打基础不仅仅是让儿童会写字，还要写得漂亮，更要让儿童知道怎么写最好看，以及怎样一笔就写出来。

读 书

教学器具。我们在进行读书的训练中要用到许多的卡片，在卡片上要写字体大一点儿的词组或者是语句。除此之外，我们还要用到很多的玩偶。我们总结前面的教学指导，我们一定要让写字和读书分开，这两个训练不能一块进行。跟传统的不太一样，我们要在读书之前学会写字。

我觉得儿童在对自己写出来的词组进行观察的过程不是一个读书的过程。在这个过程中，儿童仅仅是把那些字符变成了发声，跟最初写字时候把发声变成字符是同样的事情。在对自己写过的东西进行观察的时候，儿童在大脑中形成了对于词组的记忆，而且会一直反复写这些词组。

在我的想法中，读书是要认知到字符表达的情感。儿童仅仅会念这个词组不代表他们会读书了，在儿童看到摆放在一旁已经写好的词组时，他们辨识出这个词组，而且要把词组代表的意思讲出来，这个时候才是在进行读书。

第十七章 书写和阅读教育的基本方法

这个时候，读词组跟书写之间的联系相当于感知词组与讲出词组之间的联系。我们写字或者是进行读书的目的就是要明白别人想要表达的思想。所以说，在儿童可以从词组或者语句中明白这些想法的时候，他们才真正会读书了。也可以这样讲，在写字的时候，我们的内心以及肌肉都在不停地运动中，这个是很重要的。不过我们读书的时候就是我们的智力在不断发挥作用。

不过，显然在此之前，我们已经用写字的训练为读书打下了基础，所以我们进行读书训练的时候没有发现很难。我们之前做的正是让儿童明白所有词组是怎么构成的，并且正确地进行了发声训练。在我这里，儿童明白怎么写字，那么他就一定明白怎么发声。

不过，我们也要想到，儿童一定要耗费一定的时间思考用哪些字母才能拼出这个词组，所以儿童拼写一个词组用的时间一定比读这个词组用得多。

当我们把一个词组教给一个会写字的儿童，希望他能念出这个词组并且讲出含义的时候，这个儿童可能很久都不说话，接着耗费跟写字一样长的时候先把所有的字母念出来。在对整个词组的构成进行分类之后，再清楚地读出每个部分的发声之后，儿童会更了解这个词组。

假如一个儿童想要准确地念出词组的发声，那么儿童一定要了解这个词组的概念。换句话说就是，在儿童的大脑中一定要有这个词组的记忆。

当儿童希望读书的时候，我们就要对儿童的行为进行引导。根据上面的内容，我使用了这个方法让儿童进行读书训练，这个方法很有效果，所以我摒弃了之前传统的书籍。

我用白纸制作了一叠类似卡片的纸片，所有的纸片上都有一个字体很大的词组，所有的词组儿童都非常熟悉，并且经常练习。词组替代的物品也是在我们周围都能看到的，儿童常常接触到的东西。

在进行训练的时候，假如这个词组替代的是我们周围的物品，我会直接把物品拿过来放在儿童面前，这种做法可以让儿童把这个词组跟具体的物品之间进行结合记忆。这些物品大多数是供儿童玩耍的东西，主要有玩偶、小玩具房、皮球、大树、动物玩偶、几何图形等等。

我们进行写字是想着摆脱错误的发音，让我们讲话的时候变得更加地成熟，我们进行读书训练是想要更好地了解这些词组代表的含义，把儿童跟完善的语言机制进行结合。然后按照我之前讲的东西，先从这些名字读起，换句话说，把我们周围看得到的物品念出来。

不管是容易念的，还是不容易念的，这都没有什么影响，原因是儿童都明白如何读所有的词组了。换句话说，就是儿童明白词组的构成，并且能念出单独部分的发声了。

接下来，我希望一个儿童把书上写的词组念出来，假如儿童念得正确，我不会在速度上进行要求。

儿童在重复念的时候速度自然会加快，但是他们也总是不明白这个词组代表的意思。碰到这种情况，我会讲道："再快一点儿，再快一点儿。"

儿童会念得越来越快，并且一直进行反复练习，最后他们把这个词组放到了记忆中。等到完成的时候，儿童再看这个词组就像见到自己的伙伴那样熟悉，他们会为自己的表现感到自豪和骄傲。这个时候，读书的训练也就结束了。我们进行训练的时间会很短，原因是这个是在儿童学会写字的基础上进行的。在训练的时候，我把那些没有用处的书籍或者是复制的东西都摒弃不用了。

每当儿童念一个词组，他就要把写着这个物品名称的词组放置在相同的物品上。在这个过程中，我们还看到了一件很有意思的事情，这个是在进行训练的时候孩子们的奋斗过程，进行这种训练可能让儿童很容易就学会怎么念词组。

这时要在一个大一点儿的物体上面摆放很多的东西，不过在这些东西上会放上代表它名字的纸片。接下来，把这些纸片对折摆放到一个小篮子里，打乱次序，接着让那些知道这些词组的儿童把纸片从小篮子中拿出来。然后让拿到纸片的儿童坐到座位上，接着悄声地看纸片上的词组，不出声音地念出来，不告诉其他人。儿童带着纸片来到我的身边，清晰地念出这个词组，然后打开纸片让老师看一下他说的是不是正确。

当儿童说得正确的时候，那么儿童可以用纸片换一个硬币。假如儿童清晰准确地讲出词组而且把对应的物品也指出来，那么他们就能拿到这个物品进行玩耍。

这个训练需要所有人都进行，当做完之后，再从头再开始，让儿童在其他的小篮子里抽出纸片，然后马上就把纸片上的词组念出来。

我们在这些纸片中写的是儿童没有接触过自己朋友的名称，所有这些朋友都没有拿到指定的物品。刚刚这个念出朋友名字的儿童要把自己得到的物品交给那个朋友玩耍。我们让儿童用一种很绅士的姿势把这个物品交给自己的朋友，一定要弯腰进行邀请。这样，儿童之间就没有高低之分了，而且还会让儿童对没有拿到物品的人有一种布施的怜悯之情。

我们的这个训练做得很好。我们都能想到，儿童在拿到一件物品时，不管是不是拥有很长时间，都会非常开心。不过让我惊讶的是，那些都会念并且知道含义的儿童不想要物品。他们对我说，玩这些东西太耗费时间了。他们就只是做这个训练，把那些纸片拿出来，然后念出上面的词组，不过他们还是觉得不够。

我很惊讶，我居然没有看出来这些儿童是如此伟大，以至于我特别想知道在他们的心中到底在想些什么。我在儿童的包围下进行思考，看着他们那种渴望的表情，我观察到他们不是因为这个训练而开心，他们是想要学习更多的知识。

我从他们那里感受到了他们的想法，当然这个是一个伟大的想法，我开始觉得人类的内心世界太奇妙了。所以，我不再用好玩的东西进行奖励了，我做了好多张纸片。纸片上的内容有儿童的姓名、城市的名称以及周边物品的名称，还有在感知训练中用到过的颜色的名字和材质的名字等。

我把这些纸片摆放到了纸盒中，儿童随时随地都能进行训练。我也想过，作为一个儿童,他们肯定会在这个纸盒中拿一些,从那个纸盒中拿一些。不过,我想错了,所有的儿童都是先从一个纸盒里拿,到没有了之后再从其他纸盒里拿,他们觉得这样进行读书的训练还是不够。

有一回,我去一个学校,我看到老师把上课用的用具都搬到了晾台上,老师要在外面讲授知识。有一部分儿童在太阳底下奔跑嬉戏,还有一部分儿童围绕在桌子旁边,看着上面放的用粗糙的材质做的字母以及那些可以拆开的字母。

老师也在那里,用手捧着一个装满卡片的长方形的纸盒。在这些卡片上,写的都是熟识的字母。儿童都伸手去拿自己喜欢的卡片。老师对我讲,可能你不会想到,我们进行这项训练都超过1个小时了,不过儿童没有停下来的意思。

在这个过程中,我们把各种玩具拿过来,想要引起儿童的注意力,不过没有效果。这么说来,跟那些玩具比起来,儿童更喜欢吸取知识。我觉得儿童的表现让人很惊讶,所以我想要用跟书上字体一样的卡片再次进行训练。我让老师把写好的卡片上都用书上的字体再写一遍。

我做的这些根本没有用。我们的客厅中挂着一个日历,在那里都是用书上的字体写的词组,除了这些,还有一个特别的词组。儿童对于读书的热情太高了,他们居然在读日历上的词组。我简直是太惊讶了,这些儿童会读书上写的字体,就连那个特殊的字体也会念。

儿童都可以直接读书了。就目前来讲,我觉得没有合适的跟我的训练方法一致的书籍。妈妈们也告诉我们儿童在哪些方面进步了。她们在儿童的衣服袋子中翻到纸片,那些纸片写了一些要买的东西的名称:蛋糕、食盐等。儿童都可以把要买的东西写下来告诉妈妈了。还有的妈妈跟我讲,儿童不再没有目标地嬉闹了,他们会安静地站着念商场中的词组了。

一个四岁左右的儿童在其他的学校也进行了一样的训练。这个儿童的爸爸是这个市的长官,他总会接收到很多的书信。爸爸了解儿子进行了两个月的读书以及写字的训练，不过他没有觉得有什么不同。因为，他觉得这种方式没有什么用处。

某天，他在家中读书，儿子也在一旁玩耍。他的部下把一叠书信摆放到了茶几上。这个时候，他的儿子看到了就把这些书信的地址都念了出来。爸爸觉得这太不可思议了。

下面我们讨论一下读书以及写字要用多久才能学会。在实验了之后，假如我们从儿童写第一个字的时候算起，儿童从仅仅会看图画到读书的过渡，一般要用14天。如果想要很快地进行读书，那么学会读书的速度要比学会写字的速度慢。通常情况下，有些字写得又快又好看的儿童，却不太会读书。

尽管有的儿童年纪一样大，他们读书和写字的能力还是不尽相同的。这个时候，我们要做的不是强制要求儿童必须会，也不会用别的方法进行刺激，更不会允诺一些好处让儿童做不愿意做的工作。

有的儿童就没有参与到这个训练中来，那么他们就不会读书，也不会写字。

假如用传统的方式，儿童的个人意志就被改变了，同时也妨碍了儿童的自主性。在传统的方式中，不能在儿童六岁之前教授书写，假如真的如此，我们的教学方式也不管用了。

如果没有更多的数据支持，我不想乱下结论。不管在什么条件下，在儿童能进行流利讲话的时候进行书写是最好的。

不管条件如何，用我们的教学方式，四岁左右的儿童就可以写字了，到了五岁就能读书了，这个时候跟那些一年级的小孩能力差不多。所以，在这些儿童要进入一年级的年纪都能直接上二年级了。

阅读语句的训练。跟我关系好的人看到儿童能够读书的时候，就会送给我们一些包装很好的书籍。在看过那些剧情很简明的童话后，好多儿童都不知道讲的是什么。但是那些老师觉得儿童已经具备了了解剧情的能力，他们想要用事实告诉我，我的想法不对。然后，这些老师让儿童一个一个读给我听，告诉我这些儿童的能力比接受义务教育的二年级的儿童更好。

我不能让这种错误的想法赢了我，因此我进行了两个练习。首先，我会让老师告诉儿童一个童话，然后我在一边研究这些儿童有多喜欢这个童话。仅仅念了几句，儿童就不再专注于这件事情上了。这个时候，我暗示老师不要进行阻止。渐渐地，课堂中出现了嘈杂的声音，原因是儿童都不听了，他们把注意力转到了想做的工作上。

我们可以很容易地看到，读书很开心的那些儿童喜欢的不是书中的童话，他们觉得开心是因为自己终于可以自主读书了。换句话说，儿童能够把之前的字符变成发声，这点让他们很开心。假如儿童读的书中许多词组都是他们不知道的，他们的专注力很快就没有了。

接下来，我做的下一个练习时让儿童念给我听。这个过程中，我会让儿童一直念下去，我也不会跟儿童讲话，让他们明白书中的含义。

这点别的老师做过，他们希望儿童可以知道这个童话到底讲的是什么。一般老师会这么做："待会再念，你知道讲的是什么吗？你在念哪个故事？跟我讲讲那个男生怎么开马车的？自己看看上面怎么写的！待会再念。"

我递给那个男生一本书，然后很亲切地坐到旁边。在男生念的时候，我会像跟朋友聊天那样跟他讲话："你知道书上面的意思吗？"

他说："不明白。"我看着他的脸，仿佛是想问问我让他念书的原因。

事实上，在念了一遍那些词组之后，书中表达的意思就能被知道了，这个就是儿童读书的目的，当然也是儿童看到的另一个惊讶的事情。书中的故事是依靠一定的条理性的，我们必须要让儿童具备一定的条理性，这样儿童才会知道书中的意思以及爱上读书。

关于读书，仅仅是念出认识的词组跟真正地理解书中的意思是有很大区别的，就像是仅仅知道发声跟怎么说话之间的差别。所以，我不让儿童们念书了，我要等到合适的时候再说。

有一次，在进行交流的时候，有四个儿童都在第一时间起立，然后开心地奔到黑板前面，写道："啊！我们院子中的花朵开了，我们很开心。"我对这个表现太吃惊了,并且为这些儿童感到骄傲。儿童在自主性的引导下能够写作了,这个跟他们能自主写出词组一样。

这些练习的工作都是类似的,只要到了合适的时间,那些有条理讲话的方式也会让书写也开始突然爆发。

这个时机正好,可以教授儿童读书了。我使用儿童自主训练时候的方式,把要说的话写上去:"你们喜欢我吗?"

儿童以很慢的速度念我写的字,在经过了一阵短暂的沉默之后,经过认真的思索,儿童大声回答:"喜欢!喜欢!"

我接着写道:"现在大家不要讲话,看我这里。"这个时候,他们大声地把我写的念出来。不过,在将要念完的时候一下就不讲话了,我们只能听到凳子的声音,这是因为儿童安静地换了一个坐姿。

通过这个方法,我能跟儿童用写字的方式沟通了,这个引发了儿童的好奇心。渐渐地,儿童发现原来写字是要把自己的想法表达出来。以后不管我什么时候写字,这些儿童都表现得很着急,他们想仅仅通过看我写的字就知道了我的想法。

的确是这样,那些写出来的字不用讲话就能明白。在把书写跟讲话分开的时候,我们看到书写的关键作用了。当我开始了这种教授方式了之后,我教给儿童做下面的练习,儿童表现得很开心。

我在纸上写了许多很长的语句,然后告诉儿童他们要做的事情,比方说:"把窗帘拉上,然后把前面的门打开,接着等一会,最后恢复原来的面貌。""要友好地找你们当中八个小伙伴,让大家不再坐着,要让他们在空地上排成两队。接着,用前脚尖接触地面,来回地动,但是不要弄出任何声响。""尊重所有儿童的意愿,挑三个年纪大的、会唱歌的,而且唱得很好的儿童站到空地上,跟着他们把整首歌唱完。"

在我写好的时候,儿童就都上来把纸片拿到自己手中了,然后他们专注地念着,在这个时候,全部的人都不讲话了。

然后，我会跟儿童讲话："你们读懂我的意思了没？""懂了，懂了。""现在开始，按照纸片上的指示工作吧。"我接着说。

接下来，我看到儿童快速地开始工作，他们做得非常好，我很开心。一部分儿童把窗帘拉上，接着拉开，还有一部分会用前脚掌着地来回动，还有一部分会开始唱歌，另外的那些会在黑板上写字，还有的从柜子里把东西抓出来。

大家的兴趣和惊讶的情绪交织在一起，然后气氛异常地安静，儿童都很喜欢做。这个貌似是我用魔法让儿童开始了这种活动，不过这个魔法的名字是书写，这个是人类特有的活动形式。

儿童在心里明白了书写是很关键的。所以在我不在教室里的时候，儿童都跟着我，然后很开心地跟我讲："谢谢！谢谢！你的课太好了！"

我的这个教学方法马上变成了一种流行。最开始上课的时候，一点儿声音都不要出现，接着我把有卡片的盒子拿出来，在卡片上都写着很长的语句，这个代表一个工作。那些可以读书的儿童一人拿一个，接着在心里念出写的东西，清楚要做的工作，然后把卡片放回去，开始进行自己的工作。

这些儿童需要那些不会读书的儿童协助，还要运用很多器具。所有的工作都一步一步进行着，我们安静的气氛偶尔会被跑步的声音或者是唱歌的声音打破。不过，这个也让我们知道儿童是可以很守纪律的。

之前在活动中我们得出结论，条理性写作要最先开始，然后再是条理性读书。在写字之前，必须要让儿童记住大部分的词组。

跟这个是一样的，我们教授读书的时候要遵循这个目标，一定要在心里读，不出声音。

在儿童念出声音的时候会有两个方面的锻炼，一个是讲话，一个是写字。所以，这个是很难的一件事情。

假如大人读报纸给所有人听，最开始的时候要先自己明白。念出声音的时候会用到我们的智力。所以，儿童如果想要明白书上讲的是什么，就要不

第十七章 书写和阅读教育的基本方法

出声音地读。

当我们需要运用条理性思维进行思考的时候,我们要把书写跟讲话分开。书写可以让离得很远的人都能沟通。

在同一时间,感知的时候和进行机体活动的时候要不出声音地进行。这个就变成了心理上的一种活动,在这种活动下,那些能读书的人都能沟通了。我们学校都让儿童学习了很多很难的知识,所以我觉得那些义务教育的学校要转变教学方式了。要怎么进行转变,让他们运用我们的教学方式,是一个很难的事情,我们就不多说了。

这个时候,我要说的就是外面的教育机构要从二年级开始,在儿童上学之前他们都已经学过里面的知识了。以后,那些教育机构要按照我们学校的方法进行教授,儿童都学会了写字和读书,也学会了照顾自己,并且会自己清洗身体。

儿童对于要遵守的法则也很熟悉,然后也按照规则进行自己的活动。儿童不仅仅是要学会讲话,而且还要学会读书,接着还要把条理性的知识掌握好。这些儿童讲得很清楚,写得很漂亮,并且姿势正确。儿童具备欣赏美的能力,并且本性善良,他们在对生存社会进行探索的时候运用自己的智力以及耐性,用自主性控制着自己的能力。

关于这些儿童,要让他们进入到教育机构中进行学习,让他们能够更好地适应这个社会,进一步发展。我觉得教育机构也要遵循下面的法则:要让儿童拥有自主性,要让儿童进行自主活动。在这两个法则的指引下,儿童的性格会最终形成。

蒙台梭利教育启示

1. 在教孩子掌握使用笔的技巧时，可以先让孩子临摹，再练习涂色，在让孩子掌握了写字方式的同时，也加深了对图形概念的理解。

2. 在孩子自主写字的时候，父母要做好引导。即使孩子写错了，也不要急于纠正，要让孩子不断练习练习，打好写字的基础。

第十八章
发展孩子的书面语言水平

语言是生存的重要工具。

——苏联教育家 凯洛

> **阅读提要**
>
> 　　父母要教孩子书面语言，让书面语言能够促进讲话的发展。讲话是要一点一点进步的，只有遵从一种正确的逻辑规则进行身体的活动才能获得。
>
> 　　在练习语言的时候，会有两个时间段：初级和高级。在初级的时候，仅仅是对各个神经线做预备工作；在高级的时候，那些更高层次的神经负责这些活动，这些活动是通过语言的能力转化而来的。
>
> 　　父母要让孩子学会书面语言，让孩子的语言能力获得大进步。

第十八章　发展孩子的书面语言水平

　　我们在教学中常说的书面语言主要有听的能力、写字的能力以及读书的能力。在这个语言中也有说话的能力。在我们的练习中，依据最多的就是人类说话的能力。所以，关于书面语言有两个方面的理解。

　　一是要学会一门世界性的语言，然后把学到的可以同世界交流的语言通过讲话的方式进行沟通。这个说明了文化是很关键的，这种关键体现在了书面语言上。所以传统的教学中，进行的书面语言学习仅仅是把它当成与别人沟通的一个方式进行教授的，学校也不会把书面语言和讲话结合起来考虑。

　　二是从它们之间的联系中发现，一直都有这样一种方式就是书面语言能够促进讲话能力的发展。这个是我一直追求的，也是将书面语言带到了一个新的意义高度上。

　　我们讲话的能力是人本身具备的天赋，当然它也是我们在世界中生活的工具，在完善书面语言的时候，也就是进行人类身体机能完善的时候，当然也是达到生活目标的一个用具。

　　简单地说，提出这个观点就是要重新考虑书面语言对于人类本身是一个关键组成部分。我认为书面语言的完善最初就不是容易的，原因有很多，包括现在使用的不科学的练习方式，也包括一旦在训练中找到了合适的方式，书面语言的完善就会有更难的问题需要解决。所以我们没有想到，书面语言是人类在长期的奋斗中才达到现在的水平的。

　　现在想起来，我们用的传统方式没有一点儿科学依据。在对图像进行了解的时候，不是因为我们的身体机能的自然反应才会写字，也不会想到对于图像的记忆是一个复杂的过程。

原因是我们的视力感知下的图像跟我们在写字的时候肌肉的动作是没有一点儿关系的。比方说，在听到一个发声的时候，我们对发声进行复制并且用讲话的肌肉念出来，这是有关系的。

但是，假如我们在运用视力感知图像的时候没有将它跟写字时候肌肉的动作结合起来，根本就不能调动我们的肌肉进行相应的反应。跟这个是一样的道理，假如我们没有把训练和惯性动作结合起来，那么要肌肉做一个活动也是不可能的。

举个例子，假如我们把写过的单词分拆成几个曲线和几个直线告诉儿童，那么完整的字母在儿童的眼中就没有任何意义了，他们对于认知这些字母就没了好奇心，当然也没有办法让肌肉做写字的动作了。所以说，在人的引导之下强迫儿童进行复制，儿童很快就会厌倦，并且会很不耐烦和难受。

在这种强迫下，儿童过得很压抑，在练习的时候不断出错，老师就一定要进行指正，但是这种做法更容易让儿童丧失信心，在往后的练习中依然会出现很多错。所以说当老师强迫儿童赶紧练习的时候，儿童的内心是痛苦的，这样也不能引导儿童运用自身的能力。

在这样一种不正确的教授方法的引导下，儿童会不断压抑自己继续学习，而且还要应用这种书面语言达到要求的目标。虽然儿童学到的是片面的，但是还是会被应用到更复杂的结构和更深层次的理论概述中。

所有人都了解，讲话是要一点一点进步的，只有遵从一种正确的逻辑规则进行身体的活动，遵从语言的组成原则讲出词汇时（这种遵从是学习更深层次语言必须的选择），词汇本身已经记忆在人的身体中了。

简单地说，具备了语言能力才会激发人体机能更高层次的运作。所以，在练习语言的时候，会有两个时间段：初级和高级。在初级的时候，仅仅是对各个神经线做预备工作，作为指挥的中枢要负责连接所有的神经线。在高级的时候，那些更高层次的神经负责这些活动，这些活动是通过语言的能力转化而来的。

举个例子,下面是库斯莫尔针对讲话的过程所画的图。在这个图中,我们要找出对于讲话的时候神经做出的一系列的反应,这个反应是在讲话的最初阶段发生的。

在图中 E 是听力系统,T 是说话系统,A 是对语言的听力感知,M 是神经反应系统。连接 EA 和 MT 组成反应的外部,第一个是聚拢型的,第二个是离散型的,连接 AM 组成了反应的内部。在 A 中有着对于单词图像的记忆,这个在图上清楚地表达了出来,这个记忆被划分成三份:词组、音标和发声。

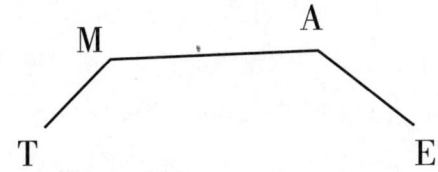

发声和音标的控制系统能够有片面的发展,在一些语言障碍的案例中,那些讲话不完整的病人可以出声,这些包括发声和音标。

最初的时候,儿童先是注意到了那些容易的发声,用这些容易的发声尤其是字母"s",妈妈可以引发儿童的好奇心。在这件事情上,儿童的专注点放到了发声上,妈妈还能用这个引发儿童的好奇心。例如:ba,ba,punf,tuf!最后的时候还是较容易的发声会更能引发儿童的专注力。

在 M 中也跟 A 是一样的。儿童最初也是仅仅可以做一些容易的发声练习,比如说有"bl,gl"等,妈妈们对儿童的表现很满意。然后是那些复杂点儿的音标"ba,ga"等,到了后来就可以进行单词的练习了,比如"mama"。

在我看来,假如一个儿童能用一个单词代表一个完整的意思时,就是说话的最初阶段。举个例子:儿童看到并辨识出妈妈,会念"妈妈",辨识出一只狗狗也会念"狗",当饿了的时候会喊"爸爸"。

所以说,在讲话和感觉结合起来的时候,语言就萌芽了。这个时候,语言还是作为一种神经反应存在着,当然是在一个低级时间段。换句话说,在进行反映的时候，语言的发展是在没有知觉的时候进行的。

在儿童可以辨认出词组或者可以这样说，在儿童能认知词组，而且把物品的名字跟这些词组结合起来的时候，语言也开始了自己的发展。这样看来，语言一直会自我完善下去。这个时候，听力的感知也开始发挥了作用，并且儿童已经能够进行正确的发声了。从儿童的内心到儿童的肌肉运动，都感知到了语言的存在。

上面讲的是讲话的初级阶段。在这个阶段的时候，讲话也开始了萌芽和进化。在感知的指引下，语言向着更完整更清晰的方向奔去。

在初级的时候，口语随之诞生了，这个是人类进行讲话以及沟通的工具。口语成了定式之后，大人们也改变不了了。所以说，有的时候那些所谓的正规的语言教学会让儿童的口语表达不流畅，他们也就不能进行良好的沟通了。

口语是在儿童 2~7 岁的时候诞生并进化的，因为这也正好是儿童进行感知的时期。这期间，儿童把专注的目标放到了生存的世界中，对于事物的记忆也变得更强大。与此同时，儿童很喜欢活动，他们的内心到肌肉也变得更成熟，肌肉运动也发展起来了。这个时期，我们能感觉到在听力感知的作用下，我们的口语机能也被引发了。

这种感觉就像是口语忽然结束了沉睡一样，在潜意识中就开始了萌芽、开花的发展，当然这个条件就是要让听力感知的神经跟口语表达的神经结合起来。

大家都听过，这个时期可以进行语言的纠正，一旦超过这个时间，那么就纠正不过来了。还有，在之前培养好的所在地语言的发声是很准确的。

假如大人要进行另一个语言的训练，他们就会带着不一样的发声。在孩子七岁之前，他们能够进行不同语言的学习，而且他们的发声也是非常准确。

我们必须注意的是大部分的缺点也是在那个时候形成的，例如说，本地口音或者是一些风俗习惯，这些等到长大之后就无法纠正了。在口语之后会有高级阶段的发展。那个时候的语言要靠着一定的理性思考才能办到。

第十八章 发展孩子的书面语言水平

这时的语言都不再是因为之前的原因才能产生的，这个被划分到了智商的发展中，语言成为智商发育的一个重要原因。这个过程跟口语相似，口语是在自己的本能发育中反复训练。在感知的作用下一直完善，高级语言是依靠那种结构进行的，完善自己的时候要靠智商的发展。

这个时候我们看一下图会了解得更清楚。在那个低级反射弧上面的D代表高级语言，这个时候在身体中有了讲话的冲动，这个是在低级阶段的时候进行的，想要依靠讲话告诉别人自己怎么想的。

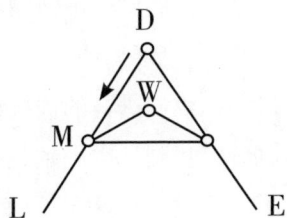

高级语言是要靠大脑不断思考来发展的，这个时候语言的结构也会随着一起发展。现在，大家都觉得那些书写下来的语言是高级的一种，这个也必须要进行结构剖析、大脑思考才能发展。

由于"口语是可以飞的"，我们也要认清事实，那些进行过详细的剖析、发展平缓的语言就好比是书写，才可以给予智商积极的影响。我们认同书写是促进智商发展所不能放弃的方法之一。原因是它能让儿童清晰地知道表达的思想，也能进行深入的剖析，并且能组成一本书，然后它们就变成了固定的让人印象深刻的永久记忆。

所以说，要对它们的组成结构进行剖析。不过在我们的眼中，在进行一些简单的训练，例如在记忆一些跟感知有关的词组或者是了解怎么发声的问题上，它们就失去了自己的功效。

在传统的思想作用下，我们也不可能把它的含义跟它所拥有的功效分割开来。我觉得，对还只能感知容易的事物以及还没有发育完全的儿童进行书写的教授，是生理上和教育上的双重错误。不如让我们抛弃传统的观点，让我们想想书写，让我们把在身体上以及精神上的联系重新结合，这种语言比口语容易，在教学中也是简单的训练。

书写容易到让每个人都惊讶。这个时候，我们讲一下听写这个概念。这样我们就把口语和书写结合在了一起，我们的肌肉运动也终于可以跟听力感知联系上了。

不过，我们也确定听力感知跟口语没有什么关系。我们写字要比读出来运用到的肌肉运动会容易一些，这是由于在写的时候，都是靠着看得见的肌肉进行的，我们可以很容易进行操控，然后在不断的训练中，把内心和肌肉运动结合起来。

这个也是我们进行训练的目的，我们进行的训练让儿童以后可以更容易进行写字，所以说写字的时候也可以找到从内心到肌肉运动的运转方式，然后这种运转方式就可以写下来了。不过，在这个过程中，最不容易的就是让儿童了解那些字符了。在这里，我们要了解的是儿童的感知在发育的时期。

在这个期间，关于感知、复制以及原来的关系都可以在生长发育中找到。还有儿童进行过感知的训练了，在这个训练中，儿童在大脑中可以把字符和含义联系起来了。

我们进行语言学习的时候，那些感知的训练就奠定了一定的基础。举个例子，把三角辨认出来，而且能把名字说出来的孩子也能做到对于 S 的辨识，发声也是很准确的，可以说效果很好。

现在我们不说早教，在这里还要纠正不正确的想法。过去的实验让我们知道了，对于儿童来说，学习新的知识不用耗费很多精力，他们在辨识出字符的时候非常开心。

在有了这种背景的时候，下面再看看这两类语言有哪些联系。

3~4岁左右的儿童就能讲话了。不过在儿童的眼中，他还是要对自己的口语进行完善，也要通过自己的感知了解讲话的意思。

大部分的时候，儿童不知道他讲出来的词组是怎么构成的，假如他都知道，那么他的发声一定不准确,而且他的听力感知也出现了问题。儿童应该把握这个最好的肌肉运作的时期,这时要不断训练儿童说话时候的肌肉运动。

这个期间,儿童还要把能让口语表达更成熟的一种运作机制构建好。不过,这时如果形成了不正确的运动,这种不正确就没有办法纠正了。为了达到这个目标,我们要对结构进行剖析。假如渴望儿童的语言能发展得更成熟,那么就要进行写作练习,接着还要进行结构分析;假如渴望儿童的表达能力提升,那么就要进行结构的训练,然后进行剖析。

跟上面一样,假如渴望讲话变得成熟,一开始要进行讲话练习,接着要开始剖析。所以说,这种可以让讲话变得成熟,并且让儿童形成习惯的语言方式,在进行训练的时候,一定要对它不断地剖析,然后才能变得更加成熟。

因为那些结构和修饰在口语中找不到,所以我们在进行完善的时候只能根据被保留下来的书写的东西进行了,在进行语言的剖析的时候也要用这种方式。

语言一定要非常清楚,而且不能经常出现变化。所以说不管是把它写出来还是用不同的字符表示出来都是必需的。

到了把语言写出来的第三个时期,在进行语言的剖析的时候,当然也有对词组的剖析,我们要把句子或者词组分割成一点一点的,也要弄清楚每一个部分是如何发声的,而且之前分成的字符也是对词组本身的解释。

儿童要记得完整的词组,也要知道它代表的意思,并且还要清楚地知道整个的发声以及单独的发声。下面我们用图来表示,在这个图上我们把书写和讲话之间的联系详细地表述出来:

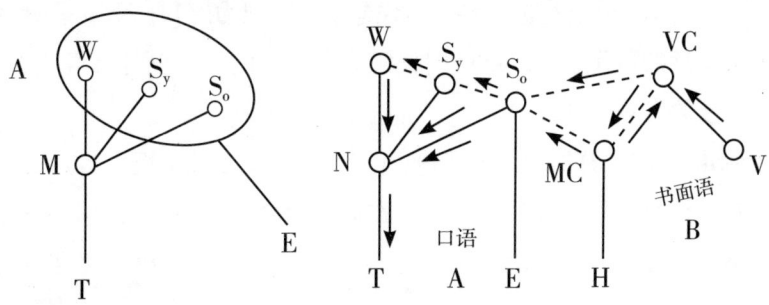

粗实线表示外围通道，虚线表示中枢联结通道，细实线表示与所听言语的发展的关系中的联结。

E——耳；So——声音听觉中枢；Sy——音节听觉中枢；W——单词听觉中枢；M——口语运动中枢；T——口语外部器官（舌头）；H——书写外部器官（手）；MC——书写运动中枢；VC——书写符号视觉中枢；V——视觉器官。

口语的完善过程中，那些发声也许没有办法都正确，这个时候，关于字符以及正确的发声所做的训练不只是要发出正确的声音，还要把跟另外两个感知的练习建立起来。

这两个感知是：肌肉运动感知以及在视力作用下对字符的感知。最右边的三角形，用 VC、ME、S_0 组合起来的那个就把这三个感知的联系表达了出来。

在我们让儿童进行字母的训练时，儿童念出发声的同时会用手进行感知，在图中标示就是 Eso 这条线；这个时候，关于书写的这个部分就会发挥应有的功能。在儿童念出发声的时候，这个刺激一直从 V 出发，然后从书写过渡到口语上，一起发挥了功效。

在视力感知把所有的这些都结合起来的时候，我们就会做出对应的肌肉运动，在这个时候，我们也能一个一个找到不妥的地方。这时，那些因为视力感知而看到的字符被保留到大脑中，然后儿童又听到老师对于字母的发声，这种情况下，儿童的语言就变得成熟了。

这个过程中，要进行内外结合，换句话说，视力感知也引发了听力感知，肌肉进行反复的运作，在训练的时候听力感知到的东西也对口语的成熟发展产生了积极的影响。

最后儿童在听写的过程中，那种听力上的感知变成了视力感知下的字符。儿童会对讲话时候的发音展开剖析，在进行对应的肌肉运动中把感知都联系起来，然后变成另一种运作。

第十八章 发展孩子的书面语言水平

训练不当导致表达不清晰

儿童在语言上发育不完全有些原因是来自于儿童的身体。比方说有身体缺陷，也许是在神经方面出现了疾病。不过也有一些原因是跟功能障碍有很大的关系。

障碍本身形成于语言萌芽的阶段，对于字母组合成单词的练习完全不懂。一旦儿童在听力上感知到的不是准确的词语和句子，在复制的时候也会按照不准确的进行记忆。

比如说带有口音的普通话。当然也有一些不好的行为，它们也可能会促使儿童的这些障碍一直存在，也可能让儿童更容易复制那些不正确的语言。

从研究结果看来，出现这种障碍是由于下面的原因：主导发音的肌肉发挥不了本来的功能，所以就没有办法进行发音的复制练习。

在练习讲话的时候，我们用到的肌肉要一步一步进行锻炼。这个过程中，假如肌肉没有在锻炼中建立起应有的功能，那么就会导致讲话发声不准确，也可能会少说一个词语。

这些障碍被我们总结为"发声模糊"，其中在面对 s、r、l、g 这几个字母的时候发声不正确，在喉咙和嘴唇的发声中有障碍，关于这种障碍还有的研究者有别的分类，比如说普瑞尔，这个就是在讲第一个音节的时候会有障碍。

在字母的发声中出现的障碍，这个原因一定是儿童没有专注于正确发音或者是在复制的时候没有好好做练习。第一类的原因总结就是肌肉运动的障碍导致，所以在进行图像和发声记忆的时候出现偏差，这个是人本身的问题。第二类的原因总结就是人的听力感知出现问题，是周边环境的问题。

语言障碍一般会存在很长的时间，可是随着年龄的增长这种障碍会减少。不管怎样，语言障碍对儿童始终都有影响，会让他们的讲话出现偏差，这些偏差在讲话的时候很明显，比方说带着地方口音。

假使人懂得了自己能讲话是一种与生俱来的恩赐，那么在他心中一定会有无法清晰准确地讲话是发育不健全的人。假如这个时候还没有找到方法进行练习纠正错误，我不能想象在今后这个人的审美教育该如何进行。

在古代，希腊人将讲话的方法传授给了罗马人，可是在后来的文艺复兴中，这种方式被抛弃了，在那群所谓的复兴者眼中，追求的是世界的美好和音乐、美术上的美感，人本身的提升被忘掉了。

现阶段我们采用的是通过教授的方式来清除语言中的障碍，例如对于口吃的指导。可是进行语言感知练习没有被广泛接受，这项能够提升人类自身的伟大方法没有在学校中使用。

在一些不健全儿童所在的教育机构和一些关注这些的人的推动下，这个方法渐渐被吸收到学校中，当然效果很不错。在进行调查之后发现，类似的语言障碍大部分儿童都有。

在我们的方式中，有的练习是让发声的肌肉放松，然后反复练习字母的发声，另外，还有专门的调整呼吸的运动。

这个时候，我也不会一点一点地把所有的练习方式和具体做法讲出来，这个是需要长期坚持的，跟现在的传统教学不相符。可是，不能否认我的练习中会有解决语言障碍的方法。

1. 安静训练。在这个训练中，儿童对于外面的刺激会变得更加敏感。

2. 讲课。先是由老师大声清晰地念一些单词，这样，清楚并且准确的发声就会通过听力刺激儿童的感知，老师反复地念，儿童在心里会感知到这些新的刺激并了解它。然后，在这种练习中，儿童也要自己响亮地、清楚地念出所有的单词。

3. 书写训练。训练的时候要对每个单词的发声进行详细的了解，然后用不同的方法一直反复练习。只要儿童掌握了一个字母或者是一个单词的时候，就要让他再反复对这些念几次。

4. 体操训练。跟我们平常理解得一样，这种训练有调节呼吸的训练以及发音训练。

我认为，在以后的日子中，传统的改变语言障碍的方法会慢慢被抛弃，反而会用一种更合适更有效的方式，这个方式就是我们在自己的学校里针对不同年龄的儿童的语言训练，纠正不同发展阶段的语言障碍。

蒙台梭利教育启示

1. 书写促进智商发展，在教孩子书写时，不要讲单词拆解，这样会让孩子失去好奇心，也不会主动去写字。

2. 在教孩子写字时，不要强迫孩子写，会让孩子厌倦，而且导致错误频出，影响孩子对学习写字的兴趣。

第十九章
培养孩子的数学运算能力

数学运算是孩子要掌握的生存基本技能,越早让孩子掌握,对孩子适应社会就越有利。

——法国教育家 蒙田

阅读提要

　　教孩子算术时，第一步是让孩子学会数数，知道数字表示什么意思后，才能让孩子练习书写和记忆。

　　在此基础上，父母要为孩子准备好简单计算所需要的道具，好好讲解十进制，让孩子学会简单的数字运算。

　　当然，父母不需要对孩子讲解很深奥的数学，只需让孩子学习基本内容就可以了。

第十九章 培养孩子的数学运算能力

如果一个三岁左右的孩子，可以数一些很简单的数字，那么当他进入儿童之家以后，就可以很快地开始算术。这些算术也是一些非常基础的运算，就好比一些工具的数量，这些都是非常基础的知识。

我们可以通过很多方法教孩子们这些知识，比如在平时的生活中，我们可以用一件衣服，问孩子这上面有多少个扣子或者问孩子桌子上有几个盘子，这些都可以帮助孩子在日常生活中学习数数。

我就是让孩子们通过数钱来学习数数。如果你认为给孩子们钱不妥当，我们可以制作一些这类的复制品，让孩子用这些精致的复制品进行练习，将会有非常好的效果。我曾经在一些贫困地区，看见那里的老师用这种方法。

我主要是通过钱来吸引孩子们的注意力，然后给孩子们很多零钱，通过这种方式让孩子进行算术练习。我一般给孩子们一些小的硬币，然后让孩子通过兑换学习10以内的数数。

我认为这种方法是最能激发孩子们的兴趣，并且让他们学会数数的方法。因为钱是与实际联系最紧密的事物，孩子们也希望了解它们，并且在实际操作中运用它们，所以他们自己在学习过程中已经具备了极强的兴趣。

在对孩子们进行实践训练之后，我也想对孩子们进行数数的系统教授，让他们可以真正掌握这些知识。我所用的就是对孩子们进行数字感知训练中所使用的教具，就是让孩子认识长度的教具，最短的是10厘米，然后每一根都比前一根多10厘米，并且染上与之前的10厘米不同的颜色，一共10根木棒，最后一根木棒是1米的长度。

经过这些练习，我们就可以让孩子进行顺序排列的练习。当孩子正在进行练习的时候，我们可以给孩子们设置一些条件，比如让他们从最短的一根木棒开始数，并且按照颜色的不同进行数数。从最短的开始就是1，第二个是1、2，第三个是1、2、3等等，按照这样的顺序不停地数下去，直到最后一根木棒。

做完这项工作以后，我们再让孩子给每一个小木棒都起一个代码，从最短的一直到最长的，孩子们就会得到1、2、3、4、5、6、7、8、9、10这10个代码。同时，孩子们想要知道木棒的数量，也要从左往右依次进行数数，结果还是这10个数。

这样在孩子进行了3次数数之后，得到的数字都是10，这正好是相等的，每一个边都得到了相同的数字。在这个过程中，孩子们培养了自己的兴趣，也开始不断重复这个练习。

在进行完这些练习之后，我们可以再和之前的感官教育相联系让孩子进行学习。老师可以将这些小木棒全部打乱，然后再从里面拿出一根小木棒，让孩子数一下小木棒被用颜色涂成了几段。然后，老师再对孩子进行捆绑式教学，可以将两个木棒放在一起，让孩子进行练习。

例如代码5，然后老师让孩子给他在长度上挨着的那一根木棒，孩子通过观察来选择，老师将这两根木棒放在一起，数上面的记号，来让孩子进行验证。孩子们经过这样的不断训练，就会很清楚地知道每一根木棒的代码是什么，也知道怎么进行数数。经过这些过程，孩子们就可以很容易地记住这些木棒的代码，他们也会很快地说出1号或者3号。

第十九章 培养孩子的数学运算能力

教写数字

我们需要明确了解孩子的学习程度,如果孩子已经学会数字书写,我们就应该对孩子进行进一步的教育。老师可以将这些数字制作成卡片,然后将这些卡片贴在砂纸上让孩子们进行识别。老师先要告诉孩子们这些数字怎么读,然后拿起卡片问孩子们这些怎么念。孩子们在这样的过程中,可以很形象地认识这些数字。

对数字进行认知。将这些数字与实际相结合。

我给孩子们弄了两个盘子,将这两个盘子分别分成了五块,第一个盘子我贴上了数字 0 到 4,第二个盘子我在盘子的背面贴上 5 到 9 的数字。

这个练习很简单,就是让孩子观察每一个部分所粘贴的数字,然后放上与这些数字相符的物体个数。同时,我们会给孩子们不同的物体,就是希望孩子可以在这个过程中,可以适应不同物体所带来的视觉上的变化。

我给孩子们准备的大多都是木制的大钉子,因为木制钉子它们具有很强的防滑性。这些木制钉子就是代表一个单位的数字,然后依次类推,让孩子们在适当的木盒中放入正确的数字。老师就是在孩子们做完这些事情之后,检查孩子们的成果。

讲解 0 的知识。我们特意在盘子中为 0 隔出单独的部分,就是希望孩子可以问我们。当孩子指着这个盘子问:"老师,这是什么意思,我应该怎么办?"老师就应该对孩子进行详细地解释,并且告诉孩子这里面什么也不能放。

为了让孩子可以有很清晰的认知,我们可以给孩子做一个小游戏。老师站在中间,让孩子们站在老师的周围,并对一些已经做过这个游戏的孩子说:"孩子,到老师这里来 0 次吧!"这时,孩子们总是会跑到老师的面前,他们几乎不理解后面的 0 次是什么意思。

在这样的情况下,老师就要耐心地对孩子说:"孩子,你错了,你应该听清楚我说的话，我说的是 0 次，就是不用过来的意思。"

可是，孩子似乎还是迷茫，他们不知道自己应该做什么。所以，老师需要再对孩子进行解释："0 次就是什么也不需要做，你们只要在原地待着就可以了。0 就是我们不需要做任何事情，安安静静地待着。"

老师不停地重复这样的话语，孩子们就会知道自己应该怎么做，他们会为自己什么也不做而感觉可笑。这时，他们就真正明白 0 的意思，就是不需要做任何事情。

提升数字记忆能力

当孩子可以很好地掌握这些数字，并且知道这些数字表示的意思的时候，我们可以对孩子进行下一个练习。

我将那些废旧的不用的日历收藏起来，然后将日历上的数字按照顺序依次剪下来，并将这些数字贴在另一个纸上或者卡片上。这些工作都做完以后，就将这些数字小纸片放进盒子中，不要被别人看见。

然后，将这个盒子放进教室，让孩子们一个接着一个走上讲台，从盒子中拿到一个卡片，然后坐回自己的座位。

在这个过程中，孩子不能打开纸片，只有回到座位上的时候，孩子们才可以打开纸片，看上面的数字。这个时候，孩子们要根据自己手中的数字，再次上讲台去拿与自己卡片上数字相对应的数值的东西。当孩子们选好物品的时候，就可以坐回自己的座位上，并将小卡片也放在自己所拿的物体之上。

在这个练习的过程中，孩子们需要牢牢记住卡片上的数字，并且在记住

第十九章 培养孩子的数学运算能力

这个数字的基础之上选择合适的物品。这个过程就是要检验孩子对数字的认知程度，了解每一个孩子对数字的掌握度。

当所有的孩子都从老师那里拿到相应物体的时候，就要将这些按照一定的规律摆放好。这时，孩子们需要将这些物品排列成两排。如果这个数是双数，就可以相互对应排成两排。如果这个数是单数的话，最后一个物品就放在这两排物体中间的位置。

我们也可以绘画一个图表，在这个表中我们用圆圈表示卡片上的数字，用叉号表示从老师那里拿到的小物品。当孩子们将自己的小物品按照这样的规律排列整齐之后，所要等待的就是老师的验收。

老师按照顺序依次走到孩子面前，看每一个孩子是否按照卡片上所提示的数字进行排列。这个规律就像下图所表示的那样，每一个学生都是按照这样的规则进行排列的。

```
O   O   O   O   O   O   O   O   O   O
×  ××  ××  ××  ××  ××  ××  ××  ××  ××
        ×  ××  ××  ××  ××  ××  ××  ××
                ×  ××  ××  ××  ××  ××
                        ×  ××  ××  ××
                                ×  ××
```

当我第一次进行这样练习的时候，很多孩子都会拿很多超出他们数字的物品，他们很多都可以记住他们卡片上的数字。但是，他们故意要拿多出他们卡片数字的物品，因为他们认为自己应该多拿一些，这是我们人类的本性在作怪。

当老师看到孩子多拿了物品的时候，就一定要给孩子们讲清楚，告诉他们这些物品没有任何作用。还要让他们每一个人都了解，这个练习是让孩子拿正确数目的物品，如果多拿就是错误的行为。

经过长时间的努力，孩子知道自己的错误，并且开始尝试去改变这种做法。但是，这对于孩子来说是非常不容易的，因为他在看到别的孩子多拿的时候，要努力克制自己，仅仅只拿自己需要的那个东西。这对于孩子来说，要经过极其复杂的心理斗争才可以做的。

所以，这个游戏非常有意义，它不仅是对孩子数学能力的考验，更是对孩子自身抗外界干扰能力的考验。尤其是当孩子拿到 0 的时候，更是对孩子极大的考验，因为他们什么都不能拿，只能看着其他同学在那里不停地拿东西。

这个 0 有很多次，都在那些数学非常好的孩子手里，他们原本可以在老师那里拿东西，然后将这些物品按照老师的要求摆放好。可是，由于他们拿的是 0，所以孩子们只能在那里看着别的孩子自由地拿着物品，自己什么也不能做。

但是，还有一个非常有趣的状况，就是对那些拿到 0 的孩子的表情进行研究，这是非常有意思的。因为，他们每一个都会表现出不一样的状态。

你会发现有的孩子表面虽然没有任何表情，但他们的心里却十分难受；有的孩子则会不加掩饰地表现自己内心的悲伤；有的孩子则没有任何感觉，他们很欣然地接受这样的现实；有的孩子则很高兴，因为他们认为这是非常快乐的，自己是那么独一无二，他们非常喜欢这样的状态；有的孩子却很不乐意，他们会用羡慕的眼光看着其他孩子。

这样的过程让我们可以看到孩子们最真实的表现，很多孩子会问什么也没有拿的孩子，当这个孩子回答他们拿到 0 的时候，他们脸上会有千奇百怪的表情。

其实，在这样的过程中，也没有多少人可以感觉到快乐，这些是孩子最真实的表现，是正常反应。这最能体现这个练习的目的，在这个游戏的过程中，就是希望每一个孩子可以学会保守自己的秘密。但是，当你拿到 0 的时候，是几乎不可能保守秘密的，这个难度是相当大的。

随着游戏的不断进行和深入，每一个拿到 0 的孩子，都开始知道自己应该保守秘密，而不应该说出去。

第十九章 培养孩子的数学运算能力

20以内四则运算

对于教孩子进行简单计算所需要的道具，和之前教孩子认识数字的教具是一样的，还是那些每一个相差10厘米的小木棒。同时，还会给孩子讲一些最基本的10进制的方法和知识，让孩子对其有基本的了解和认知。

在之前的教学中，我们教给孩子如何给这些小木棒命名。现在，孩子可以很快地按照由短到长的顺序，将这些木棒排列下来。

我们最开始就是要让孩子们进行10的练习。这个练习要让孩子们知道，几和几可以等于10。我们先让孩子将1放到9的旁边，然后再让他将2放到8的旁边，依次把3放到7的旁边，把4放在6旁边。这样，孩子们就会发现，这四组在一起都是10。

我们在把这些数字都放好之后，发现还有一个5在那里，我们可以把5转个方向进行数数，发现从这边开始数和那边开始数，数两次竟然都是10。在这个练习中，孩子们就知道了两个5就是10的道理。

然后，让孩子不断重复这个练习，加强训练。你会发现孩子可以掌握一些很专业的术语，他们会告诉你9和1相加等于10，这让我们非常欣慰，因为孩子们已经掌握了这些内容，并且可以书写自如。对于5来说，他们可能会说5和5相加等于10，或者5乘以2等于10，这都有可能，就看孩子对乘法的掌握程度如何。

在孩子们能够很好地了解这些数字的时候，我们就要教给孩子们如何把这些符号和数字在纸上写出来。经过长期的练习，孩子们可以很好地在纸上写出这些内容，例如9+1=10或者5×2=10这些算式，你都可以在孩子们的本子上看见，他们已经学会了这些运算。

当每一个孩子都了解这些运算的时候，我们就可以进行下一步教学。这个内容孩子围绕 10 开展的，之前是讲的是加法。现在，我们让每一个数字再回到自己原来的位置上。

我们将 4 拿着放到 5 的旁边，将 3 拿走放在 4 的旁边，将 2 拿走放到 3 的旁边，最后，则将 1 拿走放在 2 的旁边。在拿走的同时，我们要告诉孩子们，10 少了 4 就剩下 6，或者是 10 拿走 3 得 7。这些都可以，只要让孩子明白这个道理就可以。

对于 5，我们可以用一根 1 米的木棒进行试验，将这个木棒弄成 2 段，这时，再让孩子们数一下就会发现，把 10 弄成两半，每一半都是 5。这个时候，我们再教给孩子们除法，孩子们就会明白 10 除以 2 是什么意思。

当孩子可以很好地掌握这些计算的时候，他们就可以自己扩展自己的能力。他们会自己设计，然后进行计算。他们会计算所有 10 以内的加减乘除，这些都难不倒孩子们。

他们会在 2 后面加上 1，写上 2+1=3。同时，也知道用哪几根木棒可以得到 4，他们也可以看出木棒 3 和木棒 6 以及木棒 5 和木棒 10 之间的关系，他们之间都是相差 2 倍。我们也可以扩展这些内容，也可以将 2 和 4 也扩展进来，就可以有很多关于 2 倍的算式。

我们也可以用之前我们对物体进行摆放的方式来说明这个道理，让大家有一个清晰的认知。

1	2	3	4	5	6	7
×	×∣×	× ×	×∣×	× ×	×∣×	× ×
∣	×	×∣×	× ×	×∣×	× ×
			∣	×	×∣×	× ×
					∣	×

通过上面这些图形的排列，我们可以很清晰地看出数字之间的关系。每一个可以被 2 整除的数字，他们下面的符号都是相互对应的，没有自己独自在一排的数字。

同时，我们只要数出每一列的数字，就可以知道这个算术的商是多少。如果进行乘法，我们只需要用每一列的数字乘以列数，就可以算出最后的得数。我们拿 6 进行举例，每一列是 3，列数是 2，那就是 3×2=6。当孩子进行重复练习的时候，他们可以很快掌握这些内容。

经过长时间的练习，孩子们已经很好地掌握了这些内容，并且已经有厌烦情绪。所以，在接下来的练习中，我们将木棒 1 拿起来，不再将它放在 9 的后面，而是 10 的后面，其他的也是一样，2 将放到 9 后面，这些依次类推得到的结果将都会是 11。

在进行完这样的练习之后，我们将依次升级最后的得数，现在是 11，我们可以得出 12 或者 13，直到最后的 20。这些数字都是可以用这一套小木棒进行表示的。所以，需要孩子们认真地进行练习。

之前，已经给孩子讲授过这些内容，孩子们在对 20 以内的运算可以很好进行运用。但是，对于所谓的十进制，需要给孩子们进行认真的讲解，很多孩子对这些内容不是很明白。

10以外的加减乘除运算

让孩子们进行 10 以外的加减乘除运算，需要运用两套教具。一套就是正方形的大卡片，上面很清晰地写明数字 10。另一套则是小的长方形卡片，这些卡片上分别写明 1 到 9 的数字。

这些数字依次从 1 排到了 10，为了进行区别，我们将代表 10 的那个 1 放在了 0 的旁边，让大家可以清晰地知道这代表 10。

接下来就用到了长方形小卡片，我们用这些卡片代替正方形卡片中的0，分别从1开始一直到9，这样我们就得到11到19的数字。

我们在变化这些数字卡片的时候，也用我们的小木棒在旁边进行演示，比如11，我们将木棒1放在木棒10的旁边，这样就会与卡片得到的数字是一样大的。

当我们分别数一下这些颜色对接的部分，就会发现它们的得数和我们卡片的数字是一样的。然后，当老师给孩子们演示的过程中，孩子们也可以用这些卡片进行练习。比如说18，孩子们可以用卡片8掩盖住那个0，然后得到18。同时，在木棒10的后面放上8得到18。这只是对18的讲解，孩子们还可以进行其他运算，练习10以上的加法。

同时，减法也是类似的原则，我们在得到18之后，再将8拿走，小木棒也是这样的变化，就可以得到18减去8等于10。

当每一个孩子都可以很好地掌握这些运算的时候，我们就可以进行下一项练习了。这时，我们需要运用卡片A和B，得到下图所示。卡片A中是10个10，卡片B是从10一直排到90。

A	B
10	10
10	20
10	30
10	40
10	50
10	60
10	70
10	80
10	90

在卡片A中我们从第二个10开始，将卡片1覆盖原有的0，卡片2也

覆盖原有的 0，一直到卡片 19，就会得到如下图所示的图样：

| 10 | 11 | 12 | 13 | 14 | 15 | 16 | 17 | 18 | 19 | 20 |

那么，关于卡片 B 则不是很好办，因为这里面的数字都十分大。当孩子们可以学好这两个卡片的时候，几乎就可以学会 100 以内的所有数字了。

这是我认为应该采用的方法，这个时候我们不需要对孩子讲解很深奥的数学，他们只需要学习基本内容就可以了。同时，所有的一切都可以成为他们学习的工具。

蒙台梭利教育启示

1.父母在教孩子数数时，不要生硬地让孩子记忆，而要利用生活中的事物进行，如问孩子衣服上有多少纽扣或者桌上有几个盘子等。

2.父母可以通过钱来吸引孩子们的注意力，在给孩子零钱后，通过这种方式让孩子进行算术练习。

第二十章
让孩子按照正确的顺序学习

世界万物,都有其发展速度和规律。如果想要实现跳跃式发展,后期必然会遭到更大的冲击。

——美国教育家 塞德兹

阅读提要

　　在教育孩子时，父母要遵循一定的顺序，循环渐进，让孩子按照符合自身情况的进度进行学习。

　　对孩子的教育，可以分为五个阶段进行，如对孩子进行感知训练的活动，让孩子养成良好的生活习惯、适应生活中的一切以及让孩子学会做力所能及之事等。

　　父母及孩子的努力，会让孩子拥有非常优秀的品质。

在实际操作的过程中,我们需要让孩子们懂得次序的重要性,并且让他们养成这样的良好习惯。

对于孩子学习的进程,我有着明确的规则。在教学的过程中,我们是严格按照这些进度进行的。我在之前的书中也曾经讲到过这些内容,孩子的学习过程是有不同的级别和状态,每一个孩子都应该按照这样的进度进行。下面,我向大家详细介绍一下我们的教学的顺序以及每一个教学阶段。

不同教学用具使用的阶段和次序

第一级别

当孩子刚刚进入儿童之家的时候,我们应该对孩子进行以下教育:

首先,让孩子学会在移动东西的时候,不要发出任何噪音。

其次,让孩子学会做一些简单的日常事务:穿衣、吃饭等等。

再次,对孩子进行基本感知训练。

在这些最基本的教育中,对孩子帮助最大的应该属对孩子进行感知训练的活动。在孩子进行这样活动的时候,孩子们是在进行不断地选择和比较的过程。所以，这也是孩子们最早进行智力练习的过程。

对于感官练习，我们主要是用圆柱体这个教具，孩子们应该按照由易到难的顺序进行练习。

第一步，用那些高度一样的圆柱进行练习，并将这些圆柱依次进行直径缩减的练习。

第二步，进行对圆柱无论是大小还是长度都逐渐递减的练习。

第三步，进行直径一样，但是高度逐渐递减的圆柱体练习。

第二级别

在生活中的注意事项：要让孩子们养成良好的生活习惯，平时走路的时候要挺直自己的腰身，并且站立和坐下的时候，最好不要发出噪音。

感官上的训练：帮助孩子训练自己的感官能力的教具，主要涉及小木棒、圆柱体以及正方形都可以帮助孩子进行这方面的训练。通过这个练习，孩子们可以对物体进行全方位的了解和认知。在这个过程中，我们给孩子们的教具都很大，所以每一个物体的不同就可以很容易地看出来，并且可以让孩子们有一个非常清晰的认知。

但是，这些都需要让孩子们通过自己的努力去发现，任何人不能给孩子们意见和观点。我们之前对孩子们进行的练习，是很容易发现物体的不同或者发觉产生的错误。我们举个例子，孩子们拿着一个小物件，坐在那里用手进行摆弄，然后就可以发现这些物体的差异，并发现错误。

但是，这个游戏需要孩子们通过很大的努力才能完成，他们需要费很大力气搬动或者移动，才能看出这个物品的差异，并发现错误。

经过这个练习，我们发现孩子们在对于最后的两个物体总是非常迷糊，他们还是不太理解。他们知道将每一个物体都应该放在正确的位置上，并且看出它们的差异。但是，对于这些差异非常微小的物体，他们还是很难分辨出它们之间的不同。

我们举个例子，一个边长为1厘米的小正方体，当它从最小的变到最大时,是边长在不停地增加,边长在原有的基础上增加 1 厘米。

当由第一个变到第二个的时候,正方体的体积增加了一倍,我们可以很容易看出它们的变化。可是当变化到最后一个的时候,仅仅是在原来的基础上增加 1 厘米,很难看出这两者之间的差异。

如果平时接触到教学理论,我们应该从最小的开始排列,然后依次往下排,直到最大的那一个。但是,在实践中我们发现,这样的方法似乎行不通,因为很多情况下我们都会把最后一个弄错。

所以,我们会从最大的开始排起,就像垒宝塔一般,让最大的在下面撑地,依次由大到小进行排列,这样就不会出现错误。

孩子们非常喜欢这样的做法,他们也会很快地投入到垒宝塔的行列中,并且很快地投入进去。在这个过程中,我经常发现有很多年龄小的孩子们,他们一开始会将倒数第二个放到最底下。

但是,在不断的练习中,他们也发现了自己的错误,并最终改了过来。这个练习可以帮助孩子很好地区分每一个物体之间的差异和不同,并且让孩子了解其中的差异。在我给孩子教学的过程中,一共有三套木制教具可以帮助孩子认识物体之间的细微差距。在第三套教具中,每一个之间的差距是 10 厘米。与之前的教具不同的是,之前的每一个相差是 1 厘米。

我们的理性告诉我们,如果物体之间存在较大差异是会很快被注意到,并且避免这些错误的发生。可是这并不正确,在练习的过程中,这是孩子们犯错误最多的教具。孩子们只有在前两个练习的基础之上,才能很好地完成第三套教具的练习,并不让自己出现错误。可能这个教具对于孩子们来说,还是具有相当大的困难的。

当经过之前的练习之后,孩子们就可以集中所有的注意力在这套教具中去,并且投入他们所有的热情。由此我们可以得出结论,人体感觉的发展与心理测量学研究理论上的发展过程是不一致的。在很多情况下,我们的感觉和心理学研究的结果描述是不一样的。

触觉是我们人类最基本的直觉，是我们对外界的最基本反映。这是我们对外界认知最基本的器官，但是其本身也非常简单，很容易了解和掌握。在我们的教学中，也是首先对孩子的感官进行激发和刺激。所以，在孩子最先开始练习的时候，我们就应该对孩子进行最基本的感觉和触觉的训练，帮助孩子进行最基本的外界认知。

在对孩子进行训练的时候，我们应该掌握正确的时间，这样就可以最大限度地激发孩子的本能和孩子的本性。只要我们抓住这一点，这项练习就很容易进行，并且可以激发孩子学习的兴趣，也为孩子进行书写打下基础。

当我们进行上面这种练习的时候，我们可以将其与视觉练习结合在一起，这样可以帮助孩子在练习感官练习的时候，也练习了视觉上的认知力。

让孩子进行视觉练习的时候，我们应该按照与之前练习相同的方法进行。这个练习主要集中在颜色上，是一个非常简单的练习。但是，孩子们必须要经过之前的练习，并培养了良好的注意力，才能进行这项练习。否则，将不会有任何效果和作用。

在这个过程中，老师要给孩子们进行音乐演奏，孩子们要能够习惯这样的环境，并且可以随着音乐而前进或者行走。但是，这样的音乐也要一直不停地重复，因为任何事情都是在不停地重复运作中，才会实现最终的完美。所以，孩子们要想获得对音乐的感觉，就必须进行不断的重复和练习。

第三级别

生活中的锻炼。对于孩子，他们要不断自己适应生活中的一切，学会生活中自己力所能及之事，比如洗澡、穿衣服以及自己物件的摆放和安置，这些都需要孩子在实践中自己去学习和掌握。

感官训练。我们就可以开始对孩子进行感官上的训练，这包括感觉、知觉、触觉以及色觉上的练习。我们可以给孩子空间，让孩子自己进行这些练习和操作。在这个过程中，我们可以通过各种声音对孩子进行听觉上的刺激，或者通过重量给孩子身体上触觉的刺激。

同时，我们也可以对孩子进行一些简单几何图形的认知和描画。我们可以为孩子准备一些简单的几何图形，帮助孩子进行图形练习。这些都是为孩子将来进行书写打基础，并且帮助孩子形成良好的书写基础。

当孩子可以认识这些木制的几何体之后，我们就可以给孩子们一些卡片。这些卡片就是让孩子在没有实物之后，可以通过抽象的概念对这些物体产生一定的认知，帮助孩子培养抽象意识。

因为，孩子之前的练习已经帮助孩子形成有条理的智力个性。在孩子可以很好地认知这些图形之后，就可以帮助孩子更好地进行写字，以及为未来知识的学习打下坚实的基础。

第四级别

生活中的锻炼。这时，孩子就开始学习怎样布置饭前餐桌，他们可以把自己收拾得十分利索，并且也开始注意自己一些细节上的卫生，比如修指甲和刷牙等。同时，他们也知道正确的走路姿势，并且是那么地优雅和自如，给人感觉是那么地有节奏感和协调性。

每一个孩子都可以很好地控制自己的动作，他们知道如何管理自己的行为，了解什么时候应该让自己保持安静。

感官训练。这一个级别，我们不需要对孩子进行其他感知训练，只有在原来的基础上进行重复练习就可以。同时，我们可以辅助一些小乐钟，帮助孩子进行训练。

与写字相关的训练。这个时候孩子们要进行的就是绘画练习。孩子们在此时，已经不需要用手指在金属几何图形的外围进行描画，他们可以用铅笔或者彩笔，在纸上对这些图形进行简单的描画。在这个过程中，一定要注意孩子握笔的手势，让孩子一定要从一开始就把握正确的握笔姿势。对于老师而言，还应该在这个阶段让孩子们接触一些字母，这些字母最好是用砂纸做成的。

简单的计算训练。这个时候，我们再次把小木棒拿出来，让孩子进行重复练习。但是，已经改变了教学目标和方式。

这些小木棒都是由红色和蓝色相互拼接而成的，我们让孩子们把这些木棒上所有红色和蓝色全部数出来，数一数一共有多少种颜色。同时，还要进行一些更加复杂的计算，让孩子进行算术。

我们通过不断地练习，对孩子们的教具不断进行突破，使其从原有的简单几何图形的外在轮廓，然后扩展到现在这种状态，成为图形轮廓。这对于事物来说，发展是迅速的，并且也为我们的教学作出了贡献。这种图形轮廓远远要比原有的教学中所运用的几何轮廓更加具有实用性和创新性，是我们在教育过程中智慧的体现。

这些训练是十分有效的，不仅帮助孩子们提升自己的智力水平，还帮助孩子们提升了观察和学习能力。同时，也为孩子们以后的写字打下了坚实的基础。这是非常有效的练习，这种练习的成功也就说明我们可以摒弃原有的教学课本，而采用这种教学模式对孩子进行教育。

在教孩子们字母的时候，孩子们在掌握这些字母以后，要让孩子们试着用这些不同的字母进行相互组合和练习。

在对孩子们算术知识进行教授的时候，我们还是用小木棒，在每根木棒旁边，放上与红色和蓝色数量一样的字符。

我们也让孩子们进行大木钉的训练。

同时，孩子们还应该继续在数字下面放上木块，并且让孩子们将这些物体分成两列，这样我们就可以很清晰地分辨出这个数是双数还是单数。

第五级别

在这个阶段中，我们需要进行一些复杂和更多样化的节奏感的感知。

在对孩子们进行画画的引导时，我们应该注意：

首先，熟悉这些染料的使用；

其次，要让孩子发挥自己的想象。

在写字方面的练习上，我们需要字母的相互组合：

首先，孩子自愿书写；

其次，孩子自己阅读卡片；

最后，我们还要孩子进行计算上的练习。

在这个过程中，你会发现孩子有着惊人的进步，他们无论是在平时的生活中，还是在学习中，都表现出优秀的品质和状态。

我们也会为孩子感到开心，因为他们表现出了非常优秀的人类品质，这一切都是他们用自己的努力换来的，是他们应得的成就。

蒙台梭利教育启示

1. 在培养孩子对音乐的感觉时，要让孩子进行音乐演奏，让孩子逐渐适应有音乐的环境，并随着音乐前进或者行走。

2. 父母要让孩子进行生活训练，让孩子学会生活中自己力所能及之事，比如洗澡、穿衣服以及自己物件的摆放和安置，这些都需要孩子在实践中自己学习和掌握。

第二十一章
让孩子养成自律的习惯

自律，是不可多得的财富，在孩子小时更容易习得。

——日本教育家 铃木镇一

阅读提要

让孩子能够自律并不是通过不停地对孩子进行强制性的要求实现的，即使通过训斥和教导让孩子养成了自律的习惯，效果也不会持久。

父母要对孩子进行自律方面的训练，首先要让孩子意识到自己的不足，然后才会不断加强自己的控制力，真正养成自律的习惯。

一旦孩子进入自律阶段，无论做什么都会非常投入，自制力也会更强。

第二十一章 让孩子养成自律的习惯

我的这些著作在意大利已经出版面世,并且很多里面所说的内容都得到验证。这些都是我从儿童之家的实践中得出的结论,这个班级是由40多个孩子组成,这个班级不同于一般学校的班级。这些孩子们比一般学校的孩子更有纪律性,而且是自发的自律性,是建立在每一个人自愿的基础之上。

很多曾经参观过儿童之家的人,他们都对这里孩子良好的自律性表示惊讶。我就拿罗马的学校来举一个例子,那里的校长是我的学生,这里的班级一共有40个孩子,这些孩子的年龄都不一样,都是从3~7岁之间的孩子,每一个孩子都干着自己的事情,互相不干扰。

有的孩子在绘画,有的孩子在计算,有的孩子在扫地,有的孩子在进行之前的感官训练,有的孩子在玩积木,有的孩子在练习字母。他们每一个人都有自己的事情,并且保持安静,避免打扰到其他孩子。你会注意到细节,很多孩子在活动的时候,他们会特别注意自己的行为,他们是那样小心翼翼。

只有当一些孩子出现一些成果时,他们会高声大喊老师,希望老师可以与他们分享自己内心的喜悦。

老师也适应了这样的环境,她们小心翼翼地走到这些需要他们的孩子身边,尽量避免因为自己而影响到其他孩子。这样的行为,可以不影响其他孩子,但是需要他们的孩子会感觉到老师的存在。

更多的时候,这个班级几乎是几个小时都没有任何人说话,他们专注于自己的事情。那些参观者十分佩服这些孩子,认为他们是极其有思想的小人儿。

每一个孩子处在思考之中,并且可以拥有控制自己的意志力的能力。他们很少会因为一件物品或者小事而发生争执，他们每一个人也很少会对别人心怀妒忌。因为他们知道每一个人现在拥有的或者他们取得的成就，都是他们不断努力的结果，这些是他们自己应得的。反而，他们会为取得成功的孩子而感到高兴，他们会由衷地为他们感到快乐。

这些孩子也将成为其他孩子努力学习的楷模，会激发别的孩子的斗志。他们每一个人都处在自己的工作中，无论是三岁的孩子，还是七岁的孩子，他们都满足于自己的现状，很认真地进行着自己的工作。

在这个过程中，可能有许多人认为，如果这个时候，老师希望孩子们做什么的时候，他们会很难意识到，或者去服从这个命令。那么，我想说你错了。

如果老师希望孩子可以一起干一些事情的时候，只需要用一个手势或者一句话就可以办到。这时，所有的孩子都会注意到这个细节，并且会放下手上的工作去服从老师的命令。

而且，不管是谁的命令，他们都会服从，也包括这些参观者的命令。有时候，有些参观者会要求孩子唱歌，这些孩子会放下手上的工作，然后开始唱歌。当孩子唱完之后，他们就会再继续进行自己之前的工作。很多人都十分震惊。一些年龄小的孩子，他们没有这么强的服从性，他们会将自己手上的工作做完之后，才会去服从这个命令。

这种状态让我最不可思议的时候，就是在我们对儿童之家的老师进行测试的时候。我们的测试和一般的学校是不一样的，我们主要是进行学生实践能力的检验。

这个测试就是老师要带着自己的学生进行测试，孩子是测试的主体。在这个过程中，孩子们要抽签分组，然后完成一项日常课堂的练习。孩子们在抽签的时候，需要等待自己的顺序。这时他们可以做自己喜欢的事情，轮到他们的时候，他们再开始进行考试的内容。

当考试结束以后，他们再继续进行自己之前的工作。他们在这个间歇的过程中，可以做成很多事情，我们都为孩子们的这种耐力而感到骄傲。有些人认为孩子的这种表现是害怕或者胆怯的表现,我想说孩子并没有对任何人表现出害怕甚至胆怯。他们对每一个人都是那么热情,并且主动要求别人去参观他们的作品,像主人一般热情地招待来客。他们的眼睛中充满了对生活的向往,没有任何拘束和不安的感觉。

对于老师,他们也不畏惧,而是非常尊敬,他们经常会依偎在老师身边,希望老师可以给他们一个拥抱或者是一个吻,这就是这些孩子们,他们俨然已经成为儿童之家的小主人,没有任何拘束感。

还有一些举动,让所有的人更为惊讶。因为你可以看到一些四岁或者五岁的孩子在吃饭的时间,会帮助别人一起摆放各种刀或者叉子,并且将这些杯子也很好地摆放整齐。在他们干这些事情的过程中,他们是那样地认真和仔细,并且没有打破一个杯子,也没有盛漏一滴汤水,这让所有的人都非常吃惊。

在用餐的过程中,孩子们都在旁边为这些参观者进行服务,他们很仔细地看着每一个人的盘子,当看到有人的汤喝完之后,孩子会马上为这个人再盛一碗。如果他们还想再要一些菜,他们也会很敏锐地为他们将空的盘子端走,再拿些有菜的盘子过来。

我们再对比一般情况下,我们接触到的这个年龄段的孩子,他们经常会很不听话,而且乱喊乱叫,没有任何纪律性和秩序性。所以,他们每一个人都对我刚才所说的那个小侍应生感到钦佩。其实,这些能力是可以在孩子身上展现的,这是孩子的潜在能力。当这些参观者看到孩子们吃饭的场景时,他们非常感动。

这些成果的产生,是经过不断努力的结果,所有的人都为之付出了努力。我们不能通过强制性的命令强迫孩子们做这些事情,而是应该通过激发孩子内在的自律性实现。

通过这样的培训,孩子们的行为也变得越来越有条理。这些是孩子们自己努力实现的,是每一个人内在的自律性激发出来的结果。

在成人世界如果想要找出有如此之强纪律性的人，恐怕只有僧侣们可以做到。他们对佛门的皈依和坚持，是发自他们内心的顺从和自律。这是一种非常强的能量，除了这种情况，我找不到其他可以同儿童之家这些孩子们相比的自律能量。

如果我们通过对孩子的训斥和教导以求他们可以养成这种自律的习惯，可能短期之内十分有效果，长时间则没有任何效用。最能帮助孩子实现自律能力的途径就是工作，通过工作可以培养孩子良好的自律能力。在这个过程中，你可以在孩子的脸上看见非常投入和专注的神情，这是自律的最初表现。

这样孩子就开始进入自律阶段，无论孩子在干什么，只要他非常地投入，就是孩子在进行自身控制力的练习。我们也可以帮助孩子进行这方面的练习。比如，我们可以给孩子经常安排一些保持安静的课程，让孩子安心地听一些声音或者音乐。

同时，在日常生活中，对孩子的行为进行纠正，让他们注意周围的事物，不要让周围的事物轻易发出声音。这些都是对孩子自律能力的训练，可以帮助孩子养成良好的控制力和专注力。

当孩子们开始拥有这样的状态的时候，我们就可以在此基础上对孩子进行观察，时刻提醒他们应该保持那样的行为。同时，我们必须制定严格的规章制度，因为任何自律都不是你通过简单地讲授而实现的，都是经过严格的程序而形成的。

但是，让孩子们形成良好的自律习惯，最好是让孩子们自己意识到自己的不足，然后才会不断加强自己的控制力，只有这样才能使孩子们真正养成自律的习惯，让他们进行工作是最好的方法。

这些工作不是随意给孩子们安排的，是要根据实际的情况和发展需要进行安排。因为，这些工作必须是孩子们十分渴望的工作，要不然没有任何效用。同时，还能够激发孩子前进的欲望。

工作可以促进我们人类自身的发展，可以在工作的过程中实现自身的锻炼和成长。我们以刚出生的新生儿为例子，新生儿可以说没有任何自控力，他们的各方面发育都还不健全，当他们被不小心摔在地上的时候，他们可以做的只有哭闹。因为他们这时候各方面都还不健全，没有能力协调自身各方面的机能。

但是，在这之后孩子们就会开始不断发展自身的协调能力。新生儿还处于非常幼稚的状态，他们很多能力都没有发展形成，也没有掌握自身说话的技能。随着孩子的不断成长和发展，这些能力都会在后期表现出来，让孩子成长为健全的人。

目前，孩子是在成长期，他们不知道自己将会怎么样，只能按照上天赋予他们的本能进行工作，让孩子们在潜意识的引导之下，实现自身的成长和发展。

如果你现在对一个新生儿说："你站好，必须保持一动不动。"这就相当于对牛弹琴，没有任何效果和作用。因为他们没有任何心理认知，也不知道你说的是什么，更不会按照你的意思执行。

对于这一点，我们应该有充足的认知，成人会对自己有明确的认知，并且会向自己的目标前进和努力。可是，孩子暂时不会，孩子只会按照自己的本能进行抉择。所以，对于孩子的教导，我们需要认真对待，认真给孩子讲解每一个问题。

我们可以举个简单的例子，我们在告诉孩子应该安静的时候，还应该给孩子具体讲解，孩子应该怎么保持安静，他们应该在走路的时候，保持好自身平衡，维持正确的姿势，尽可能让自己保持平衡性，不要失去平衡。在给孩子讲物体移动的时候，一定要告诉孩子们不要轻易发出声音，小心地移动每一个物体。

最后，就是要告诉孩子们怎么样穿衣服或者系鞋带这些日常的工作。当孩子们在练习这些的过程中，都必须认真地对待这些事情，并且要时刻提醒孩子保持安静，不要发出声音，这样孩子们就会在长期的练习中记住自己应该怎样做。通过这些练习，孩子们知道了如何控制自己。

但是，他们还不能很好地协调自身机能，我们无需为此多虑，孩子们正处于长身体的阶段，一切身体系统都在不停地成长和发育中。经过不断地练习，他们也开始有了自己的秩序，也知道如何发展和进步，并且通过孩子自身的努力，已经实现了很大的变化。

通过这些练习，孩子们已经不再仅仅只是在接受命令，他们已经知道自己应该如何完善自己的行为，做一个好孩子，这是孩子们在这个过程中学会的。

在这个过程中，孩子们实现了自己的进步，并且知道自己应该如何进一步实现对自己的控制，他们不需要别人在他们的耳边继续不停地提醒。这时，他们已经真正学会如何进行自控，并且让自己努力做一个好孩子。

我们不可以说孩子开始变得慵懒，并不是这样的，这是孩子建立自我意识的开端，孩子知道如何使自己变得更加优秀，进一步完善自己。

孩子的成长和外部环境有很大的关系，正是因为工作的原因，才促进孩子的成长和发展。工作对于孩子的成长是极其重要的，工作使孩子有了追求和发展的动力以及欲望，促进孩子不断发展和提升，增强其内心的成长欲望，这是其对孩子精神领域的刺激和发展。

在工作的过程中，孩子养成了良好的自律能力。所以我们需要明白，对于孩子而言，纪律就是孩子内心的追求和一种自我控制的能力。

这个过程不仅仅是培养孩子自律的能力，孩子在工作的过程中，他们的心灵也在不断地发展，并且得到了自己真正的快乐。这是孩子们心灵净化的过程，并给孩子们带来了巨大的精神财富，让孩子们发觉了快乐的源泉。

工作对孩子们的作用非常大，孩子们不仅学会了很多知识，还使自己自身的协调能力得到了锻炼，这都有利于孩子的发展和成长。这些能力的掌握，使孩子们变得更加自信和乐观。

在这个过程中，孩子们学会了更加积极地面对人生，他们知道应该以怎样的态度对待社会和他人，帮助他们实现人生的价值。对于孩子来说，一开始他们的动作极其不协调，也经常会出现失误。但是，在一次又一次的练习中，孩子们学会了如何培养自身的协调性，也知道怎样使自己身体各项技能进行有效的配合。这一切都是因为在孩子不停运动的过程中，不断形成的。在不断的努力过程中，这就像呼吸一样自如。

如果我们不给孩子任何工作，那么孩子的相关神经就会逐渐失去运动能力，也就是不断退化。这样的话，人活着还有什么意义，没有了精神力量的支持，人的生命也就失去了存在的价值。所以我们需要明白，任何事物都要根据它的特性进行活动和休整，不能仅仅只是停留在某些固定不变的状态。

我们人体除了运动，还有另外一种机能，就是让人体进行休整的状态。对于人类来说，当我们进行运动的时候，就可以保持一种很好的精神状态。对于孩子也是如此，如果我们让孩子进行胡乱的运动，这对于孩子来说没有任何意义，反而会阻碍孩子的智力发展。

如果我们让孩子进行一些运用智慧的运动，孩子的精神则会得到极大的满足，并且会促使孩子不断进步和发展。孩子会引以为豪，并且会树立自己的自信心和勇气，不断努力奋进，朝着自己的目标和方向不断前进。

这种现象，我们可以从医学的角度进行探知，了解其中的奥秘。这些主要是来源于智慧的发展，在这一过程中促进了人体器官和各个组织结构的不断成长和变化。同时，我们在进行智慧启发的时候，身体的各项机能都在不断促进和相互照应，这就促进了身体的不断发育。

由于人体各部分的成长，也使得精神世界得到相应的满足感，无论是身体还是心理都处于不停发展的状态。孩子们可能在发育方面没有任何顺序可言，但是，我不得不说，每一个孩子都是在寻找这种秩序。他们会在现实中，不断进行练习，寻找自己的目标和方向。

我曾经在公园遇到过这么一个孩子，这个孩子只有一岁多，他在公园里很安静地用自己的小铲子往自己的小水桶中认真地装沙子。保姆在旁边看守着他，保姆的目光是那么慈爱和祥和，可以感觉到保姆非常喜欢这个小男孩，也很关心孩子的一切。当孩子玩了很长时间以后,保姆开始对孩子说话,告诉孩子到时间了,我们应该回家去了。

但是,小男孩还是十分专心地在玩自己的沙子,他没有理会保姆的话语。保姆这时开始有些不高兴了,她自己将孩子小桶里面的沙子倒掉,然后自己用铲子给孩子装了一桶沙子,将这个小男孩和沙子一起放进车子里去了。

这让我感到了极大的震撼,尤其是孩子走的时候绝望和痛苦的挣扎。他是多么无助,他的内心没有得到满足,他希望自己可以继续做自己想做的事情,可是却被保姆无情地阻止了。这对一个幼小的孩子来说,是多么大的打击。这个保姆却没有意识到自己对孩子造成了怎样的伤害,孩子不是想要小水桶,他想要的是在这个过程中得到满足感。

这是孩子在进行自身的发展和提升,也是一种无意识的行为。他们还只是孩子,没有过多的想法,他们只是按照自己的意愿和想法行事。其实,对于孩子,他们仅仅只是希望自己可以在这里不停地往小水桶里装沙,然后再倒出来,这就是孩子们想要的过程,他们就是享受这样的一个过程和状态。

他们享受这个过程带来的快乐,这就是孩子们想要的,他们想要的就是在这个过程获得简单的快乐。孩子们是非常天真的,他们思想中没有任何杂质,这就是孩子们最可爱的地方。可是,我们大人很难理解孩子们的心思,并且经常误解他们的行为。

因为在考虑孩子想法的过程中,大人们并没有站在孩子的立场来思考这个问题,而仅仅是按照自己的思维惯例进行考虑。他们总是认为孩子喜欢的就是那些实实在在的物体,而不是其他的东西。其实,孩子们需要的可能仅仅是一个眼神或者一个微笑,他们就是需要那些大人认为极为不需要或者没有任何意义的事情。

例如,我们经常会帮助自己的孩子穿衣服或者是洗澡。但是你是否想过其实孩子们非常想自己做这些事情,而且他们是非常渴望做这些事情的。这是孩子的内在在自我完善和成长的过程,他们需要自己进行满足和完成成长,这是对孩子精神世界的满足。

新生儿刚来到这个世界的时候，他们可能更倾向于获得自己的物质需求。但是随着孩子年龄的增长，他们的内心开始不断地成长和发展，并且希望获得更多的满足。

玩沙小男孩就是很好的例子，他是多么希望在大自然的怀抱中多待些时间，享受自然，享受阳光，享受自己玩耍的过程，并希望通过这样的锻炼过程实现自己机体的完善。但是，他的想法却没有任何人可以理解，尤其是他身边的人，他们认为孩子需要的仅仅是物质上的满足，而不是其他的需求。

很多时候，我们自以为是地认为这就是孩子们需要的，我们帮助孩子们完成这些事情是为自己的孩子好。可是，你们是否真正了解孩子们的想法，这是否是他们真正需要的吗？大多数学校都认为，我们让孩子学习知识就是在让孩子获得精神上的满足。

其实，这并不是孩子想要的满足。孩子们自己知道自己想要什么，只要我们给孩子充分的自由，孩子们自己知道他们想要什么，我们可以让他们在正确的引导下自由发展。

对于孩子，一切仅仅是开端，他们需要进一步去尝试，也需要不断接触和了解。当孩子明白他们真正想要什么的时候，他们会很努力地进行不断的自我完善和发展。在这些练习和发展的过程中，也就是孩子们不断发展和完善的过程。

对于孩子的教育，现在很多学校的教育都存在不足。例如，当老师提问的时候，他们看见一些孩子急切地想要回答这个问题。但是，老师并不想让这些孩子来回答，他们希望把回答的机会让给那些不会回答的孩子。这样，那些会的孩子渐渐地失去回答问题的欲望，而那些不会的孩子更加不会。造成这种状况的原因，就是因为我们现在教育的目的，我们并不是以教育为主要目的，而是以让孩子学习或者了解这些知识作为主要目的。

我们在现实生活中，经常会遇见一些很多不断重复进行的事情，我们会重复看自己喜欢的东西或者回味一些事情。我们可以简单进行举例说明，有时候经常会看见许多人在不停地听自己曾经听过的音乐；有时候我们也会听见很多人在重复讲一个对他们很有意义的故事。

这些事情都是在不断重复地进行，我们生活中还有很多类似的例子，比如我们会经常对上帝进行乞求，这些都是我们经常会做的事情。还有一个更能体现这种重复的力量，就是情人之间的感情，他们就是在对彼此之前的感情一直不断重复回味的。

对于一个人可以进行某些思想上的重复，他们是需要具有一定的思想意识。这就是我们心理成长的表现，是非常重要的人生阶段。这对于孩子来说是重要的，如果一个孩子可以开始对一些思想或者物质进行重复回忆，这就代表孩子他们开始成长了，并且能够形成良好的自我认知和纪律性。

但是，并不是每一个孩子都可以对每一个游戏进行重复的，这是因人而异的。很多孩子对他们进行的练习不能进行重复。这些会根据不同孩子的年龄以及每一个孩子的发展状态而进行调整的。可是，如果孩子超过了一定的年龄限制，让孩子进行重复练习就非常困难，因为他们已经过了进行这项练习的最佳年限。

还有就是孩子的速度问题，孩子在很多事情上都表现出很强的耐心，我们对孩子十分钦佩。他们每一件事情，都可以花很多时间，并且很有耐心地进行这件事情，而且他们还十分享受这样的过程。

我们可以简单在自己的脑海中回忆一下自己的孩子，在自己穿衣服、吃饭、系鞋带或者打扫卫生的时候，他们总是非常快乐的，并且很悠哉地进行这项工作，他们非常认真、十分有耐心，并且会努力克服他们工作中所遇到的所有困难，直到自己最终完成这项工作。

可是，我们父母却不这样认为，我们总是从另一个立场进行考虑，也没有关心过孩子的想法。我们认为孩子一直在用这么长的时间做一些很简单的事情，简直是浪费时间和生命。所以，在孩子很有耐心地自己穿衣服的时候，我们总是会帮助孩子进行这项工作，并且强行阻止孩子继续进行这项工作。

我们大人和孩子是完全相反的思维，我们认为做一件事情就是要看最后的结果，并且不浪费任何时间，很快完成这项工作。当我们看见孩子在很认真干一件事情的时候，就会马上阻止他们，并会冲上前去帮助孩子完成这件事情，不管孩子是否需要我们的帮助。我们不仅没有责怪自己的行为，还会认为自己的孩子是非常没有工作责任心，而且非常不勤快。

可是，我们是否想过并不是孩子的问题，而是我们自己的原因，因为我们不愿意去等待孩子完成这件事情。这些却被很多人认为是真理，他们将自己的问题说成是孩子没有耐心，这种转移能力使孩子在教育过程中也受到了不公正的待遇。

孩子们也是人，也会因为不公正的待遇而进行反抗和不满。这是孩子们的本性，当他们的内心受到压抑之后，他们也会爆发出自己的情绪。但是孩子的反应多数情况是不停地哭闹或者是耍赖和不听话。

家长却从来没有意识到这是孩子在进行反抗，反而认为是孩子们的无理取闹。可是，孩子们是真的受到了不公平的待遇，他们想让别人知道他们的心声，想让别人关注他们的感受，他们才会开始反抗和不听话。但是，大人经常认为这是孩子不乖的表现。

我们可以这样考虑一下，当我们被放到一个陌生的、杂耍人生存的环境中，我们就可以切身感受到孩子们的感受。这里所有的人速度都是那么快，当我们自己穿衣服的时候，他们会以自己的速度很快给我们穿上我们并不喜欢的衣服。当我们吃饭的时候，我们在享受自己吃饭的过程，可是他们却以自己的速度强迫我们咽下这些食物。

我们做什么事情都会有人干涉我们的行为，并且还要被他们认为没有任何能力。我们只能反抗，我们的所有能力都被他们限制了，我们用自己的声音进行反抗。没有任何人感受到我们内心的感受，反而被他们认为是无理取闹。

我们只能让他们到我们的国家来真实地感受一下不同，因为我们没有任何办法反映自己的想法。当他们可以看到这种状态的时候，他们才可以真实地感受到自己的错误，自己的行为不但不利于别人的发展，反而也阻碍了自身的前进。

这正是现在的成人和孩子之间所演绎的状况。我们不断让孩子重复这些训练，就是希望孩子在重复的过程中，可以很好地得到感官上的练习。我们让孩子进行这些练习，并不是说让孩子一定要学习到什么知识或者认识什么颜色，而是让孩子可以在实践中不断成长，提升自身的精神和智力上的能力。

我们希望通过这样的练习可以让孩子的心智得到成长，就像孩子身体成长一般，我们希望孩子的心灵也能得到这样的成长和发展。通过这样的学习，可以使孩子能够提升专注能力，让孩子可以锻炼身体机能。

这是孩子智力发展的引火线，通过这些引导，孩子的智力发展会得到迅速的提升和成长。这有助于孩子的成长和发展，可以让孩子得到全方位的提升和发展。孩子开始对外部世界进行探索和发现，他们也意识到事情的发展和变化，这些都可以提升孩子的能力和素质。这些所有的内容，最后都将促使孩子能力的提升，使孩子们掌握很多基本技能。

这也让我想起了一个孩子，他只有两岁，是我同事的孩子。他的母亲抱着他，但是他并不希望自己在母亲的怀里待着，他挣脱母亲的怀抱，自己跑到父亲的办公室桌上。他很满足地待在桌子上，那里有很多不同样式的办公用品，他自己不停地进行摆弄和折腾。

这种场景让我想起了我的学生们，他们也会对自己感兴趣的东西，不停地触摸和玩耍，他们希望了解这些东西，直到他们的欲望被满足之后，他们才会停止和安静下来。

就在这个时候，父母已经表现出了极差的忍耐性，他们开始阻止孩子的行为，并且强行让孩子从办公的桌子上下来。这就是我们家长的反应，我们经常会责骂孩子，只要他们的行为不符合我们的要求，我们就开始对孩子进行责骂。可是，正是孩子这种对外界的探知能力，才使得孩子能够学习和掌握读写学习能力,这是孩子在为更好地学习做准备。

孩子们只是想要获得他们感兴趣的东西,他们仅仅只是想专注于写字板和钢笔的墨水,这是孩子们想要了解和认知的。但是,他们的行为却一直被大人所阻碍,大人认为孩子是在调皮捣蛋,他们从来没有从孩子的角度想过这些问题。孩子会为自己的弱小无力而感到痛苦和难过,他们没有办法对抗强大的大人。

家长一再让孩子保持他们希望保持的状态,并且希望他们能够安静。其实,孩子只是想让自己得到满足,发展自己的智力。

在儿童之家,所有的孩子都可以自由地做任何自己想要做的工作,他们可以安静地进行,没有任何人会打扰他们。可能他们自己都没有意识到,他们正在进行自己智力的完善和发展,并且会实现巨大的发展和飞跃。

你会发现,孩子们在满足他们内心需求之后,就会让自己处于休息的状态,并且会安静下来。这就是一般学校强制性地让孩子保持的纪律。在儿童之家,孩子们可以很容易地保持这种状态,只要他们内心需求得到满足,他们就会自然而然地安静下来。

但是,我还要给大家指出,孩子们自己控制自己的外在纪律性和孩子保持安静是不一样的状态。我们只可以说安静是孩子们可以通往自律的一种途径,代表孩子们已经可以控制自己内部的状态,但仅仅是一部分而已。

很多人认为,孩子们是需要进行不停地指引和帮助,或者对他们进行强制性的命令才可以很好地实现自我成长。我只能说这是非常不正确的观点和想法,这样长期进行下去只会使自己的孩子更加没有自己的主见和辨识力。

在我们阻止孩子行为的时候,我们发现孩子是那么倔强,他们不停反抗我们的行为或者命令。这时家长才开始意识到,应该以另一种方法对孩子进行教育和指导。我们开始赞美孩子,希望这样可以让孩子不那么生气和愤怒。可是,我们却是在做违背自己意愿的事情,因为我们并不认为这个年龄的孩子是听话的。

我们一直在不停地要求孩子按照我们的想法行事，却没有考虑孩子的意愿，在遭受孩子激烈的反抗时，我们意识到这件事情的困难和不易。

家长需要明白这个过程中的错误，让孩子能够自律并不是通过不停地对孩子进行强制性的要求实现的。当我们想让孩子按照我们的要求进行工作时，他们可能会以不同的态度反过来要求我们。

我们可以想一下，对于稍微大一点儿的孩子，他们是那样乐意服从大人的命令，也表现出来很强的适应性，可以服从周围的一切。我们很多人意识到人类的本能中，就存在让人们听话的潜质。同时，现在的社会也是在这种状态下运行的，所有的一些运行都是建立在这样绝对服从的制度之下的。无论是学习、工作，还是研发，都是在这样的过程中进行的。

可是，这些所谓的顺从对很多人来说都是一种虐待或者是一种迫害，我们所要做的就是将人类从这种环境和状态中解救出来。我需要对顺从或者服从进行一下自我诠释，有时候我们对别人顺从或者服从，其实就是一种自己放弃或者牺牲的过程。

我们可以想象一下，婚姻对于我们来说是幸福的。但是，婚姻很多时候就是我们对对方的承诺，也是我们自我放弃和牺牲的过程。对于士兵，他们很多情况下就是要为了祖国和人民的幸福要服从并牺牲自己的一切。

所以，在社会中生活的任何人都是生活在这样的顺从状态之下的，如果我们无法适应这样的顺从生活，我们只可能成为犯罪分子或者没有任何思想意识的人。但是，也有很多人，他们内心有着极强的意志力，他们有自己的目标和准绳，并且也有自己内心的行为准则，这些是引导他们前进的准则。还有一些人，他们会为了自己内心的理念，牺牲自己的一切，这是更加伟大的人们。

我们对自己的孩子都是用充满希望和爱的眼光来看待他们，我们希望自己的孩子可以幸福，希望他们可以适应这个服从的社会。但是，孩子小的时候，很少可以做到这些，他们更多的是不服从，按照自己内心的意愿行事，家长也会为此而感到担忧。

我希望家长可以明白，服从并不仅仅是简单的表面上的事情，它需要的是孩子内心世界自己进行发展而得到提升和进步。很多事情，我们想让孩子顺从，但是孩子没有这样的行为和认知，他们需要经过一段时间的练习，让自己可以有这样的认知，才能自觉做出这样的行为。

我的书中很多部分都讲到如何培养孩子的自制力以及顺从接受力。如果孩子们可以长时间对一个物体进行关注，并且可以不断重复这件事情，这就是孩子在实现自己自制能力的过程。同时，还会有一些课程去教导孩子应该如何控制自己，使自己处于服从的状态之中。

在这个课程中，会让孩子长时间地保持一种状态，并且让孩子培养自己的耐心和毅力，让孩子控制自己内心的激动和不安，这就是这个课程的内容。在一段时间，你会发现孩子会小声地说话，并且不会阻碍其他人。

还有一个训练，就是让孩子进行算术的学习。当每一个人进行算术练习的时候，他们需要按照图片上的要求拿走相同数字的物品。孩子在拿物品的时候，必须按照每一个卡片上所标有的数字进行拿取。但在孩子的想法很简单，就是想在拿的过程中，多拿一点儿就可以了。当孩子只是拿到一张0的卡片，这就意味着孩子什么也不可以干，只能在那里待着。在关于0的训练中，还有很多内容都是关于意志力的训练。

当你让孩子过来0次或者来一个亲吻0次，就意味着这个孩子什么事情都不可能做，而且他们还要一动不动地在那里待着，这就是孩子在练习自己的意志力，并且学习服从别人的过程。

在儿童之家，有很多孩子要自己做一些日常的事情，就像孩子们要自己端汤一样。当孩子们端汤的时候，就要努力让自己避免外在事物的干扰，并且让自己安心地做这件事。否则，他们不可能做好这件事情。在我们学校中，有一个四岁多的孩子，他就是这样的一个孩子。在他每次吃饭之前，都会帮每一个孩子把小汤盘放在桌子上，这样别的孩子就可以很方便地用餐了。但是这就需要孩子拥有极大的耐心和意志力，可以克服其他干扰，进行这件工作。

这个小男孩也不例外，他也很想玩耍，但是他知道自己需要干什么，也了解自己应该做完这些事情之后，才可以玩耍。所以，他让自己努力克服各种诱惑，直到他完成这项工作为止。

孩子们通过这样的学习可以不断培养自身的能力，而且是精神上的能力。可能，很多人认为孩子是在学习知识，学习怎么样进行书写或者走路以及其他的一些工作。其实，孩子们进行这些练习更主要的是在学习如何自我完善，如何掌握自己的发展方向和自己的命运，这是我们发展的主要目的。通过这些学习，可以帮助孩子成为一个坚强的人，可以更加有效地实现自己的理想。

可是，很多家长却认为孩子不应该有自己的想法，应该放弃自己的想法和认知。他们认为只要孩子可以服从大人的安排就是最好的孩子，我们先不说什么，单说这个问题，本身就没有任何理论依据，不应该对孩子的自我意识进行抑制。我们这样的行为就是在对孩子的思想进行破坏，我们使孩子成为一个缺乏自我认知的主体，这对孩子来说是多么大的伤害。

他们没有任何机会来试验自己、认知自己的行为是否正确，在所有的一切进行的时候，都已经被无情地打断了。因为，他们总是被大人误解。

这样的结果只会使孩子越来越胆小，越来越没有自己的主见和认知。成人这样的行为只会让孩子更加没有自信心，并且在长期的辱骂中，孩子开始养成了说谎、不愿意承认事实的状况。可是，很少有大人意识到这是自己的问题，他们会认为这是孩子的问题，跟他们没有任何关系。

在儿童之家，从来没有这样的孩子出现，这里所有的孩子都是非常地率直，他们不会隐瞒自己的行为，他们会很热忱地面对每一件事情。对于心理发展不正常的孩子，他们很少愿意在众人面前表现自己，他们只有在和自己的朋友在一起的时候，才会显得非常地兴奋和快乐。

儿童之家没有这样的孩子，这样的孩子是一种内心发展不正常的表现，很难适应现在的社会。儿童之家的每一个孩子，都是那么阳光、快乐，他们的心灵也十分健全。而那些长期受父母压迫的孩子，他们的心灵正是因为受到长期不公正的待遇，而表现出不健全。

在很多教学研讨会中，我们经常会听到很多人在说，我们的孩子存在个性不足的问题。但是，他们却从来没有研究过，应该如何发展个性，也从来没有对现在的教育制度产生任何疑问。

正是因为教育制度的缺失，才使得我们现代教育存在不足和缺陷，也使得孩子们没有自己的个性。其实，最好的解决办法就是让孩子可以得到自己性格和精神发展的条件。这是对孩子自身的抑制力进行简单的探讨，但是这仅仅是让孩子自我顺从的开端，还有一个就是孩子顺从地执行。我的一个学生，现在在罗马的一个儿童之家，她最感兴趣的就是观察这些孩子如何进行顺从任务的执行活动。

其实，对于孩子来说，当他们可以进行自我个性的发展时，他们就可以表现出一定的顺从能力。我们简单打个比方，当孩子们在进行一些练习，突然他们可以完成这个练习的时候，他们会表现得十分兴奋和开心。他们也会因为这样，而愿意再次进行重复练习，但是在重复的过程中他们未必会再次获得同样的成功和满足感。

这种重复会出现这样的状况，如果他们是在自愿的情况下，那么他们重复会和之前一样，取得同样的成功。可是，如果是别人要求他重复的话，这可能会使孩子出现错误或者完全失败。

所以，孩子刚刚开始练习自律的时候，他们会受到外部命令的一些干扰，而影响自己的行为。当他们对这个练习可以实现绝对的成功的话，孩子就可以很坦然地接受来自外部或者自身的命令。这对于已经接触过一些外部事物的孩子来说，可以很快地完成。

有时候，我们会听见孩子这么说："我可以做好这个，但是这次我没有完成。"老师也会为孩子解释："孩子之前在练习中，做得非常好，但是这次他没有做好。"老师也为自己的学生失败，而感到难过和不值。这是因为孩子还没有进行后期的自我完善，因为每一件事情都需要后期再次进行完善和努力，这样我们才可以永远掌握这项能力。

所以，对于孩子来说，进行自我发展主要存在三个层次，第一，就是还处于模糊不清的状态。这个时候，更多的是依靠孩子本身所具有的潜在能力而进行的。这是孩子在内心世界的指引下进行的，是一种没有意识的行为。

第二，有自我认知的阶段。孩子进行的行为就是孩子在明确自我认知的前提下进行的，孩子可以根据自己的想法和认知，以此不断实现自我完善。

第三，就是完善认知期。孩子就可以很好地掌握这项能力，并且可以执行别人的命令。

孩子的顺从，也要经历三个层次。首先，是模糊阶段。在这个时期，孩子很难执行别人的命令，他们就好像听不见一样，对你的命令没有任何反应和行动。

其次，就是懵懂期。在这个阶段，孩子可以懂得大人的意愿，并且开始执行这些命令，但是他们并不能很好地作出反应，至少不能做成功。同时，他们在行动的过程中，都表现出了不快乐的表情。

最后，就是迅速回应期。他们可以很快地作出反应，并且可以对大人的命令有效地执行。

在执行的过程中，他们是十分地快乐和兴奋，而且他们也知道自己应该如何做这些事情。在这个阶段，孩子们开始愿意服从别人的命令，并且为此而付出努力。只要他们自己愿意，他们不会在意这个事情是小还是大，他们都会努力去执行这件事情。他们也希望通过这样的形式，进入别人的生活和世界中。

所有的这些也都是因为我们内心本能的引导，也是我们自身意志的体现。他们的思想也得到了提升和发展，从原来没有任何思绪和目标的状态下，一下子进入到了十分明了的状态，对于孩子来说是重大的转型时期。

这时孩子的思维更加健全和完善，他们不但有自己的思想和意识，还有一些自己与生俱来的美好品质和性格。这些美好的品质都凸显了孩子的高尚和美好。这些性格中有爱，也有包容，也见证了孩子的成长和壮大。

在不断练习的过程中，孩子们实现了自身品质的提升。他们在服从的过程中，学会了让自己更加富有耐心和毅力，在自我成长的过程中，学会了容忍和坚强，也学会了宽容和大度。这些给予了孩子们快乐，让孩子在充满爱的环境中成长和发展。

但是，每一个孩子都有良好的心态，他们不会因为获得或者失去，而感到快乐或者难过。他们走在充满善的道路，这里的一些都教导孩子健康成长，并让孩子们获得很多的人生收获。

这是在我们教学中，孩子自身纪律的实行过程。老师在这个过程中，仅仅只是一个旁观者，所有的一切都要求孩子自己去完成，自己去实现内心的自律性。同时，这种自律性更像是我们在宗教中，宗教徒对自己宗教的虔诚一般。这是建立在我们精神领域上的，通过给予孩子自由和工作，而得到了发展和取得了进步。

蒙台梭利教育启示

1. 父母要多观察孩子，时刻提醒他们应该保持自律的行为。同时制定严格的规章制度，帮助孩子加强自制力。

2. 父母可以帮助孩子进行自律练习。比如，让孩子注意周围的事物，安排一些保持安静的课程，让孩子安心地听一些声音或者音乐。

第二十二章
让孩子成为最好的自己

孩子是世界上最神奇的存在物,父母要放手让孩子成长,让他成为世界独一无二而且最好的自己。

——苏联教育家 克鲁普斯卡娅

阅读提要

　　成长是孩子的，父母要作为孩子工作或者练习时的一种辅导者存在，让孩子自主学习，默默地守护和关心。

　　同时，父母要让孩子拥有自己的思维，学会自己解决问题，给每一个孩子巨大的空间，让孩子可以进行精神上的成长和发展。

　　我们所有的发展潜能都存在于孩子身上，父母一定要让孩子的潜能得到最大发展。

第二十二章 让孩子成为最好的自己

在蒙台梭利学校，你不会看见在一般学校看见的那种景象，老师为了维护学生纪律，而不停地喊叫和拍打桌子。

这种现象不复存在，有的就是孩子们手中的教具，每一个孩子都在用自己手中的教具进行练习和工作。老师仅仅是作为孩子们工作或者练习的辅导者，他们不会控制孩子们的思维和意志，有的仅仅是默默的守护和关心。

孩子们在拿自己感兴趣的教具进行工作的时候，他们会进行沉思而且不会受任何人的干扰。这时教师仅仅就是一个观察者，他们会观察每一个孩子对教具的反应，并且将这些情况进行总结，以服务于未来的教学工作。

我认为这已经是非常全面的教育学理论研究方法，每一个按照这样的方法工作的人，都会获得相应的成功和发展，这就是一种实验性的教学模式，是非常有效的教学模式。

同时，我们需要让学生自己去解决自己遇到的状况，这也就是我们在教学中的实践问题，我们需要通过实践去发现解决问题的方法和途径。比如，我们已经通过实践了解到孩子的自由、工作和家庭之间问题产生的缘由，以及之间的相互关系。

我们现在还不太清楚宗教具体的效用，但是教育对宗教的影响我们也看出端倪。宗教来源离不开人类的发展，也是人类内心对社会不满而产生的最深的呼唤。

我们可以通过孩子们对学习和知识的感觉，就可以知晓。可是，他们的行为却经常被大人误解，很多人都认为这是孩子没有意识的胡闹，他们也一直在忽视孩子这方面的能力。

　　孩子们表现出了极强的对于知识的热情，他们希望通过掌握知识，促进自己的能力发展。这正是我们人类社会生存和发展的动力，社会也正是需要这样的精神和动力。

　　我对那些给孩子没有任何意义的玩具的人十分不解，这样对孩子的发展没有任何意义和帮助。孩子们需要自由，这是他们最真实的状态，也正是宗教所产生的源泉。我们不应该阻止孩子的任何行为，他们的行为也都是因为自己的兴趣才进行的。这就像是我们对宗教以及对教育进行否定是一样的状态。

　　孩子们让自己去学习、去接触事物，是因为他们真心喜欢这些东西，喜欢让自己了解这些内容。如果我们强迫孩子们进行某些行为，就相当于是让孩子被迫服从，没有任何意义。

　　如果你认为宗教仅仅是对于成年人有意义，对于孩子没有任何意义，那么这就是你的失误。这就像是我们在孩子最佳的学习年龄，却不让孩子开展任何学习和感官练习。对于大人，他们更多的就是对一些经验的收集和整理，这就是他们生活的源泉。如果没有这些收集，他们在生活中也就无法很好地生存。

　　在生活中需要保持镇定，否则就是造成很多能力的无缘无故的浪费。对于这些问题进行说明，并不是为了强调自身的协调性，而是这些对我们自身生活十分重要，这是我们生活中道德和精神中的强烈指导，就像宗教对其教徒的指导是一样强烈的。

　　但是，我需要强调一下，我们会经常发现一些没有精神向导的人，生活在盲目和没有目的的生活中，自己的时间和力量也就这样被无情地浪费掉了。

　　我们应该知道，当我们的精神长期处于没有任何向导和目标的状态下，是很难建立自身的协调性发展，他们的精神生活已经消失不见了。也有很多人非常热爱自己的宗教信仰，并且利用自己的一切为宗教服务，这些人就有些盲目和盲从，几乎失去了自己的认知。

第二十二章 让孩子成为最好的自己

我们的心灵是在追求自身的安静和祥和的一种精神状态，但是我们经常把它们放在冲突的矛盾中，这些都是我们人类所表现出来的状况。

可是，很多欧洲人都存在一些认识的不同，他们这样的想法只会束缚自己思想的发展。我们认为宗教束缚了人类的思想发展，于是不停地进行反抗和争斗，但是这些行为没有任何意义。

因为，自由是我们每一个人心灵的自由，没有任何人会限制我们的自由，只可能是我们自己。威廉·詹姆斯是美国著名的实证主义学者，就提出了这样的理念，详细论述了宗教对心理发展的意义和影响。

这些理论对教学的发展具有重大的意义，我们的思想也得到了提升和发展，促进了人类进入新的思想境界。所以，蒙台梭利学校所进行的心理教育研究会产生重要影响。这本书是我多年教学经验和对孩子进行心理研究的总结。但是，我希望这些经验可以帮助教育工作者，进行儿童教育研究。我也希望其他教育工作者也可以通过对这些知识的学习，开始新的教学征程。

从实际操作来讲，我们的教学主要是在教室中进行的，而且孩子们不分年龄都在一个教室中活动。在这里，最小的孩子只有两岁，大的孩子则有五六岁的。

对于两岁多的孩子，他们还没有能力进行一些具体的操作，而五六岁的孩子则可以进行一些简单的工作和练习。同时，他们掌握的知识已经相当于普通学校孩子三年级的水平。这里的孩子都是经过自身的努力和练习，才实现自己的进步和发展，并逐渐发展成有自己独立意识的人。

我们学校无论是在农村还是小城镇里，都有自己的独特性和优越性。我们学校所有的孩子都是在一个教室中学习，而且只有一个老师对他们的生活和学习进行指导和帮助。从我们这么多年的实践经验中，我们知道一个老师完全可以帮助这些学生进行学习。经过这些训练和工作，孩子们可以很容易地开展学习，并且很快地掌握基本的学习内容。

对于老师，他们需要在这些孩子们中间待着，观察每一个孩子的差异和兴趣，并且对孩子错误的行为进行纠正和修改。这就是老师的工作，他们需要在学生中间待着，并且是整整一天。

在工作和学习的过程中，孩子们逐渐养成了自己的习惯和认知，并且可以很好地控制自己的行为和纪律性，这些都是孩子们在工作的过程中所掌握的内容。同时，老师时刻关注着孩子们的行为和发展，并且给予孩子正确的指导和帮助，让孩子在健康的道路上不断成长和发展。同时，孩子们在这样的过程中，也掌握了人类发展所需要的品质和美德。

对孩子进行教育，不仅仅是对孩子进行知识上的教授，还要引导孩子精神以及心灵上获得成长。儿童之家的教育方法就是关注孩子的心灵问题，并且依靠这些内容对孩子进行帮助，促进孩子成长。我们满足孩子物质上的需求，会使孩子得到很好的成长和帮助。

当我们帮助孩子提升智力时，会促使孩子实现自身精神世界的发展，并不断实现自我完善。他们的心灵会进入快乐的世界，并且开始自己美好的未来生活。正是因为心灵的发展和慰藉，才使得我们人类不断地实现飞跃和前进，使我们的孩子健康、快乐地成长。

儿童之家的孩子跟一般学校的孩子是非常不一样的，我们这里的孩子，他们的心灵是那么干净、纯粹，并且每一个孩子都乐观、开朗、热爱生活。当有很多人的时候，他们并不胆怯，他们会很勇敢地上去和他们交谈，并且每一个动作都是那么有礼貌，显得十分彬彬有礼。

孩子们的声音和动作都显示了他们的自信和能力，他们时刻都给别人一种小智者和小大人的感觉。孩子们还会向这些参观者展示自己的成绩，他们表现出来的状态，就像是在给每一人讲述自己的成就，是那么地镇定和沉着。同时，孩子们也会很有礼貌地回应这些参观者，这些都让所有的参观者为之震惊，并感到欣喜和欢乐。

孩子的这些行为都让我们为之感动，他们可以让自己处于非常宁静的环境中，并且可以不受任何外界的干扰，这对于孩子来说是多么难得。他们知道怎么可以让自己快乐，过得充实和幸福。这一切都让我们感到了孩子的魅力，并且也体会到孩子的巨大潜能。

我们的学校给每一个孩子巨大的空间，让孩子可以获得精神上的成长和发展。很多政治家，他们都曾经来过儿童之家，看望过这里的孩子，他们每天都有很多事情要忙碌，并且十分烦恼和忧愁。可是，当他们来到这里的时候，马上就被这里的孩子所震惊了，尤其是孩子们专注的眼神和动作，他们不敢相信自己看到的景象，这里的孩子让他们也进入了片刻的宁静之中。这些孩子比我们这些浮躁的大人，更加伟大和有意志力。

这时我彻底明白了沃德沃斯的诗词，了解他为什么喜欢沉静在自然之中，因为那是世界最纯净和安详的地方。对于人类来说，我们所有的发展潜能都存在于孩子身上，但是随着孩子的发展和成长，这些最美的品质却会不断退化和消失，最终看不见任何踪迹。

我们就是生活在这样的状态之下，很多事情让我们无法呼吸。我们看不到任何自然的踪影，我们唯一要做的就是在这样的环境中，保护我们人类自身的发展，促进我们人类自我本性的保存。

这就是我所倡导的教学理念，也是受到康德的影响才会产生这样的理念。康德曾经说过这么一句话："一切美好源于自然！"

蒙台梭利教育启示

1. 父母要观察孩子与其他孩子的差异，发现孩子的兴趣，并对孩子错误的行为进行纠正。

2. 父母时刻关注着孩子的行为和发展，并且给予孩子正确的指导和帮助，在进行知识教育的同时，还要进行精神以及心灵上的指导。

图书在版编目(CIP)数据

蒙台梭利早期教育法/ (意) 蒙台梭利著；李彦芳编译. — 武汉：长江少年儿童出版社, 2017.6
ISBN 978-7-5560-1345-6

Ⅰ.①蒙… Ⅱ.①蒙…②李… Ⅲ.①儿童教育—早期教育 Ⅳ.①G61

中国版本图书馆CIP数据核字(2014)第213696号

蒙台梭利早期教育法

[意大利]玛利亚·蒙台梭利／著   李彦芳／编译

责任编辑／傅一新 佟 一
装帧设计／张 青
美术编辑／魏孜子
出版发行／长江少年儿童出版社
经　　销／全国新华书店
印　　刷／江西华奥印务有限责任公司
开　　本／787×1092 1／16 22.25印张
版　　次／2017年6月第1版第1次印刷
书　　号／ISBN 978-7-5560-1345-6
定　　价／39.80元

策　　划／海豚传媒股份有限公司
网　　址／www.dolphinmedia.cn 邮　　箱／dolphinmedia@vip.163.com
阅读咨询热线／027-87391723 销售热线／027-87396822
海豚传媒常年法律顾问／湖北珞珈律师事务所 王清 027-68754966-227